后金时代和清朝初期

藏传佛教传播史研究

李勤璞 著

中国社会科学出版社

图书在版编目（CIP）数据

后金时代和清朝初期藏传佛教传播史研究/李勤璞著.—北京：中国社会科学出版社，2020.11
ISBN 978-7-5203-6887-2

Ⅰ.①后… Ⅱ.①李… Ⅲ.①喇嘛宗—佛教史—研究—中国—后金（1616-1636）—清前期 Ⅳ.①B946.6

中国版本图书馆 CIP 数据核字（2020）第 134546 号

出 版 人	赵剑英
责任编辑	刘　芳
责任校对	张依婧
责任印制	李寡寡

出　　版	中国社会科学出版社
社　　址	北京鼓楼西大街甲 158 号
邮　　编	100720
网　　址	http://www.csspw.cn
发 行 部	010-84083685
门 市 部	010-84029450
经　　销	新华书店及其他书店
印　　刷	北京君升印刷有限公司
装　　订	廊坊市广阳区广增装订厂
版　　次	2020 年 11 月第 1 版
印　　次	2020 年 11 月第 1 次印刷
开　　本	787×1092　1/16
印　　张	18
插　　页	2
字　　数	308 千字
定　　价	118.00 元

凡购买中国社会科学出版社图书，如有质量问题请与本社营销中心联系调换
电话：010-84083683
版权所有　侵权必究

凡　例

一　文字表述

清朝入关前政权和政治区域，本书用金、后金、入关前清朝等来称呼，达意而已。

二　符号

1）满文、蒙古文、藏文的拉丁字转写法依目前通行方式。但转写蒙古文的时候，将ǰ写为j。

2）满文蒙古文的标点符号，当为一个点时，用一个英文逗号（,）表示，当两个点时，用两个英文逗号（,,）表示，引用日本出版《满文老档》《旧满洲档（天聪九年）》亦相应更动。

3）满蒙文史料转写，当原文作涂抹以删除时，本书相应地照录、加删除线。例如《开山考》"补记"内，原文 ~~ere juwe~~，翻译：这两个。

三　订补

各篇刊登历有年所，本次均经修订，篇末"补记"系新增，目的是使之到达目前研究水平。

四　各篇初刊一览表

《辽阳〈大金喇嘛法师宝记〉碑文研究》,《满语研究》1995 年第 2 期。

《辽阳喇嘛坟顺治十五年（1658）三体碑文录译》,《社会科学辑刊》1998 年增刊第 2 期。（以上两篇已经重写）。

《白喇嘛与清朝藏传佛教的建立》,《中央研究院近代史研究所集刊》1998 年第 30 期。

《明末辽东边务喇嘛》,《中央研究院历史语言研究所集刊》2000 年第 71 本第 3 分。

《斡禄打儿罕囊素：清朝藏传佛教开山考》,《蒙古学信息》2002—2003 年总第 88 至 91 期连载。

《天聪九年皇太极谈话中的"元坛宝藏"》,台北《汉学研究》2003 年第 21 卷第 2 期。

《民众信仰与国家建构：关于赫图阿拉的七大庙》,《欧亚学刊》2005 年第 5 期。（收入此书时，标题有改动）

《毕力兔朗苏：清初藏传佛教的显扬者》,《沈阳故宫博物院院刊》2005 年总第 1 期（创刊号）。

目 录

序言 ·· 1

专题研究

民众信仰与国家建构：关于黑秃阿喇的七大庙 ······················ 3
 一 引言 ·· 3
 二 七大庙的建立记载和供奉尊像 ································ 5
 三 七大庙已知神佛的信仰者：东北亚与蒙古高原共通的
   信仰世界 ·· 12
 四 七大庙和奴儿哈赤的固伦（Gurun） ····················· 25
 五 总结 ··· 32

斡禄打儿罕囊素：清朝藏传佛教开山考 ······························ 37
 一 前言 ·· 37
 二 籍贯和名号 ·· 41
 三 在科尔沁 ·· 48
 四 自科尔沁移锡后金的原因 ····································· 52
 五 移锡以前的交往 ·· 54
 六 在后金的待遇 ··· 59
 七 身后的奉祀 ·· 70
 八 喇嘛在科尔沁和后金的地位 ·································· 74

九　总结 …… 81
　　补记 …… 83

白喇嘛与清朝藏传佛教的建立 …… 93
　　一　前言 …… 93
　　二　名字和来历 …… 94
　　三　建立和主持囊素喇嘛舍利塔寺 …… 100
　　四　天聪四年以前囊素喇嘛、白喇嘛的传教业绩 …… 102
　　五　北朝议和使者 …… 107
　　六　三官庙的"统战"工作 …… 112
　　七　其他事务 …… 117
　　八　圆寂及窆地 …… 118
　　九　总结 …… 120

毕力兔朗苏：清初藏传佛教的显扬者 …… 127
　　一　引言 …… 127
　　二　名字和在西藏蒙古时的职务 …… 130
　　三　乡里和宗派 …… 136
　　四　到达后金及过世的年次 …… 137
　　五　在燕京的职务 …… 142
　　六　第五世达赖喇嘛致书 …… 143
　　七　编年事迹 …… 147
　　八　结论 …… 162
　　补记 …… 163

明末辽东边务喇嘛 …… 167
　　一　前言 …… 167
　　二　王喇嘛三吉八藏 …… 171
　　三　李喇嘛锁南木座 …… 185
　　四　李喇嘛和天聪汗往复书信 …… 194

五　年表和另两位喇嘛 …………………………………… 199
　　六　明朝边务喇嘛的角色和地位 …………………………… 202
　　七　总结 ……………………………………………………… 215

碑文译注

满汉二体《大金喇嘛法师宝记》碑文译注 ……………………… 221
　　一　地域与时代的场景 ……………………………………… 221
　　二　拓本收藏与研究情况 …………………………………… 223
　　三　录文及翻译 ……………………………………………… 225
　　四　考释 ……………………………………………………… 230

满汉蒙三体《大喇嘛坟塔碑文》译注 …………………………… 238
　　一　引言 ……………………………………………………… 238
　　二　录文和翻译 ……………………………………………… 240
　　三　几条校勘和语文学附注 ………………………………… 245

附　录

天聪九年皇太极谈话中的"元坛宝藏" ………………………… 253
　　一　引言 ……………………………………………………… 253
　　二　书名考 …………………………………………………… 253
　　三　格言考 …………………………………………………… 261
　　四　场合与意旨变迁 ………………………………………… 266
　　五　结论 ……………………………………………………… 272
　　补记 …………………………………………………………… 274

序　　言

在拉萨十个年头教书生涯之后，1991年最后几天我调到大连，接着在大连图书馆十个月阅读、衡量馆藏，次年11月定下两个题目：藏传佛教和医学史。就是根据合璧碑文研究入关前清朝藏传佛教历史，根据中国、朝鲜、日本的传统医学书籍和自己有的藏文医学书籍，研究汉、藏、蒙古医学的文献和思想。其后资料、闻见一直在扩充，在这两个领域分别发表约十篇和八篇论文。现将几篇关乎清初政治的藏传佛教论文加上附录，修订成本书。

我的初衷是，综合运用多种文字的一手资料，仔细比较考究，阐明入关以前清朝藏传佛教的实况，刻画全般图景，方法上奉持基于语文学、文献学的实证主义。本书着重再现清朝藏传佛教初创情形，大体在天命、天聪年间（1616—1636）。皇太极时代，即天聪崇德年间（1627—1644）的，特别是当时藏传佛教赋予清朝政教（doro yoso, törü yosu）的内涵，拙稿《蒙古之道：西藏佛教和太宗时代的清朝国家》（博士论文，内蒙古大学蒙古学研究中心，2007年）专作研讨，尚在验证和修订。

本书属于清代研究、清代文化研究，起源于自己青春时节在西藏的经历、体察及其造成的内心困惑。

多年来作文的时候，屡屡受惠于师友们各方面的帮助，难以尽言。本书各篇初刊时曾就该篇书刊资料上直接的惠助者敬记文末。这里我得再感谢佟悦（沈阳故宫博物院）、陈慈玉、张启雄（台湾"中研院"）、齐木德道尔吉（Jakhadai Chimeddorji，内蒙古大学）、李锦绣（中国社会科学院）、来国龙（University of Florida）、吴美凤（台湾师范大学历史学博士）、史维东（Alan Richard Sweeten, California State University, Stanislaus）、李鸣飞（北京大学历史系博士研究生）、饭山知保（早稻田大学文学部）等位师友和刘颖学弟（拉萨师范高等专科学校，会藏语），他们先后在书刊资料上费时费钱予以襄助。

我还时常感怀大连图书馆历史文献阅览室早已退休的袁德才老先生，在我阅书期间（1992—1996）他曾倍加关照，本书使用的一手资料和旧日文论著多数是那时在大连图书馆寂寞的时光中阅读收集的。近日把这些论文整理成书，又承蒙大连图书馆馆长张本义先生资助，1月6—9日在该馆重新阅读辽阳喇嘛坟满汉、满汉蒙石碑拓本及相关书刊，改写《大金喇嘛法师宝记》的录文和解释，相应地更改书中有关分析。

余太山先生多年间对我鼓励提携。

王赓武先生曾说，历史知识与时事没有直接关系，也不是一种实用的科学，但如果史家能精细辨别资料的真伪，准确分析事物的来历和因果关系，又能进一步推断某件史事的深刻意义，由此如果能影响读者对时事多些了解，帮助负责办事的人达到比较明智的决策，岂不是可行而有价值的事？历史知识是宝贵的，其用处的大小，要看多少人留意历史的过程和趋势，又能甄别哪些史实有教训我们的作用，有助于解决面对的困难。我服膺这个看法，常常用来激励自己，并由此衡量学问生涯的意义。

赣榆李勤璞谨识
二〇〇九年一月十日

专题研究

民众信仰与国家建构：关于黑秃阿喇的七大庙

一 引言

万历四十三年乙卯（1615），[①] 奴儿哈赤（Nurhaci, 1559—1626，老乙可赤、努尔哈赤，清朝太祖皇帝）在黑秃阿喇[②]东阜建立所谓"七大庙"，[③] 至万历四十五年（丁巳，1617）建成，清朝实录曾予专条记载。而万历四十四年（丙辰，1616）是他上尊号"abka geren gurun be ujikini

---

[①] 本年是蒙古林丹可汗（Legs-ldan Qutuγtu Qaγan, 1592—1634）即位的第七年，朝鲜光海君（1575—1641，1608—1623年在位）七年，日本元和元年。

[②] Hetu Ala，音译为赫图阿拉，满语，意思是"横甸"。沈阳（Sin yang qota）和 Hetu Ala（köndelen tabsang un qota）以天聪八年（1634）四月初一日上谕，改名"天眷盛京"和"天眷兴京"：Tngri yin Öröšiyegesen Mügden, Tngri yin Öröšiyegesen Yenden。见 *Dayičing Ulus un Maγad Qaoli*, qoyaduγar emkidgel, *Tayidzong gegegen uqaγ-a tu quwangdi yin maγad qaoli* (nige) (Qayilar: Öbör mongγol un soyol un keblel ün qoriy-a, 1990), Arban Nayimaduγar debter, niγur 523。即盛京（Mukden, Mügden）和兴京（Yenden）。兴京疆域大体上变成现今辽宁省新宾满族自治县。"天眷"是金朝熙宗皇帝年号，1138—1140年行用；皇太极时代开始翻译、顺治年间完成的《金史》钦定蒙古文译本将这个词译成"tiyan jiuwan, tngri yin öröšiyel"，见 Düdeng, Üljeitü nar orč iγulba, *Altan ulus un teüke* (Begejing: ündüsüden ü keblel ün qoriy-a, 1988), niγur 97。其典据在《书经·大禹谟》：尧"皇天眷命，奄有四海，为天下君"。彰显后金欲称帝的意向。

[③] 满文"nadan amba miyoo"，蒙古文"doloγan yeke süm-e"，意即七座大的庙。看下文。

seme sindaha (amba) genggiyen han"① 的年份。② 那么，七大庙是怎么回事？它与其后清朝（Daicing Gurun）的建立（1636）有怎样的关联？至今尚无人讨论。③ 一般而言，民间寺庙为信仰者设立，官奉寺庙则有的是为满足百姓信仰，有的是国家体制、礼仪建筑，出于政治教化的考虑，有些寺庙则可能满足了这两方面的需要。④ 有鉴于此，本稿专考七大庙：它的建立经纬，它的内容与功用，它在清朝兴起史上的意义；同时也以七大庙崇祀对象为基点，切实探求1600年前后辽东及其四周各色人民的信仰情况，以期了解大清朝兴起时节的地域信仰场景。

从另一立场看，当时驻锡蒙古科尔沁（Qorčin ayimaγ）、大有名声的乌斯藏喇嘛斡禄打儿罕囊素（Örlüg Darqan Nang-so Bla-ma, ？—1621），跟奴儿哈赤素有过往，在七大庙建造期间，曾二度受邀，南来此地，应该是其中佛教寺庙的开光和度僧者，是他完成了清朝藏传佛教的开

---

① 广禄、李学智译注：《清太祖朝老满文原档》第1册，"中研院"历史语言研究所1970年版，第63页；《清太祖朝老满文原档》第2册，"中研院"历史语言研究所1971年版，第29页；满文老档研究會譯註：《滿文老檔》東洋文庫1955—1963年版，太祖，第67页，所谓"天命元年"正月朔日条。这个尊号译言"天授抚育众gurun的（大）英明汗"，《武皇帝实录》《满洲实录》译为"列国沾恩英明皇帝"，《高皇帝实录》译为"覆育列国英明皇帝"。满、蒙、汉三体《满洲实录》此处，对应满文gurun的蒙古字为irgen，意即"民"；对应han的蒙古字是qaγan而不是quwangdi（皇帝）。

② 关于奴儿哈赤政权的国号、建元、汗号的建立与变迁的经纬，黄彰健先生1967年刊布的研究详细周到。即其著《奴儿哈赤所建国号考》《论张儒绅贽夷文至明年月并论奴儿哈赤的七大恨及满文老档讳称建州国》《满洲国国号考》《清太祖天命建元考》《论清太祖于称汗后称帝，清太宗即位时亦称帝》，依次刊载于《中央研究院历史语言研究所集刊》1967年第37本下册。后收入同氏论文集《明清史研究论稿》卷4，台湾商务印书馆1977年版。另看李德启《满文老档之文字及史料》，载《（国立北平故宫博物院十一周年纪念）文献论丛》，国立北平故宫博物院1936年版，论述二，第19—26页。不过本稿清朝纪年仍暂沿《清实录》。

③ 刘小萌《满洲从部落到国家的发展》（辽宁民族出版社2001年版）乃专论满洲从部落到国家发展的专著，其正文及附录大事年表中，完全没有提及七大庙这件事。敦冰河也是如此，见其著《清初國家意識の形成と轉換——アイシン國から大清國へ——》，《東洋學報》2001年第83卷第1號。

④ 黄进兴：《作为儒教的宗教：一个比较宗教的初步探讨》，《亚洲研究》1997年第23号；《"圣贤"与"圣徒"：儒教从祀制与基督教封圣制的比较》，《中央研究院历史语言研究所集刊》1999年第71册第3分。

山事业。① 众所周知，西藏与蒙古人的佛教（所谓藏传佛教）在清朝政治与意识形态统制上是首要的因素，以至有学者称清朝是"儒教与（藏传）佛教之二重帝国"。② 可知为理解"中华世界帝国"③ 及其中清朝的性质，以及理解清末以来西藏及内外扎萨克（dotoɣadu jasaɣ, ɣadaɣadu jasaɣ; 内外蒙古）重大政治变故的历史根源，亦应探究清人入关前创建寺庙、藉重宗教这类汉学研究者难能措意的历史事件。

二 七大庙的建立记载和供奉尊像

关于"七大庙"的重要记载如下。《清太祖朝老满文原档》卯年（万历四十三年，1615）四月条：

○duin (ilan) biyade ilan erin i fucihi sa, abkai (ioŋwang) ioi hūwangi mio uhereme
　四　三　月于　三　世的　佛　等　天的　玉王　玉皇的　庙　共计
nadan amba mio arame deribuhe„
　七　大　庙　建造　使开始

四月，开始建筑三世诸佛，天上的玉皇寺庙等，共计七大庙。④

《满文老档》乙卯年四月条：

○ duin biyade, ilan erin i fucihi sa, abkai ioi hūwang miyoo, uhereme nadan amba
　四　月在　三　时间的　佛　们　天的　玉　皇　庙　总共　七　大的

---

① 李勤璞：《斡禄打儿罕囊素：清朝藏传佛教开山考》，《蒙古学信息》2002—2003 年第 88—91 期连载；《白喇嘛与清朝藏传佛教的建立》，《中央研究院近代史研究所集刊》1998 年第 30 期。

② 平野聰：《チベット佛教共同體と「中華」——清朝期多民族統合の一側面——》，《國家學會雜誌》1997 年第 110 卷第 3・4 號合刊。瀧川政次郎由朝珠作推想，认为藏传佛教是清朝的国教，见其著《清朝文官の服制》，伪满《國立中央博物館時報》1941 年第 11 號，8 頁。

③ 张启雄：《"中华世界帝国"与近代中日纷争——中华世界秩序原理之一》，《近百年中日关系论文集》，"中华民国"史料研究中心 1992 年版，第 13—43 页。他还有多篇论著研究这个课题。

④ 广禄、李学智译注：《清太祖朝老满文原档》第 1 册，第 38 页。

miyoo arame deribuhe,,①
庙　　建立　开始了，创始了

在［乙卯年（1615）］四月，开始创建三世诸佛、天玉皇的庙，总共七座大庙。

Daicing gurun i taidzu horonggo enduringge hūwangdi yargiyan kooli（满文《大清国的太祖武皇帝的实录》，四卷写本）jai debtelin（卷第二）：

duin biyade, hecen i šun dekdere ergi, ala de, fucihi sy, ioi hūwang ni miyoo,
四　月在　　城　的太阳将升起　方向山冈在　佛　寺 玉　皇　的　庙
juwan ilmun-han i miyoo, uheri nadan amba miyoo arame deribufi ilaci aniya
十　　阎王　的　庙　　总共　七座　大的　庙　　建造　已开始　第三　年
šanggaha,,②
完成了

四月，在城的日升方向山冈上，开始建造佛寺、玉皇庙、十阎王殿，总共七座大庙；第三年完成了。

《清太祖武皇帝弩儿哈奇实录》（《大清武皇帝实录》），同年同月项记：

四月，于城东阜上建佛寺、玉皇庙、十王殿，共七大庙，三年乃成。③

---

① 滿文老檔研究會譯註：《滿文老檔》太祖，43頁。
② *Daicing gurun i taidzu horonggo enduringge hūwangdi yargiyan kooli*, jai debtelin, 无页码，北京中国第一历史档案馆藏。
③ 《清太祖武皇帝弩儿哈奇实录》卷2，北平故宫博物院1932年排印本，第7b页。关于《大清武皇帝实录》满汉文本间的关系及史料学方面，参见三田村泰助（1909—1988）《滿文清太祖實錄のテキスト》（1957），氏著《清朝前史の研究》，東洋史研究會1972年版，347—362頁；陈捷先：《满文清实录研究（满文档案丛考·第一集）》，大化书局1978年版，第5—54、154—157页；庄吉发：《清太祖武皇帝实录叙录》，载氏著《清代史料论述》（一），文史哲出版社1979年版，第211—216页；庄吉发：《从故宫旧档看清实录的窜改》，载氏著《清史拾遗》，台湾学生书局1992年版，第99—104页；松村潤：《清太祖實錄の研究》，東京：東北アジア文獻研究會，2001，3—12頁；齐木德道尔吉：《满文蒙古文和汉文〈清太祖实录〉之间的关系》，《内蒙古大学学报》2003年第1期。

三体《Manju i yargiyan kooli/满洲实录/Manju yin ünen mayad qaoli》同年同月项记：

  满　文　duin biya de hecen i šun dekdere ergi, ala de, fucihi sy, ioi hūwang
      　四　月　在　城　的太阳　将升起　方向　山冈在　佛　寺　玉　皇
     ni miyoo, juwan ilmun-han i miyoo, uheri nadan amba miyoo arame
     　的　庙　　十　　阎王　的　庙　　总共　七座　大的　庙　　建造
     deribufi ilaci aniya šanggaha,,
     　已开始　第三　年　　完成了
     在四月，于城的日升方向山冈上，开始建造佛寺、玉皇庙、十阎王殿，总共七座大庙；第三年完成了。

  汉　文　四月，于[黑秃阿喇]城东阜上，建佛寺、玉皇庙、十王殿，共七大庙；三年乃成。

  蒙古文　jun u terigün sara dur, qotan u naran uryuqu edekde deki tabsang
     　夏天的　初　月　在　城的　太阳　将起　方面　在　(土)台
     deger-e, yurban čayun burqad un süm-e kiged, qormosta tngri yin
     　上面　　三　　时的　佛们　的　寺　和　　上帝梵天　天　的
     süm-e ba, arban erkelig qayan u süm-e bügüde yi barisuyai kemen
     　庙　和　十个　有权威的　大汗的　寺　　总共　把　使建造　云云
     setüjü, yutayar on dayusuluy-a,,①
     　在着手　第三　年　使完成了
     在孟夏之月，于城的日升方向土台上，着手建造三世佛的寺、天帝的寺、十位有威权的王的寺；第三年完成了。

乾隆朝钦定《大清太祖高皇帝实录》同年同月项记：

  夏四月丁丑朔。始建佛寺及玉皇诸庙于城东之阜，凡七大庙，三年乃成。②

蒙古文《太祖高皇帝实录》同年同月所记相同：

---

 ①　满汉蒙古三体《满洲实录》，载《清实录》，中华书局1985—1987年影印本，第1册，第172页。关于满文本《满洲实录》史料特征及价值，参见陈捷先《满文清实录研究（满文档案丛考·第一集）》，第62—100页。
 ②　《大清太祖高皇帝实录》，载《清实录》第1册，第58b页。

○jun u terigün sar-a yin sin-e yin nigen-e, ulaɣaɣčin üger,,
　夏天的　头　　月的　新的　一　在　　丁　丑
○qotan u naran urɣuqu edekde deki tabsang deger-e burqan un süm-e kiged,
　城的　日　将起　方向　于　土台　上面　佛的寺　和
qormusta tngri yin süm-e terigüten doloɣan yeke süm-e üiledün sedüjü, ɣutaɣar
　天帝　　天的寺　等等　　七　　大　寺　做的　着手　第三
on daɣusuluɣ-a,,①
年　使完成了

在夏天的头一个月的初一日，丁丑。在城的日升方向的土台上，着手建立佛寺、天帝寺等等七座大寺；第三年完成了。

以上几条，《老满文原档》乃当日记事，《满文老档》是其重编，叙述者在工程开始时写下这一条；其余为后世编写，故用追述语气，且书竣工年时。《武皇帝实录》、三体《满洲实录》都比《老满文原档》《满文老档》多出"十王殿"，又指明建庙方位，显得在后两者以外另有取材；《满洲实录》尚且三体对照，最便于理解。现摘要列表如次：

表1　　　　　　　　　　　黑秃阿喇寺观及方位

史料		三世佛寺	佛寺	玉皇庙	十王殿	在城东阜	第三年竣工
《老满文原档》册一		√		√			
满文汉文《武皇帝实录》			√	√	√	√	√
满文《满文老档》		√		√			
三体《满洲实录》	满汉文本		√	√	√	√	√
	蒙古文本	√		√	√	√	√
汉文蒙古文《高皇帝实录》			√	√		√	√

如上所列，七大庙中已知者有三：三世佛寺、玉皇庙②、十王殿；"佛寺"就是别本的"三世佛寺"。原档称玉皇为 abkai ioi hūwang，即天

---

① *Dayičing Ulus un Maɣad Qaoli*, nigedüger emkidgel, *Tayidzu degedü quwangdi yin maɣad qaoli* (Qayilar: Öbör mongɣol un soyol un keblel ün qoriy-a, 1990), dörbedüger debter, niɣur 86a.

② 有人说这玉皇庙"实为堂子"，参见王锺翰主编《中国民族史》，中国社会科学出版社1994年版，第783页，但未举出凭据。

（abka）的神格化，后修的蒙古文《满洲实录》译写成 qormusta tngri，犹传达此意。

"三世佛"① 是对佛陀在时间上的扩大解释，在佛教初期就有了。② 三世佛寺就是它的大殿供奉三世佛以为主尊。玉皇庙，就这个词字面意思而言，它是玉皇大帝为主尊的庙。玉皇是宋朝以来最受供养的道教大神。③

十王殿应该是供奉地狱十王（十位阎王）的寺庙。十王信仰在朝鲜④、日本、中国汉文化地区⑤一直盛行。其依据是《十王经》，有敦煌本、传世本。在朝鲜则有明代汉文、谚文刻本，乃至合璧插图本。⑥ 这是跟地藏菩萨信仰及净土信仰直接相关的佛书。⑦ 按字面看十王殿是以十王

---

① 藏语 dus-gsum sangs-rgyas，蒙古语 γurban čaγun burqad，γurban čaγun burqan，满洲语 ilan erin i fucihi sa，均翻"三世佛"。

② インド・チベット研究會：《チベット密教の研究》，京都永田文昌堂1993年版，129頁。

③ 福井康顺监修，朱越利等译：《道教》第1卷，上海古籍出版社1990年版，第49—50页；山内弘一：《北宋の國家と玉皇——新禮恭謝天地を中心に——》，《東方學》1981年第62號。

④ 李能和：《朝鲜巫俗考》第十五章"巫祝之辞及仪式"第六节"十王"，载《韩国汉籍民俗丛书》第2辑，台北：韩国民俗学会、"中国民俗学会"1971年影印本，第41a—b页；陈明华：《东传韩国地狱十王图之研究》，《台北市立师范学院学报》1997年第28期。图像方面，参见金元龙等编《高丽佛画》[韩国之美（7）]，韩国中央日报社1996年版，图42—44；金元龙等编《朝鲜佛画》[韩国之美（16）]，韩国中央日报社1996年版，图121—138；陈明华：《韩国佛教美术》，艺术家出版社1999年版，第171—181页。

⑤ 石守谦：《有关地狱十王图与其东传日本的几个问题》，《中央研究院历史语言研究所集刊》1985年第56本第3分。

⑥ 塚本善隆：《引路菩薩信仰に就いて》，《東方學報》（京都）1931年第1册，130—182頁；松本榮一：《被帽地藏菩薩像の分布》，《東方學報》（東京）1932年第3册，141—170頁。

⑦ 藏川述：《佛说地藏菩萨发心因缘十王经》《佛说预修十王生七经》，载《续藏经》第749册，上海涵芬楼景印1924年版，第381a—384b、385a—387a页；庄明兴：《中国中古的地藏信仰》，台湾大学出版委员会1999年版，第137—154页；小南一郎：《"十王經"の形成と隋唐の民衆信仰》，《東方學報》（京都）2002年第74册，183—256頁。庄明兴的书（承陈弱水先生惠赐）就中国迄北宋初期的地藏菩萨信仰有恰切说明，附图对读者亦大有助益。

为主尊的殿，但在十王图上，居于中心的往往是地藏菩萨，所以他是主尊，冥界教主，围绕着地藏菩萨刻画十王审判情形。① 黑秃阿喇的"十王殿"或者是这样的。地藏殿在汉语系佛教寺庙最普及，多数寺庙有设，因为信徒死后灵牌或骨灰存放寺庙时往往与此殿有关。也有独立的地藏寺。

以上论明神宗皇帝万历四十三年至四十五年（1615—1617）的黑秃阿喇七大庙，但史料有限，不能具体。兹附述后世一些情况，俾资参证。康熙朝《盛京通志》（1684）卷二十，《祠祀志·兴京》：

> 显祐宫
> 即玉皇庙。在城之东北，国初建，崇德十七年置道士，顺治六年赐道士布匹，十五年赐名显祐宫、立碑，康熙二十一年（1682）赐供器十六事。
>
> 地藏寺
> 在玉皇庙东。天聪六年八旗拨僧八十名居之。康熙二十一年驾临幸。②

整整一百年之后，乾隆朝《钦定盛京通志》（1784）有更多的记载。该书卷九十七，《祠祀·兴京》：

> 显祐宫
> 在城东北二里。正殿三楹，后殿三楹，配殿六楹，大门三楹。国初建，崇德十七年置道士，顺治六年赐道士布匹，十五年赐名"显祐宫"、立碑，康熙二十一年赐供器十六事，定例元旦日贡献。庙内道士岁给衣布。乾隆十二年御书"碧落保珍"匾额，恭悬正殿内，三官殿，乾隆十二年有御书"太微元范"匾额。又乾隆八年、十九年、四十三年、四十八年俱有御制谒显祐宫诗，恭载

---

① 庄明兴：《中国中古的地藏信仰》，第137—154页。朝鲜半岛的情况参见陈明华《东传韩国地狱十王图之研究》，《台北市立师范学院学报》1997年第28期。关于地藏与阎魔关系，参见金冈秀友《地藏·閻魔の一體説——思想史の系譜》，载江上波夫教授古稀記念事業會《江上波夫教授古稀記念論集 民族·文化篇》，山川出版社1978年版，121—140页。

② 董秉忠等：《盛京通志》卷20，康熙二十三年（1684）修，康熙五十年（1711）补刻，第1页。这一条和下一条都写有"崇德十七年"，系原文如此，未知是哪一年。

《天章》门。①

地藏寺

在显祐宫东。地藏殿五楹，大佛殿五楹，配庑各三楹，又左右殿各五楹，韦驮殿三楹，大门三楹，耳房三楹，钟鼓楼各一。国初建，天聪六年敕八旗拨僧居之，岁给衣帽。康熙二十一年盛驾巡幸，有碑记。内大佛殿，乾隆十二年有御书"妙证三摩"匾额；地藏殿，乾隆十二年有御书"人天法炬"匾额，俱恭悬殿中。②

因知玉皇庙后来易名显祐宫，毗邻的地藏寺就是十王殿；十王殿乃民间称呼，天聪六年住僧八十名，是很大的规模。③

显祐宫顺治皇帝御制碑文共满汉蒙三体，碑额镌刻"敕建"，其汉文全文如下：

御制兴京显佑（祐）宫碑文

自古帝王统御天下，必以仁义为本，尤懋恭肃而崇祀明神，盖期国祚熙昌，俾兆民无（罔）不康宁之故。钦惟神莫大于昊天，而事莫隆于开创，虔恪之志，益当加倍寻常。惟兹兴京所建显佑（祐）宫，始于缔造之初，昭事上帝之所，其关甚重。运祚灵长，神实启之；臣民瞻仰，神实迪之。是以国家膺图御箓，固我太祖武皇帝、太宗文皇帝开骏业而肇鸿基，本仁德（义）而施政教所致。然荷兹天眷者，岂非诚敬万灵、怀柔河岳之故欤。是以天无所不在，事天之心即无时不谨。稽王业所自始，地擅神皋；溯祖德所潜通，歆居上帝。朕夙夜寅恭，冀登上理，睠念受命发祥之地，益深钦天率祖之思，已命所司缮整维新，春秋禋祀，载表功德，树丰碑以传不朽。於戏！艰难不昧，常怀对越之诚；丹膺丕彰（章），永保冈陵之固。后之子孙臣庶，其无忘朕敬事之意焉。

---

① 诗见阿桂《钦定盛京通志》（130卷本），武英殿乾隆四十九年（1784）刊本，卷12，第8页"谒显佑宫"；卷13，第24页"显佑宫叠旧作韵"；卷14，第29页"谒显佑宫"；卷16，第16页"谒显佑宫"。
② 阿桂：《钦定盛京通志》卷97，第1页。
③ 宫、寺在1949年以后被彻底毁坏。近代的情形看沈周冕《兴京县志》，奉天太古山房1925刊本，卷11"古迹·庙宇"；卷9"宗教·佛教"。1905年已经破败了，参见伊东忠太（1867—1954）《满洲の佛寺建筑》，伊东忠太《东洋建筑の研究》上册，东京：龙吟社1936年版，371—372页。

顺治十五年七月十七日立。①

申述显祐宫在清朝建立史上的地位，重温祖宗创业时敬天戒惧之情，有深沉的历史感。

今将七大庙情况概括如下：

表2　　　　　　　　　　黑秃阿喇七大庙

时代	寺庙名称			
1615年创建	三世佛寺	玉皇庙	十王殿	（其他四座庙亡失其名）
后代	（无存）	显祐宫	地藏寺	
备考	1949年之后被破坏，不复存在②			

三　七大庙已知神佛的信仰者：东北亚与蒙古高原共通的信仰世界

现在再回到入关以前的时代。当时供奉在黑秃阿喇地方的这些神佛（enduri fucihi），其信仰者会是哪些人呢？不用说，当时关内汉人（Nikan, Kitad，乞塔）、辽东的汉人、朝鲜人（Solho, Solangyas, Solungya, 琐珑革）都接受佛（包括三世佛）、地狱十王、玉皇大帝诸种信仰；所以需要看看的是蒙古人（Mongγol）、后金人（Jürčin, Jürčid, 女真）的情况。先说蒙古。

---

①　王晶辰主编：《辽宁碑志》，辽宁人民出版社2002年版，第244页。《钦定盛京通志》（卷3，第7—8页，《圣制门》）收录了这通御制《兴京显祐宫碑文》，但易"武皇帝"为"高皇帝"，复无石碑末尾的年时一行字。括号内文字是康熙朝《盛京通志》写本卷32收录此碑文内的不同文字，特为注出。这个写本见藏大连图书馆，应该是康熙朝刊本的底本。2007年秋笔者偕史维东、曲英佐二位往显祐宫一观，见该石碑高大，三体文字皆刻于碑阳，字迹仍旧清晰。碑阴无字。

②　了解奴儿哈赤兴起时节旧迹，方志以外可看内藤虎次郎（1866—1934）著、鴛淵一编《增補滿洲寫真帖》（京都小林写真製版所出版部1935年版），其中许多照片系明治卅八、卅九、四十一年（1905、1906、1908）间拍摄。另有20世纪前半叶日本人的各种踏查记录。

16世纪蒙古地区藏传佛教复兴时，一些重要寺院大殿的主尊是三世佛。例如《阿勒坦汗传》第310及382节，记1580年归化城（今呼和浩特）建成的"大召"（Yeke juu, Erdeni yin Süm-e，弘慈寺）;① 又《蒙古源流》记，1587年达赖喇嘛"来到卜失兔·扯臣吉囊的［住地］外，指出了［修建］三世［佛］寺的地点"，三世佛庙宇，蒙古文作ɣurban čaɣ un süm-e，满文译本作 ilan forgoni juktehe，"三世寺"，② 等等。1638年盛京敕建的莲华净土实胜寺，大殿主尊也是三世佛。

关于玉帝，蒙古人在明代往往把他们的汗或者满洲汗称作"玉皇大帝"，可见是最尊崇的。例如《蒙古源流》记，1578年俺答汗（Altan qaɣan, 1507—1582）会见达赖喇嘛时，阿儿秃斯（鄂尔多斯，Ordos）的卜失兔·扯臣吉囊发表了一通重要演说，谓菩萨的化身（转世）阔端合罕，及转轮圣王忽必烈薛禅合罕二人，从前"遵奉自在天帝之命"，而称俺答汗是"大力天帝合罕";③ 别处称呼满洲天聪合罕是"东方的天帝"。④ 所有"自在天帝""天帝"之语，满文译本均作 hormusta，⑤ 系音写蒙古原文的 qormusta，⑥ 意"上帝""玉皇大帝"。蒙古末代可汗林丹汗的一串冗长的尊号中，最末两个是：

---

① 珠荣嘎译注：《阿勒坦汗传》附录蒙古原文 Erdeni tunumal neretü sudur orosiba，内蒙古人民出版社1991年版，第310、382节。

② Saɣang Sečen, *Erdeni yin tobči* (Kökeqota: Öbör mongɣol un arad un keblel ün qoriy-a, 1981), niɣur 473；乌兰：《〈蒙古源流〉研究》，辽宁民族出版社2000年版，第695页（蒙古原文），第435页（汉文译文），参照第687页（原文），第430页（译文）。满文本：《蒙古源流》满文原文卷7，载江實譯注《蒙古源流》，弘文堂書房1940年版，第39页。

③ 珠荣嘎译注：《阿勒坦汗传》，§§270、272；Saɣang Sečen, *Erdeni yin Tobči*, niɣur 442、443。乌兰：《〈蒙古源流〉研究》，第684—685页（原文），第429页（译文）。

④ Saɣang Sečen, *Erdeni yin tobči*, niɣur 548。乌兰：《〈蒙古源流〉研究》，第723页（原文），第473页（译文）。

⑤ 《蒙古源流》满原文卷7，第10—11页；卷8，第42页。

⑥ 对于蒙古人的 tngri, qormusta 信仰，参见如下研究：道尔吉·班札罗夫《黑教或称蒙古人的萨满教》，潘世宪译，《蒙古史研究参考资料》第17辑，内蒙古大学历史系蒙古史研究室1965年3月编印，第4—8页；白鳥庫吉譯本：《黑教或蒙古人的薩滿教》，《北亞細亞學報》（東京：北亞細亞文化研究所）1942年第1輯，第8—18頁；胡其德：《蒙古族腾格里观念的演变》，蒙藏委员会1997年版。

delekei dekinü qormusta, altan kürdün i erčiɣülügsen mon un qaɣan①
世界 在的 上帝 黄金 车轮 把 转动者 经法的 可汗
天下的玉皇大帝，转动金轮者法王

关于地藏十王信仰，王崇古万历元年（1573）的奏疏中记：

> 咨行甘肃巡抚，及遣通官常锐同房使恰打儿罕（Kiy-a Darqan）等前往甘肃庄浪等处。去后续准（甘肃）巡抚都御使廖咨送番官指挥马卜剌，原系哈密土官，随带靼靼番字孔夫子讲《书经》，《元留经》，《文殊菩萨经》，《北斗七星经》，释迦牟泥佛《元留经》，《十王靼靼经》，共六卷，与同常锐并夷使于本年四月二十八日前来。②

《十王靼靼经》，是靼靼文《十王经》，即蒙古文《十王经》。③《万历武功录》卷十四，《切尽黄台吉列传》：

> （隆庆六年壬申（1572）闰二月朔日）切尽（Sečen Qong Tayiji, ? —1587）往马啼寺，礼佛毕，即使夷使，乡（向）抚臣索车渠数珠、莲花子数珠，及《西番十王经》。（中略）已，乃为书谢抚臣（延宁抚臣郜光先）曰："如今活身

---

① Lobsangdanjin（藏文 blo-bzang bstan-vdzin）jokiyaba, Čoyiji tulɣan qari čaɣulju tayilburilaba, *Altan tobči* (Kökeqota: Öbör mongɣol un arad un keblel ün qoriy-a, 1983), niɣur 648。参见 Dharm-a jokiyaba, Čoyiji tulɣan qari čaɣulju tayilburilaba, *Altan kürdün mingɣan gegesütü* (Kökeqota: Öbör mongɣol un arad un keblel ün qoriy-a, 1987), niɣur 149. 另看 Bulaɣ nayiraɣulba, *Mongɣol burqan u šasin u uran jokiyal un sudul* (Qayilar: Öbör mongɣol un soyol un keblel ün qoriy-a), niɣur 23。关于 *Altan kürdün mingɣan gegesütü*（1739）这本书，有如下研究：Walther Heissig, *Die Familien-und Kirchengeschichtsschreibung der Mongolen* (Wiesbaden: Otto Harrassowitz, 1959), Teil I, S. 134—159; 札奇斯钦：《谈蒙文史料〈金轮千辐〉》，载同氏著《蒙古史论丛》，学海出版社1980年版，第1277—1291页。

② 王崇古：《为恭进虏王谢恩表文请颁佛像番经并升效劳官僧职级昭国恩变夷俗以坚贡盟事疏》，片段见井上治《『少保鑑川王公督府奏議』に見えるアルタンと佛教》，《東洋學報》1998年第80卷第1號，016—017頁。注意《十王靼靼经》篇幅为1卷。关于马卜剌，井上治有小考证，见氏著《ホトクタイ＝セチェン＝ホンタイジの研究》，風間書房2002年版，333—336頁；更详细的考证见李勤璞校注《大隐楼集》卷12，辽宁人民出版社2009年版，第215—216页。

③ 井上治：《『少保鑑川王公督府奏議』に見えるアルタンと佛教》，《東洋學報》1998年第80卷第1號，14、016—017頁。

都是谎,死在阴司是实佛。日夜跮而望车渠数珠及十王经拜诵,以修再生。唯太师蚕赐。"抚臣廖逢节以为切尽好佛,政当顺其性,以遏彼好杀之惨,不知切尽非忠心诚好佛者也。于是遣画匠余和尚,赍《护法坛场经》《密济坛场经》《普觉坛场经》三部、数珠十盘与切尽。切尽率诸部并东乡(向)叩头,将经顶礼曰:"此持入西方公案矣。"①

同书卷八俺答列传下又记:

（隆庆六年六月,神宗皇帝继位）,先是,俺答请金番经数部,及剌麻番僧一人,事隶祠祭司。于是咨僧录,得金字经三部;行顺天府,复造及墨字经,大率十部。遣其剌麻僧星吉藏卜（Seng-ge Bzang-po）、坚参札巴（Rgyal-tshan Grags-pa）及其徒领占班麻（Rin-chen Pad-ma）、星吉坚剉（Seng-ge Rgya-mtsho）往,以坚参札巴曾使西番,兼通经故也。[王]崇古幸俺答晚喜佛,意欲番（Bod-pa）僧阐扬慈教,启发善心,乃取抚赏金,造禅衣褊衫,市税金,治米面茶果菜蔬,及红黄纸剳、贡器具,而以汉（Kitad）僧八人,陈列法器,令番僧至虏（Mongγol）中诵经,于是通事人金奉、珊瑚②与俱。既至虏营,二僧出地藏十王神像,及《心经》《华严》《金刚》《观音》等诸经。以为此梵王初传妙音,与傍门邪法不同,佛家为傍门者七十有二,而传法降魔,皆非正法。因陈说清净贞空明心见性,令戒杀去暴,全天地好生之德,免十阎罗地狱之苦。

---

① 瞿九思:《万历武功录》卷14,中华书局1962年景印万历年间刊本,第34页(总第1233页)。马蹄寺（mā-this-zi）在今甘肃省肃南裕固族自治县马蹄藏族乡,藏语名 dgav-ldan dam-chos gling,见 Brag-dgon-pa Dkon-mchog bstan-pa rab-rgyas, *Mdo-smad chos-vbyung* (Zi-ling: Kan-suvu mi-rigs dpe-skrun khang, 1987), shog grangs 147—149;汉译本为智观巴·贡却乎丹巴绕吉《安多政教史》,吴均、毛继祖、马世林译,甘肃民族出版社1989年版,第143—144页;蒲文成主编《甘青藏传佛教寺院》,青海人民出版社1996年版,第565页。井上治《ホトクタイ＝セチェン＝ホンタイジの研究》,434页。

瞿九思（1546—1617）,《武功录》在1612年写定、自作序言,并进呈。张廷玉《明史》,中华书局1974标点本,卷288《文苑》第7399—7391页有传;其后裔瞿荆洲记其人其书,载氏著《黄梅杂记》,台湾商务印书馆1987年版,第1—22、138—147页。又附录《武功录》九思自序(刻本景印),在第148—153页,及1982年台北艺文印书馆景印《武功录》时邓嗣禹叙论(在第154—165页)。

② 金奉、珊瑚是两个人,明朝通事。见瞿九思《万历武功录》卷8"俺答列传下"第761b、767b、769b、781a页(作"金凤")、"黄台吉列传"第791b页(以上金奉);"俺答列传下"第753b、769b、781a页(以上珊瑚)。

崇古又恐番僧多习咒法，有如二僧不知，徒为虏王所嫚易，乃令传告虏王，汉法禁习傍门，徒知奉西方大乘教法，已乃择日治道场，谢三宝圆满功德如令。俺答既闻僧至，即引众出迎四十余里，膜拜迎入穹庐，与胡中番僧哈望喷儿剌（Ngag-dbang Vphrin-las），① 夷（Mongɣol）僧公木儿把实（baɣši）、大都把实（Dayidu baɣši）、黄金把实（Qongjin baɣši）、恰打儿窖（汉）（Kiy-a Darqan），② 参伍无异，俺答即率其子若孙，及部众万余，日夕丫手③而礼佛。④

《西番十王经》，比较来看，就是藏文《十王经》。但藏文以及蒙古文佛藏中没有《十王经》，它只能是汉文撰述的一种或一类书，而在甘青一带或者北京编译为藏文者。两位汉人喇嘛尚且带去地狱十王的像，又谓免除十阎罗王地狱之苦，所以明显的，《十王经》是内地撰述的"地狱十王经"翻成藏文及蒙古文者。⑤ 这样看来，在藏传佛教传播之前或同时，内地佛教在

---

① 井上氏以为此人可能是 Ašing lam-a/A seng bla ma/vdzo ge A seng bla ma 云。见其著《『少保鑑川王公督府奏議』に見えるアルタンと佛教》，《東洋學報》1998年第80卷第1號，05—06頁。

② "窖"是"汉"的误写，见瞿九思《万历武功录》卷8"俺答列传下"，第761b、766b、778a 页。

③ 丫手即叉手。明刊本郑之珍《目连救母劝善戏文》三卷，有万历壬午（十年，1582）作者序，今收录于古本戏曲丛刊编委员会辑《古本戏曲丛刊初集》，商务印书馆1954影印本，其中夜叉作"夜丫"的例子有多个，如"末净夜丫"，"夜丫尊我作班头，拘管牢中饿鬼囚"，"自家夜丫班头是也"，"（内叫云）夜丫接官！"，"这夜丫急忙忙逼我骨肉分张，痛杀杀使我肝肠裂碎"，见其上卷第25b、56b、58b 页。

④ 瞿九思：《万历武功录》卷8"俺答列传下"，第39a—40a 页（总第765a—766a 页）。括号内藏、蒙文本文作者加。

⑤ 井上氏对"十王鞑靼经"的所指不能定。氏著《『少保鑑川王公督府奏議』に見えるアルタンと佛教》，《東洋學報》1998年第80卷第1號，023页，注26。当时有三种文字的佛经，即"番经""汉经""鞑靼经"，见瞿九思《万历武功录》卷8，第766a页。在《忽圖黑臺切盡黃吉研究》中（342—344页），井上治对"西番十王经"的所指，提出两种可能：一种可能是指的张怡荪主编《藏汉大辞典》，民族出版社1986年版第552页上的词条"rgyal-po mdo bcu"；另一种可能是指西藏撰作的中阴救度经 bar-do thos-grol，及其蒙古文译本 sonusuɣad yekede tonilɯɣči [tonilɣaɣči] neretü yeke kölgen sudur（有16到17世纪白桦树皮写本残篇十三叶在外蒙古出土）。若依本稿此处的资料和分析，这两种"可能"均属不可能。另外井上治在文义理解上有差误：《藏汉大辞典》"rgyal-po mdo bcu"词条汉译作"十大王经"，系指十部经典，它们被视作"众经之王"，"rgyal-po"="王"为形容之辞；汉文"十王经"则意指关于十位阎王的经书。再者 bar-do thos-grol 中没有十位阎王，请看川崎信定譯《（原典譯）チベットの死者の書》，築摩書房1993年版。

蒙古已行传播了，所谓蒙古佛教，具综合的特点，岂仅仅是藏传佛教？①

另外，十王信仰乃以佛教所谓"中阴身"为根据，后者谓人死后进入中有（梵文 antarābhava，又译中阴、中蕴，藏文译作 bar-do srid-pa，＞bar-do）的生命状态。中有，像"人"那样，也是众生的生命形式，它寿命至多是七天，在七个七日（四十九日）内一定转生投胎，或往生净界。民间把中有叫灵魂、魂儿。在汉语系佛教的民间信仰中，死者生前本人或死后子嗣（七个七日，乃至三年）供奉地藏及十王，可减轻死者在阴间的判罪，或得往生净土。这种信仰演成风俗，专名叫做"七七""七七忌日"。这是十王经主要内容。② 这个信仰，包括百日忌，记载上看，北魏胡人中间就流行了。例如外戚胡国珍（438—518）殁，"诏自始薨至七七日，皆为设千僧斋，令七人出家；百日设万人斋，二十七人出家"；③孙灵晖"从绰死后，每至七日至百日，灵晖恒为请僧设斋行道"。④ 日后才结合中国习俗衍化出一年、三年的供养节目。⑤

根据记载，蒙古人早就信七七投生。萧大亨记蒙古事情的、万历二十二年（1594）自己作序的著作《夷俗记》，其"葬埋"一节云："俗无三年之丧，⑥ 唯于七日内，自妻、子至所部诸夷，皆去姑姑帽，七日外复如故也。今奉贡惟谨，信佛甚专，诸俗虽仍其旧，独葬埋杀伤之惨，颇改易焉。盖西方之僧，彼号曰喇嘛（bla-ma）者，教以火葬之法，凡死者，尽以火焚之，拾其余烬为细末，和以泥，塑为小像（tsha-tsha），像外以金或银裹之，置之庙中。近年大兴庙宇，召喇嘛诵经四十九日；虽部落中诸夷，亦召喇嘛诵经至七日而止，尽以死者所爱良马衣甲为喇嘛谢。"⑦《阿

---

① 比较郭冠连的看法，参见氏著《当代中国大陆蒙古学研究概论》，蒙藏委员会1999年版，第174—175页。

② 庄明兴：《中国中古的地藏信仰》，第138—141页参照。

③ 魏收：《魏书》卷8，中华书局1987点校本，第1834—1835页。

④ 李延寿：《北史》卷81，中华书局1974点校本，第2718页。另参见洪亮吉《晓读书斋杂录·晓读书斋初录》卷下，授经堂光绪三年（1877）重刊本，第16a页。

⑤ 王三庆：《敦煌文献中斋愿文的内容分析研究》，载项楚、郑阿财主编《新世纪敦煌学论集》，巴蜀书社2003年版，第615—616页。

⑥ 三年之丧是汉文化习俗。

⑦ 萧大亨：《夷俗记》万历二十二年刻本，《北京图书馆古籍珍本丛刊》第11册，书目文献出版社影印本，第627页。文中"西方"，对应蒙古语的同义词 örön-e，baraɣun，甚或 baraɣun juu（"西召"），指西藏或拉萨。明清时节蒙古人心目中的圣地。

勒坦汗传》写俺答汗万历十年（1582）死后，在七七日以内，请"四类僧众"唪诵"广大经典"，"不断祭祀、赞叹、叩拜、祈祷、祝福"，举部（ulus）人民持续诵经。① 可见是信七七转生。

至于蒙古人"祭七"之俗，是否承自辽金旧俗甚或南边的汉人社会，尚待考而后定。因为除长城以内，吐蕃远在唐朝就由金城公主（Gyim-shing Kong-jo, Gyim-shang Ong-jo,？—740）引入七日之祭，藏语谓之 Bdun-tshigs，"七节"。后来蒙古人精神生活上跟吐蕃非常密切，也有可能从喇嘛那儿学到七七信仰。*Rba Bzhed* 记吐蕃祭七之俗的缘起说：

sngor	blon-po	shi	tshad	la	zan	skal	mad-pas	nged	rgya-nag	chos	dar-bas	mi	shi-ba
从前	大官	死了	时	在	食物	福缘	没有以	我	中国	佛法	兴起因	人	死了

la	bdun tshigs	yod	bod	chos	ma	dar-bas	blon-po	snying-re-rje	zer	nas	mi	shi	ma
在	七 节期	有	吐蕃	佛法	没有	兴起因为	大官	可怜	说了	于是	人	死了	没有

thag-du	lha	mi	stong	la	vtshal-ma	bstsal	te	bod	kyi	tshe	zhes-bya-ba	gshin	dgevi
断在	天	人	一千	于	食物	给予而		吐蕃的		时	名为	死者	好的

srol btsugs zhes byung-ngo ‖ ②
风习 树立 所谓 出现了

从前，大官死了，没有受人供奉食物的福缘。［金城公主］说："在我们中国因为有佛法兴起，人死了，有七期。在吐蕃因为没有兴起佛法，大官死了就十分可怜悯了。"于是，人死了还没有托生期间，向天、人多次以食物供给。这

---

① 珠荣嘎译注：《阿勒坦汗传》，第282—283节。

② *Rba Bzhed*，转引自 Dpav-bo Gtsug-lag Phreng-ba, *Chos byung mkhas-pavi dgav-ston* (1564) (Pe-cin: Mi-rigs dpe-skrun khang, 1986), shog grangs 296-297. 参见 Sba Gsal-snang, *Sba bzhed* (Pe-cin: Mi-rigs dpe-skrun khang, 1982), shog grangs 4；参见佟锦华、黄布凡译注《拔协》，四川民族出版社1990年版，第87页（原文），第4页（汉译文）。关于这本书，参见戴密微《从敦煌写本看汉族佛教传入吐蕃的历史》，耿昇译，载王尧主编《国外藏学研究选译》，甘肃民族出版社1983年版，第9页；佟锦华《论〈巴协〉》，载氏著《藏族文学研究》，中国藏学出版社1992年版，第64—85页。在日本，七七祭日也是早已流行的。参见渡邊照宏《日本佛教》，岩波书店1958年版，108—110页；参见吉田兼好（1283—1350）撰《徒然草》第30段，载周作人、王以铸译《日本古代随笔选》，人民文学出版社1988年版，第358页。台湾的情形参见张誉薰《台湾民间道教头七仪式》，《生死学通讯》2002年第6期，参见网页：http：//www.nhu.edu.tw/~lifedeath/literature/newsletter_2/letter_2_6.htm。伊犁锡伯族的情况，参见永梅兰《锡伯族婚姻与殡葬习俗》，全国锡伯族文化研讨会论文汇编，察布查尔，2002年，第129—131页。

个，就名为"吐蕃的节日"，建立了对死者来说是好的风俗。

以上我们说明了当时及以前，生活在建州女真周边的人信仰方面的有关情形。建州女真居于这些人之间，是晚开化者，自然可能承受、熏染北方族类和南方明人、朝鲜人的风习，对所建立的寺庙也会崇信。下面具体论述。

关于女真的天、阎王信仰，兹有《满文老档》的直接记载。其天命六年三月十六日条：

○juwan ninggun de, *abka* dafi urušehe bade emke juwe endebure doro, abka
　　十　六　在　天　救助　赞许　处在　一　二　过错的　规律　天
wakalafi bucehe ba waka, yabahai sini jalinde bi inu abka de baimbi, si inu genehe
　责备　死亡　地方不是　Yabahai 你的　为了　我　呢　天　对　请求　你　呢　去的
ba i *ilmun han* de habšafi, han amji minde banjinju, akūci sini ahūta hošoi beise
地方的　阎王　对　控告了　汗　伯父　在我　使投生　不然　你的　哥哥们　和硕贝勒们
ya emu niyalma de banjinju, hošoi beise ci fusihūn, gūsai ejen ci wesihun, ya
哪个　一　人　于　投生　和硕贝勒们从　以下　旗的　主子从　以上　哪个
emu niyalma de banjinju, yabahai, buha, sunjacin, bayan, yamburi, sirtai,
　一　人　对　投生　Yabahai　Buha　Sunjacin　Bayan　Yamburi　Sirtai
langge, dumbu, dahambulu, wangge suweni uyun niyalmai gebu be bithe arafi
Langge　Dumbu　Dahambulu　Wangge 你们的　九　人的　名字把　书　写了
abka de baimbi, abka, muse be gosime ujimbi, dain i doro de emke juwe
　天　对　请求　天　我们把　仁爱地　抚养　战争的　道理在　一　二
endebure doro, abka emgeri urušefi gosiha be dahame, suwembe inu sain bade
错误的　规律　天　业经　赞许　仁爱　把　既然那样　把你们　呢　好的地方在
banjibumbi dere seme abka de jalbarime baiha,"①
使投生的　方向　云云　天　对　祈祷　央求了

十六日。"因老天（abka）眷助赞许，纵有一二过失也是常事，并不是受天责备而死。Yabahai，为了你，我向天（abka）祈求，你也向你去之处的阎罗王申诉，使你投生到汗伯父我家，不然投生到你哥哥们和硕贝勒哪一家，投生到和硕贝勒以下、固山额真以上哪一家。Yabahai, Buha, Sunjacin, Bayan, Yamburi, Sirtai, Langge, Dumbu, Dahambulu, Wangge，如今写了你们九个人的名字，向天

---

① 滿文老檔研究會譯註：《滿文老檔》太祖，286—287 頁。

祈求。天仁爱抚育我们，在征战之事纵有一二过失，也属常事。既然天赞许仁爱，一定使你们往好地方（sain ba）投生。"［汗］这样对天祈求了。

英明汗似乎是以为有不止一位阎王爷。

关于后金人信仰七七，亦可举一例证。三体《满洲实录》卷六，天命五年（1620）九月条：

满　文　uyun biya de, han i deo cing baturu beile akū oho, (中略) tere deo
　　　　　九　月　在　汗的　弟弟　青　巴图鲁　贝勒　没有了　　　　这弟弟
　　　　　de nadan waliyara de, han i beye genefi...
　　　　　于　七　将祭祀　于　汗　以身体　去了
　　　　　在九月，汗的弟弟青巴图鲁贝勒去世了，对这位弟弟祭七的时候，汗亲自前去。

汉　文　九月，皇弟青巴图鲁薨，(中略) 葬之七日，帝亲往奠之。

蒙古文　namur un ečös sara dur, tayisu gegen qaɣan u dekü (= deküü) inü,
　　　　秋天　的　末尾　月份　在　太祖　光明　可汗的　　　　弟弟　呢
　　　　čing baɣtur noyan čilegergejü önggereüge (中略), tere dekü deken
　　　　青　巴图鲁　诺颜　　患病　　　　死去　　　　　　这　弟弟
　　　　(dekin) takil talbiqui dur, qaɣan ögede buluyad...①
　　　　　　　对　祭礼　设　当　可汗　亲临　祭扫
　　　　季秋之月，太祖英明汗的弟弟青巴图鲁诺颜患病去世，对这位弟弟设祭礼时，汗亲临祭奠。

蒙古文本没有提到"七日而祭"，但满汉文本都有。所谓 nadan waliyambi，对照汉文本，乃是入葬以后第一个七日的祭礼。七七信仰久为女真奉守，在满文上也有表现。满文 nadan 这个字，意思是数字"柒"，另有一个意思是"上大坟"：人殁后七日、七七日上坟烧纸。②

拜天敬天是历来女真人就行的。如《武皇帝实录》记：天命二年（1617）七大庙建成，三年戊午（1618）"四月十三壬寅，巳时，帝将步骑二万征大明。临行，书七大恨告天（中略）。祝毕，

---

① 满汉蒙古三体《满洲实录》，载《清实录》第 1 册，中华书局 1986 年影印本，第 300a 页。
② 羽田亨：《滿和辭典》，京都帝國大學滿蒙調查會 1937 年版，322 页。

拜天,焚表(中略)。谕讫,遂与诸王臣暨领兵诸将等,鸣鼓乐,谒玉帝庙而行。"① 值此历史性举动,后金汗次序告天、祭天、谒玉帝庙(指堂子,看下文),显示天、天帝在女真信仰及国政上的重要位置。另外明代女真已深切蒙古化,其宗教信仰可从当时蒙古的情形上测知。②

稍后事例亦可纳入视野。太宗天聪汗四年(1630)夏,在辽阳,七月斡禄打儿罕囊素喇嘛舍利塔庙竣工;九月上旬,皇帝所命重建的玉皇庙也竣工(上年四月肇建),跟敕建喇嘛塔庙在辽阳城同一方向,且相距不远。《太宗实录》天聪三年(1629)二月(丁亥朔)记皇太极在甲辰日自盛京"南巡,阅视边境城垣颓坏者",己酉车驾次辽阳,遍阅寺庙。见玉皇庙殿宇圮坏,命重葺之。仍谕察出原毁之人,令其修复庙内屋舍。③

相应的蒙古文本《太宗实录》(斜线/表分行处,下同):

---

① 《清太祖武皇帝弩儿哈奇实录》卷2,北平故宫博物院1932年排印本,第11页。

② 明代女真已经蒙古化。例如语文方面,正统九年(1444)位于松花江沿岸的玄城卫等四十卫的指挥使行文明朝廷,请求日后敕文用蒙古文,勿再使用女真文,因已无识者。参见金光平、金启孮《女真语言文字研究》,文物出版社1980年版,第31页。又成化二十年(1484,朝鲜成宗十五年)建州卫女真达罕之子李包多罗入朝朝鲜国王,有如下问答:"问:前所送谕书之辞,汝等解否?[包多罗]答云:我等本不解汉字,故未得知耳云"。朝鲜方面也以为,"且虽百度谕书,不知汉字,则亦无益矣。"池内宏编:《明代满蒙史料·李朝实录抄》第8册,文海出版社1975影印本,第414—415页。参见李民寏《栅中日录》,载徐恒晋《栅中日录校释 建州闻见录校释》,辽宁大学历史系1978年印,第43—44页:"胡中只知蒙书,凡文簿皆以蒙字记之。若通书我国时,则先以蒙字起草,后华人译之以文字。"《清太祖武皇帝弩儿哈奇实录》卷2(第1a页)记:己亥年(万历廿七,1599)正月,"时满洲未有文字,文移往来必须习蒙古书、译蒙古语通之。二月,太祖欲以蒙古字编成国语,榜识厄儿德溺、刚盖对曰:我等习蒙古字,始知蒙古语;若以我国语编创译书,我等实不能"云云,结果太祖依蒙古字造满洲字。和田清(1890—1963)谓"满洲"西南部的女真往往有蒙、汉文意兼通者,看氏著《清の太祖の顧問龔正陸》,载其著《東亞史研究(滿洲篇)》,東洋文庫1955年版,637—649页。

③ 《清太宗实录》卷5,台湾华文书局1969年版,第69页。

širaɣčin takiy-a edür, /qaɣan, liyoo yang dur kürčü ireged, süm-e keid i čöm/
己　　　酉　日　可汗　辽阳　于　到　来　庙　寺　把　都
bürin-e toɣorin ergijü üjebei basa *qormusta tngri yin/süm-e* yi üjejü deqijü üiled,
全部　这一带　视察　观看　又　玉帝　天　的　庙　把观看　重新　修整
ger inü maɣu boljoqoi, ijaɣur un/ger i ebdegsen kümün i ilɣan erijü süm-e yin
房舍呢　坏的　成为了　原来的　的房舍把捣毁的　　人　把分辨 寻找　寺庙　的
ger küriy-e yi/sayitur jasaɣul kemebe,①
房舍院落　把　好好地使修缮这样说

己酉日，可汗来到辽阳，把这一带寺庙挨个全都看了一遍。又观看玉皇庙（qormusta tngri-yin süm-e），命令重新修整。房屋已坏，把原来拆毁房屋的人找出来，并让他把寺庙房舍院落好好修缮。这样说了。

《太宗实录》天聪五年二月（乙巳朔）又记：

（壬戌十八日）先是太祖时建玉皇庙于辽阳城南校场，香火不绝，后为贝勒阿济格、多尔衮、多铎属下庄屯人拆毁，造棺椁市卖。上闻之怒，追讯毁者，偿值重建。至是落成。上以庙貌重新，给办香火牲祭银百两。②

相应的蒙古文本《太宗实录》：

liyoo yang dur, /degedü tayidzu yin čaɣ tur *qormusta yin süm-e* yi qotan u emün-e
辽　　阳　在　上, 祖先　太祖　的时候在　玉帝　的　庙　把城的　南
eteged, /qarbaɣal un ɣajar tur egüdčü, küji šitaɣan bülüge, qoyin-a/tere süm-e
方面　把箭　的　场地在　创立　香　燃烧　矣　后　那个　寺庙
yin ger i ajige noyan, dorɣon noyan, todo/noyan u qariy-a du toɣsu yin kümün
的房舍把阿济格诺颜　多尔衮诺颜　多铎诺颜　的　属下　在 拖克索的　人
ebdeged absa kijü/qudaldujuqui,, tegün i/qaɣan sonosuɣad, kilinglejü ebdegsen
毁坏而后棺材制造　售卖了　　那个把　可汗　听说而后　愤怒　破坏的
kümün i ilɣan ɣarɣaju yaɣaran tölöjü/bariɣdun kemen dakiqu bariɣulbai, /qaɣan
人　把找出　出来　急忙　赔偿　建造　云云　重新　建造了　　可汗

---

① *Dayičing ulus un maɣad qaoli*, qoyaduɣar emkidgel, *Tayidzong gegegen uqaɣ-a tu quwangdi yin maɣad qaoli*（nige）, tabuduɣar debter, niɣur 137b.

② 《清太宗实录》卷8，第135页。

süm-e yi dakiqu šinečilen bayiɣuluɣsan u yosoɣar jaɣun lang/mönggön ögčü,
庙　把　重新　更新　　建立的　　的 按道理　一百　两　银子　给予

egüber küji šitaɣ-a, qonin ɣaqai beledčü takiɣdun kemen/ögbei"①
用这个　香　使烧　绵羊　猪　备办着　　祭供　云云　给了

在辽阳，先太祖的时候，在城南校场建立玉皇庙（qormusta yin süm-e）并烧香。后来阿济格诺颜、多尔衮诺颜、多铎诺颜属下拖克索的人把那个寺庙的房舍拆毁做成棺材卖了。可汗听说以后非常愤怒，叫把毁坏的人查出来，令他赔偿重建。这样重建完成。因为寺庙重建已毕，可汗给银子一百两，用以烧香、备办猪羊祭祀。

又立汉文碑文，说"先皇"（英明汗）、"新皇"（天聪汗）对庙宇被毁坏忧惧不安，皇帝、贝勒以下各出银两资材人手重建。碑文述大殿五楹，供奉圣像是玉帝，另建殿三楹，供伏魔大帝塑像。说玉帝"至尊无对，位都诸天之表"，管祸福报应，供奉的话能护国庇民，"繇是国无不福，民无不庇，炎炎大宝可计日臻矣"云云，② 见出非常崇敬玉皇大帝，相信这样敬奉的意义。

经以上考究，知奴儿哈赤称汗之时，建州女真及其周边人民对上述三大庙所奉神佛俱怀信仰；就是说各族人民固然互有偏见摩擦，受不同政治势力驱使，但宗教信仰却颇一致。③

---

① *Dayičing ulus un maɣad qaoli*, qoyaduɣar emkidgel, *Tayidzong gegegen uqaɣ-a tu quwangdi yin maɣad qaoli*（nige）, nayimaduɣar debter, niɣur 235a-b.

② 杨起鹏：《重建玉皇庙碑记》，转引自曹汛《〈重建玉皇庙碑记〉曹振彦题名考述》，《红楼梦研究集刊》1980年第2期；王晶辰主编：《辽宁碑志》，第69—70页。另外，囊素喇嘛舍利塔庙乃敕建、立满汉文二体碑记，玉皇庙则皇太极以下集资众建、立汉文碑记，显得在满洲领袖看来，二者用意仍有不同。

③ 关于满洲人宗教信仰中特殊的方面，或可参见鸳淵一《「滿文滿洲實錄」に見える滿洲族の天と地への崇拜——abka・na・baの語を通じて——》，《東方學》1965年第31號；《「滿文老檔太祖紀」に見える滿洲族の天地に對する思想に就いて——特にabka・na・baの三語を對象として》，《東方學》1967年第33號；《「滿文老檔太宗紀」に見える滿洲族の天地の崇拜に就いて——特にabka・na・baの語を通じて》，《東方學》1968年第35號；《滿文老檔による研究の一出＝續篇——特に「滿洲民族の思惟風習の一斑」》，《東方學》1973年第45號；陈捷先《清入关前满族的宗教信仰》，《台大历史学报》1992年第17期。

至于七大庙中未知的四座，应该会有关帝庙。① 而且女真濡染蒙古文化生活方式，浑然不觉，估计蒙古藏传佛教在建州的位置会比我们知晓的要更重要和普遍，不过除了七大庙和囊素喇嘛两次访问，惜资料无证。②

---

① 沿着边墙，当时北方边境的汉人、蒙古均视关公（关老爷）是保佑自己打仗得胜的神，建有关公庙，例如满汉文《清太祖武皇帝实录》卷1（ujui debtelin），中国第一历史档案馆藏本，万历十二年甲申（1584）条记有：开原"关王庙"/guwan yei miyoo；三体对照《满洲实录》同处（卷1，第24b页）则记作：

《满洲实录》原文		意思
满文	guwan yei miyoo	关爷庙
汉文	关王庙	关帝庙
蒙古文	geser ün süm-e	格萨尔庙

这里的geser，就是蒙古的Geser Qan，西藏文作Ge-sar Rgyal-po，"格萨尔王"，乃西藏蒙古史诗（称之"史诗"乃时下的见解，如果比较以荷马与维吉尔那类史诗，则是严重的误解）主角，一位善战而成神的国王，受供奉为军神；在蒙古与关老爷同化。参见札奇斯钦《库伦城小史》，载氏著《蒙古史论丛》，第1115、1130页。而关老爷跟格萨尔同一化的最早证据，无疑就是这部三体《满洲实录》了。康熙朝《盛京通志》卷20，《祠祀志·奉天府·承德县》（第2a页）："关帝庙：二处。一在地载门外教场，崇德八年敕建，其大门坊表赐额曰义高千古，岁时官给香烛。一在天佑门外。"如今辽宁省彰武县大四家子乡千佛山清末民初摩崖造像中有关公身骑赤兔马、右手持青龙偃月刀的像和关公松下读《春秋》的像及独自端坐像；同乡喇嘛庙圣经寺壁画有一独立的关公正面坐像，对称位置则画Geser Qan骑马戎装像（近乎前述关公骑马立像）。看李勤璞《圣经寺壁画初考》，《美苑》2000年第4期。此地1949年之前属哲里木盟科尔沁左翼前旗（jirim ün čiɣulɣan u qorčin u jegün ɣar un emünetü qošiɣun，即宾图郡王游牧地，jasaɣ törö yin bingtü jiyün wang un nutuɣ）。至迟在17世纪初，崇拜关老爷/Geser Qan。李光涛先生有专文论述皇太极的关公崇拜，尚涉及明神宗以降蒙古情形点滴，见其著《清太宗与三国演义》，《中央研究院历史语言研究所集刊》1947年第12本，中华书局1987影印本。但他未指出关公崇拜上的Geser的因缘。关老爷在信仰上有不同功能角色，在蒙古、满洲方面有不止一个源头的起源史，事涉族类—区域文化，值得细考。

② 李民寏著，徐恒晋校释：《栅中日录·建州闻见录》（第44页）说黑秃阿喇时代女真人"死则翌日举之于野而焚之"，这或是西藏经蒙古传来的火葬之俗。参见李勤璞《白喇嘛与清朝藏传佛教的建立》，《中央研究院近代史研究所集刊》1998年第30期，第70页，注1；《明末辽东边务喇嘛》，《中央研究院历史语言研究所集刊》2000年第71本第3分，第598页，注129。广泛的背景，参见川勝守《東アジア世界における火葬法の文化史——三——四世紀について》，《九州大學東洋史論集》1990年第18號。

四　七大庙和奴儿哈赤的固伦（Gurun）①

在第二节看到，七大庙的建立在实录被单立一条记录着，是重要的一件事。② 建立的意义或动机何在？现由几个方面观察。

第一，从创建时机上看。奴儿哈赤立国甚早，③ 而称 Genggiyen Han 则是在 1616 年，七大庙工程似与后一事有关。根据汉文《清太祖武皇帝弩儿哈奇实录》卷一、卷二，④ 奴儿哈赤大明嘉靖三十八年己未

---

① Gurun，清代音译固伦，意思是"国"，国家的国。语源是汉语的"国"。金代汉字音写作"国伦"，即是这个字。参见金启孮《女真文辞典》，文物出版社 1984 年版，第 122—123 页。Gurun 至少有"国家"、"王朝"（ulus）、"部落"（aiman, ayimaγ）、"部族"等意义。参看矢島直一《滿洲語『グルン』小考》，《書香》1943 年第 50 卷第 7 號。Gurun 同蒙古语 ulus 一样，都还有"人众"等意思。蒙古语 ulus 意思更多，不限于国家、部落、集团等。P. Schmidt, "Chinesische Elemente im Mandschu（Fortsetzung），" *Asia Major* 8, 1932–1933, S. 253. William Rozycki, *Mongol Elements in Manchu*（Bloomington: Research Institute for Inner Asian Studies, Indiana University, 1994）, p. 92.

② 稻叶岩吉、乔吉（Čoyiji）注意到这一点。前者谓：在清的记录上，以此时始，建立佛寺和道家的玉皇庙。稻葉岩吉：《清朝全史》上卷，早稻田大學出版部 1914 年版，第 153 页；乔吉：《内蒙古寺庙》，内蒙古人民出版社 1994 年版，第 28 页。

③ 黄彰健说，"奴儿哈赤建立国号，并不自万历四十四年始。从万历二十四年起，一直至他的死，他的国号凡五变。最初系称女直，旋改女真，又改建州，后又改后金，最后改称金。在万历三十三年时，已称建州等处地方国王；在万历四十四年时仍沿用建州国号，并未另定新名；其改称后金，则在万历四十七年己未三月；其改称金，则在天启元年辛酉。后金系其自称，并非史家所追称。女直、女真、建州、后金及金，系不同时间所定，各有其行用的时间，而后金与金亦有分别，是不可像一部分明人及近代史家那样混称的"；"奴儿哈赤对外行文……未用满洲为其国号"。见黄彰健《奴儿哈赤所建国号考》，《中央研究院历史语言研究所集刊》1967 年第 37 本下册，第 421、448 页。参见河内良弘《李滿住と大金》，收录于《松村潤先生古稀記念清代史論叢》，汲古書院 1994 年版。

④ 关于后金的兴起，再参见稻叶君山《满洲发达史》，杨成能译，奉天萃文斋书店 1940 年版，第 183—190 页；戶田茂喜：《赫圖阿拉城搆成の素描》，載楳溪會編《山下先生還曆記念東洋史論文集》，六盟館 1938 年版，670—676 页；陈捷先《明清史》，三民书局 1990 年版，第 161—177 页。朝鲜对奴儿哈赤的印象，可看庄吉发《朝鲜人心目中的努尔哈齐》，载氏著《清史拾遗》，台湾学生书局 1992 年版，第 1—8 页。

（1559）出生。当时情势是周遭各部落纷乱无绪，互相残杀。万历十一年（1583，二十五岁）为报杀祖父之仇，起兵攻尼康外郎，至万历十四年（1586）大仇得报。这期间征服许多临近女真部落，扩大地盘和势力。奴儿哈赤想必也感觉到这一进展，乃在翌年丁亥（万历十五年，1587），"于首里（šoli）口（anggaci）[①]虎拦哈达（hūlan hada）下、东南河二道，一名夹哈（giyaha），一名首里（šoli），夹河中一平山，筑城三层，启建楼台"。[②] "启建楼台"满文本作 yamun leose tai ara-ha，[③] 意思是"建立起衙门楼台"，康熙重修汉文本作"建宫室，起楼台"，[④] 即兴建具有政权象征意味的建筑物，以配合其势力的扩张，这就是后来所称的旧老城（Fe Ala，佛阿拉）。接着，"六月二十四日，定国政，凡作乱、窃盗、欺诈，悉行严禁"。[⑤] 初步建成一个地方势力的样子。

《实录》说这时环满洲而居者，皆为之削平，国势日盛；复与大明通好，遣人朝贡，民殷国富云云。正因其势力渐大，周边九部感到压力，于万历二十一年（1593）纠合进兵，欲灭奴儿哈赤，结果奴儿哈赤打败了他们（九月），从此势力更大。军事方面，万历二十一年以前太祖的征服是内向的，限于满洲五部，此后扩大到东方的扈伦部、东海兀吉部，这是对远方女真的征服。作为政治联合手段使用的通婚，万历二十一年之前仅对哈达部实行过一次，此后对叶赫、东海、乌拉诸部有六次。经济方面，先前主要与明朝贸易（朝贡和互市），以明珠、人参、皮革等自然出品与明交换日常用品，对明当然十分依赖，此后，万历二十六

---

① 关于首里口的解说，看伪满"建国大学"研究院《兴京二道河子旧老城——建国大学研究院历史报告第一》，"建国大学"1939年版，第21—22页；三田村泰助：《满文太祖老档の编纂》（1950），氏著《清朝前史の研究》，344页。今对照 Daicing gurun i taidzu horonggo enduringge hūwangdi yargiyan kooli，以后者为是。

② 《清太祖武皇帝弩儿哈奇实录》卷1，第8a页。

③ Daicing gurun i taidzu horonggo enduringge hūwangdi yargiyan kooli, ujui debte-lin.

④ 陈捷先：《满文清实录研究》，第44页。

⑤ 《清太祖武皇帝弩儿哈奇实录》卷1，第8a页。

年（1598）开矿山，冶炼，致力于自立。交往方面，九国之战已经接触到蒙古，1594年战败的蒙古前来通好，从此往来不断。文化方面，万历二十七年依蒙古字造满文，希望替代女真部落正统九年（1444）以前已在使用的蒙古文。万历二十九年（1601）确立兵制。万历三十一年（1603）移于黑秃阿喇，筑城居住。万历三十三年（1605）在城外筑大郭。

黑秃阿喇时代以降，更获得持续进展。万历三十四年（1606）蒙古喀尔喀（Qalq-a）五部来人晋谒，尊奴儿哈赤为崑都仑汗（Kündülen Qaγan），在当时蒙古、满洲，这是"可敬的汗"的意思，系敬称。万历四十三年（1615）于城东高阜上开始建七大庙。同一年建立八旗（gūsa）制，立理国政大臣，制定理事程式。这一年大臣们会议称号之事。次年（1616）正月朔日大臣合议上尊号，称 Genggiyen Han。万历四十六年（1618）始列举七大恨，作为征伐大明主国的凭藉。在出发征讨之次日，向臣下表白，谓其兴兵"非欲图大位，而永享之。但因大明①累致我忿恨，容忍不过"。什么样的大位呢？"大位"满文本作 qan i soorin，即"皇位，皇帝的位子"。可见后金人领会到了出师征明的历史性意义：跟大明争天下。②

在上述后金兴起的过程中，国家礼制方面怎样呢？旧老城时代（fe ala, 1587—1603）或算是奴儿哈赤创业的真正起点，在城外东南设有一个祭天的场所，申忠一记作"天祭祠堂"。③ 众所周知，祭天拜堂子是女真家家都奉行的信仰，旧老城的这个祭天之所不一定算是代表国家（gurun）体统的礼仪设施，而是本部（ayimaγ）的宗教设施。④ 而在这三十余年（1587—1617）间，七大庙工程最大，且值其行用专门汗号的前夕

---

① 满文本相应处作 daiming gurun wanli qan，"大明万历皇帝"。
② 可参见稻叶的看法。稻叶君山：《满洲发达史》，杨成能译，第189—190页。
③ "建国大学"研究院：《兴京二道河子旧老城》，图版8。
④ "建国大学"研究院：《兴京二道河子旧老城》，第29—30、34、71、88页。参看石橋崇雄《清初皇帝權の形成過程——特に『丙子年四月〈秘録〉登ハン大位檔』にみえる太宗ホン・タイジの皇帝即位記事を中心として——》，《東洋史研究》1994年第53卷第1號，123—129頁。

一直战事频仍，应非寻常。且《武录》1615年的文字，频记奴儿哈赤对贝勒、臣下为臣之道的告诫，显然是为更张"国体"，自己在思考，也在说服他人。

第二，从功用上看。创建七大庙之前，凡领兵出征、归来及新正等时候，奴儿哈赤都率贝勒大臣们拜堂子以礼天；在七大庙建立以后仍如旧：凡大事拜堂子祭天。没有奴儿哈赤往驾七大庙祭祀的记录。唯前引文献中的"玉帝庙"需要讨论一下。汉文《武皇帝实录》记天命三年（1618）书七大恨反明这件大事：

> 四月十三壬寅，巳时。帝将步骑二万征大明，临行，书七大恨告天曰（列举七大恨，略）。祝毕，拜天焚表。帝又谓诸王曰（略）。谕讫，遂与诸王暨领兵诸将等，鸣鼓乐，谒玉帝庙而行。①

当日满文档案未提"谒玉帝庙"情节。② 但在这同一处，满文《武录》记作 tangse；《满洲实录》满汉蒙文相应地分别记作：tangse/玉帝庙/tngri，③ 即堂子/玉帝庙/天（天帝）；《高皇帝实录》同处也作"堂子"。④ 所以玉帝庙并不是七大庙内的玉皇庙，而是堂子。⑤ 可见七大庙建立之后没有用来举行重大仪式，只作为一个公共礼仪设施。

第三，这些庙宇供奉对象有佛有道，由统治者于一时一地齐建，在民众信仰上也不是一件自然的事。

综合以上各点，则七大庙的创建是为适应新的汗号"恩养众国英明汗"与政体而配备的国家坛庙、仪礼建筑，是从部落到部落国家的转折

---

① 《清太祖武皇帝弩儿哈奇实录》卷2，第11a—b页。
② 《清太祖朝老满文原档》第1册，第82页；第2册，第52—53页。
③ 三体《满洲实录》卷4，第202页。石桥丑雄指出《武皇帝实录》和汉文《满洲实录》没有"堂子"一词。见其著《北平の薩滿教に就て》，外务省文化事业部1934年版，54—56页。
④ 《太祖高皇帝实录》卷1，载《清实录》，中华书局1985—1987年影印本，第70a页。
⑤ 稽诸三体《满洲实录》，"tangse"往往对"庙""堂子"；对"玉帝庙"的，仅这一例而已。

标志,① 属于古典所谓"国之大事,在祀与戎"② 的祀。③ 因为势力的发展,"祀"已成必要。

七大庙的性质,亦值得讨论。我们把后金政权前后几个政治中心的坛庙做一个比较表在下边。④

---

① 许倬云的《中国古代社会与国家之关系的变动》指出这是"部落国家",见氏著《许倬云自选集》,上海教育出版社2002年版,第187页。苏秉琦以为清朝是中国北方民族建立的"续生型国家"之一,见其著《中国文明起源新探》,香港商务印书馆1997年版,第135—139页。这都是由比较得出的珍贵见解,虽然暧昧,但有启发意义。

② 这句话出自《左传》成公十三年。关于春秋时代戎与祀,见齋藤道子《春秋時代における統治權と宗廟》,《中國歷史と民俗》,第一書房1991年版,第239—257頁;齋藤道子《祖先と時——宗廟·祭器に込められた春秋時代の時間觀念——》,《東海大學紀要文學部》2002年第77號,第21—39頁;水野卓:《春秋時代における統治權の變容——「器」の意味を中心として》,《東方學》2003年第106號。

③ 可把奴儿哈赤这个"后金 Amaga Aisin Gurun"跟金(1115—1234)的情况做比较。关于后者,陶晋生的研究可以参见,即其著《金代政权合法地位的建立》,收入许倬云等著《中国历史论文集》,台湾商务印书馆1986年版,第519—531页。"amaga aisin gurun"这个自称至少在旧满洲档天命六年三月致朝鲜国王书中使用,见李德启《满文老档之文字及史料》,《(国立北平故宫博物院十一周年纪念)文献论丛》,国立北平故宫博物院1936年版,第22页。

④ 本表依据资料如下。(1) Fe Ala:申忠一建州图录,载"建国大学"研究院《兴京二道河子旧老城》,图版8,参见第21、29、34、71、88—89各页。Hetu Ala:李民寏《建州闻见录》。Mukden:佟悦《清盛京太庙述略》,《沈阳故宫博物馆文集 1983—1985》,沈阳故宫博物馆研究室1985年编印,第43—48页。(2) 明朝和清朝的北京:杨宽:《中国古代都城制度史研究》,上海古籍出版社1993年版,第536、543—546、553—554、556页;和珅等:《钦定大清一统志》卷1《坛庙》,台湾商务印书馆影印文渊阁四库全书本,第11a页:"堂子。在长安左门外玉河桥东,每年元旦亲祭;凡历国家有征讨大事,必亲祭告"云云;参见于敏中等《日下旧闻考》卷49,城市(内城,南城),北京古籍出版社1983年版,第773页。(3) 关外时期诸城再参见李凤民《清入关前都城述略》,《沈阳故宫博物馆文集(1983—1985)》,第34—42页。

表3　　　　　　　　　　清朝入关前后时期"都城"坛庙

诸时期	坛庙	在宫殿、都城的方位
Fe Ala（老城）1587—1603	堂子	城内西侧、厅中
	祭天祠	城外东南山头，山头高 405 米
Hetu Ala（兴京）1603—1619	堂子	
	祭天所	东南五里许②
	七大庙	东阜二里
Mukden（盛京）1625—1644	堂子	内治门（小东门）外。内治门是东面的城门，在抚近门北
	太庙	抚近门（大东门）外。抚近门是东面的城门，在内治门南
	天坛	德盛门（大南门）外五里。南门有二，这是东边的
	地坛	内治门外三里
清朝北京 (neislel qota) 1644—1911	堂子③	长安左门（即东门）外
	太庙	宫殿之左（东）
	天坛	正阳门外左侧（南偏东）
	社稷坛	宫殿之右（西）
明朝①北京 (录供比较)	太庙	宫殿之左（东）
	天坛	正阳门外左侧（南偏东）
	社稷坛	宫殿之右（西）

---

① 明代蒙古人对明朝认识的一斑：把"京都"谓大都合托，"朝庭"称作大明哈。此出自郭造卿《卢龙塞略》卷 19 译部（上），载 Ü. Manduqu emkidgen tayilburilaba, *Mongɣol i ioi toli bičig*（《蒙古译语词典》, Begejing: Ündüsüden ü keblel ün qoriy-a, 1995), niɣur 421。还原成蒙古语，前者即 dayidu qota, 即元时旧名"大都"；后者即 dayiming qaɣan, "大明哈罕，大明皇帝"。

② 李民寏没有指出位置，但前后期堂子位置相比较，祭天所应该在此方位。

③ 杨宽遗忘了堂子的存在，图上未表现出来。这或者可以理解为：这位汉学者没有注意清朝的特性。杨宽：《中国古代都城制度史研究》，第 553—554、556 页。

比较地看，七大庙在东，相当于太庙的位置。并且庙建至"七"（nadan）座，这个数字又跟"天子七庙"（太庙）的古制吻合。《礼记正义》卷十二，王制篇本文说：

> 天子七庙：三昭三穆，与大祖之庙而七。诸侯五庙：二昭二穆，与大祖之庙而五。
>
> 大夫三庙：一昭一穆，与大祖之庙而三。士一庙。庶人祭于寝。①

孔颖达的《疏》称"王制者，以其记先王班爵、授禄、祭祀、养老之法度"，②则上引《礼记》文字是讲祭祀的庙制。它讲的庙，是祭祀祖宗的"宗庙"。奴儿哈赤可能正是受了"天子庙制"经义的启发。因为立国，按照中华的历史经验，先要创建坛（天坛）庙（太庙）。彼时祭天之所已经有了，正缺宗庙。③

但七大庙供奉的，已知者全是神、佛的像，没有自家祖宗，与宗庙完全相异。这或许是俚俗化、民间化的理解；也或许是当事者明白，七大庙的建设，那并非功成名就的总结，而是争天下的开始，期望天佑神助、百姓来归，是热切地制造、树立"大位"的体统而作的权变；④也可能只是以东为上位，庙立东方以示尊敬而已。所以它看起来跟太庙概念极有关系，但还只能说是万神殿。

对于奴儿哈赤建立七座大庙的意图，以上我们反复援引"中华的历

---

① 《礼记正义》卷12，载阮元校刻《十三经注疏》，中华书局1987年影印本，第1335b页。
② 《礼记正义》卷11，第1321c页。
③ 佟悦：《清盛京太庙述略》，第43页；石桥崇雄：《清初皇帝權の形成過程》，《東洋史研究》1994年第53卷第1號，98—135页参照。有时也在堂子内祭天，看石桥前揭文，第123—129页。
④ 天聪四年（1630）辽阳喇嘛坟碑文、玉皇庙碑文及天聪朝汉人官员的呈文已经视奴儿哈赤与皇太极为"皇帝"了。见罗振玉编《天聪朝臣工奏议》，载《史料丛刊初编》，旅顺：东方学会1924年版。

史经验"以为解说,而不是引用譬如罗马帝国的历史经验,① 这是因为:奴儿哈赤固为"夷狄",但属中华世界的夷狄,其历史意识②(例如"金"这个国号表示的对金朝的延续性),他关于立国、建元、称汗诸事的思想与行动,都在依循中华帝国历史经验,即践行"中华世界帝国"的原理。③ 因为在彼时彼地,中华世界秩序并非"中华的",尤其不止是 Daiming Gurun(明朝)和 Nikan(明人,汉人,Kitad)的,而是"天", abka, *tngri*,是普世价值。

五 总结

1939 年,盘踞东北的日本人对新宾考古调查之后写道:

> 如果我们信申[忠一]的见闻,更采纳《实录》的记载,则我们必定看到其间思想上的变化。即由于迁移至赫图阿拉,太祖的生活,显著地失去了二道河子时代的旧型古色。在赫图阿拉,佛寺和玉皇庙等七大庙在城东阜上次第建立,而在二道河子,与此相当的并没有,仅有堂子和祭天祠。④

彼时日本人正将东北及东部内蒙古诸地区蚕食、特殊化,以纳入日本人渴想中的日本主导的日本中华帝国"大东亚共荣圈",而在天地间缔造脱离中国的新"满洲",行动就包括建立各种标志"国家"体统、"日满一德一心"的纪念性建筑与礼制,特别是给了爱新觉罗·溥仪(1906—

---

① 比如罗马皇帝跟中国皇帝全然两样。看邢义田《从比较观点谈谈秦汉与罗马帝国的"皇帝"》,载氏《古罗马的荣光Ⅰ——罗马史资料选译》,远流出版公司 1998 年版。另可比较参看近藤治《アブルファズルの皇帝観について》(On the Abu'l-Eazl's Conception of Kingship),《東洋史研究》2000 年第 59 卷第 2 號。
② 关于历史意识的专门讨论参见黄丽生《〈尚书〉历史意识之研究》上篇,《人文数理学报》(台湾海洋大学)1993 年第 2 期。
③ 张启雄:《"中华世界帝国"与近代中日纷争——中华世界秩序原理之一》,载《近百年中日关系论文集》,台北,1992 年版,第 18—26 页。
④ "建国大学"研究院:《兴京二道河子旧老城》,第 71 页。

民众信仰与国家建构：关于黑秃阿喇的七大庙

1967）新的祖宗和宗庙。① 故能敏锐觉察从佛阿拉到黑秃阿喇这次改变的历史性意味。

诚然，任何好的或坏的政权都得运用成套的象征与意识形态（新造的或现成的），以制造其正当性，边鄙"土酋"奴儿哈赤也一样。本稿征引各种语文的资料，由民众信仰与国家祀典的立场阐明奴儿哈赤在万历四十三至四十五年（1615—1617）之间，于"都城"黑秃阿喇兴建七座大庙的事，得知这是这个女真政权第一次正式且大规模地建设宗教设施，其中三个寺庙的供奉主尊尚得以考见；接着考究本地及周遭各色人民的信仰状况，七大庙已知三庙供奉的神佛均与他们的信仰恰合；最后作历时的分析，显示七大庙是金人配合新国家的塑造而创立的，是国家祭祀设施，是为了树立其政权的正当性和神圣性，着手社会统合，增加对周边人民的号召力使其归心，在辽东切分出一个单独空间，好立脚跟大明天朝争天下。由此一瞥这个政权最初的意向或神姿。

至于七大庙这种构想，是基于"中华世界帝国"政治文化的通则：《春秋左氏传》所谓"国之大事，在祀与戎"的祀。这也是同时天下共主"大明"及从前辽、金、元三朝所遵循的。数字上的七，可能是参考"天

---

① 现代中国的亚洲腹地，曾经东有伪满洲国，西有伪蒙疆政权，俱为日本人策动主导。且看伪满（1931—1945）如何寻求其政权的正当性和神圣性，有如下时间表：1933 年（伪大同二年）3 月 1 日伪国创建纪念日"钦派国务总理"郑孝胥前往伪"新京"文庙参加丁祭；9 月 28 日，"执政"溥仪参加"新京"文庙释奠先师；1934 年（伪康德元年）在"新京"市中心建立"护国般若寺"；1940 年（伪康德七年）7 月 15 日在伪"宫"内创建奉祀日本人天照大神的"建国神庙"，并为设立祭祀府，规定"皇帝亲祭"制度；1940 年 8 月在"新京"南岭创建"建国忠灵庙"等。1940 年 7 月 15 日爱新觉罗·溥仪所谓"国本奠定诏书"之一谓（依原格式）：

朕兹当敬立
建国神庙奉祀
天照大神式为不朽之典以奠国本于惟神之道张国纲于忠孝之教仰奉
神庥之弥久弥笃俯祗
神鉴之益崇益明洎诏有司俾施行恩赦尔百揆众庶其克体朕旨钦此

载沈阳《盛京时报》伪康德七年（1940）七月十六日日刊一版。而《兴京二道河子旧老城》报告的出版是在 1939 年 12 月，执笔者稻叶岩吉是由历史立场热情塑造"满洲国"的学者。前后正可映照。

不知何故，溥仪回忆录上这篇"诏书"录文极其错乱。参见溥仪《我的前半生》，群众出版社 1985 年版，第 364 页。

子七庙"的成说，但内容上就已知的部分来看，不建成宗庙，而是具有众神殿这样综合的、民俗化的性质，以迎合天下人心。或许是因为未晓得"天命"之所归，不敢遽然建立太庙。① 至于这塑造政权正当性的构想，其直接的思想根源，可能不在先秦故典，而是家喻户晓的口传故事《三国志演义》，② 或者奴儿哈赤朝贡北京时的观察，特别是他们对于辽（dailiyoo）、金（"julgei aisin gurun"：前金朝、先金）、元（Dai yuwan ulus）这三个由北方族类所立国家的强烈的历史记忆，③ 以及对于"天朝"大明（当时后金人目之为"南朝"）的强烈的竞争志向。这样一来，从东北亚—东亚的地域场景看，奴儿哈赤辽海"夷狄"政权在向明朝主导的中华世界秩序挑战的过程中，价值观念正在向着"中华体制""中华世界秩序"以激越的方式进化、自我角色化与中心化；以此过程，明朝覆亡了，

---

① 参见《清太宗实录》卷21，第390—391页。另有一篇《刘学成请设立坛郊社及设通政司奏》（天聪八年十二月十四日），收在罗振玉编《天聪朝臣工奏议》卷下，第10a—11a页。

② 三国故事是奴儿哈赤熟悉的。弘治本罗贯中《三国志通俗演义》卷24，上海古籍出版社1980年版，"司马复夺受禅台"节（第1152—1153页）说到易代之际的天子七庙："贾充、裴秀二人再拜而奏曰：王上当法曹丕绍汉故事，复筑'受禅台'（soorin de sirara tai），布告天下，以即'正位'（amba soorin，'大位'），岂不美哉？（中略）以十二月甲子日，[曹] 奂亲捧传国玺，立于台上，大会文武，请晋王司马炎登 [受禅] 台，授与大礼。奂下台，具公服，立于班首（中略）。晋帝司马炎，追谥祖司马懿为宣帝，伯父司马师为景帝，父司马昭为文帝，立七庙（nadan miyoo）以光祖宗（mafari be eldembuhe）。那七庙？汉征西将军司马钧，钧生豫章太守司马量，量生颍川太守司马隽，隽生京兆尹司马防，防生宣帝司马懿，懿生景帝司马师，文帝司马昭：是为七庙也。大事已定，每日设朝，计议伐吴之策。"括号中拉丁字乃转写满文，取自同书清初满文译本相应字句：Lo Guwan Jung, *Ilan gurun i bithe* (Urumci: Sinjiyang niyalma irgen cubanše, 1985), duici dobton, abdaha 516—520。这部译本前边录有多尔衮（doro be aliha qan i ama wang）命令内三院将之续译完成的谕旨（hese）和顺治七年正月十七日译者们给他的奏书（俱满文）。这部珍贵的满文译本往年永志坚先生代为购致。

③ 参见《后金檄明万历皇帝文》，载潘喆等编《清入关前史料选辑》第1辑，中国人民大学出版社1985年版，第292—294页；黄彰健：《清太祖天命建元考》，《中央研究院历史语言研究所集刊》1967年第37本下册，第475—476页；神田信夫：《爱新觉罗考》，《日本学者研究中国史论著选辑》第6册，中华书局1993年版，第4—8页；敦冰河：《清初國家意識の形成と転換——アイシン國から大清國へ》，《東洋學報》2001年第83卷第1號。

"中华世界秩序"的原理则得以充实和强化。总之七大庙的建立是后金适应着政治进展,依循中华世界秩序原理,第一次在祀典上创立"国家体统",以利于精神上对抗明朝,因之在清朝建立史上是第一个政治意图鲜明的国家祭祀设施。

从对七大庙已知三座庙所供神佛信仰者的考察看到,围绕辽东地面,1600年前后六七十年间,汉与非汉各族类及其政治体,固然有来自文化的地域的偏见和利害抵触,以致互相杀伐,隶属不同的生态环境跟语言、社会构造,但精神生活一些重要方面已一体化,即在东北亚及内陆亚洲区域间存在一个共同的"信仰世界":长城、九边、山海关、兴安岭、鸭绿江固非文化的界限。这提示清朝兴起时节文化与思想环境问题。这方面外国学者及其影响下的汉文作者,向来强调清朝在中国乃至亚洲史上的特殊性,蒙古、满洲与汉人、朝鲜之间的文化差异,有的意在证明"满蒙"文化上不同于"中华"、领土上不属"中国",世间早已积累许多文字。[①] 姑且不论先秦以降特别是辽金元三朝造成"中国"与塞外文化价值的交互作用,但就本稿轻微展现的短暂时刻那些文化情感的共同性方面,像十王信仰、玉皇信仰、关老爷信仰等,已十分显著了。而注意及此并就其历史过程深加理解,庶几检讨成说,[②]

---

① 例如矢野仁一(1872—1970):《满洲支那领土说の批判と满洲国の建国》,启明会1933年版;黑田源次(1886—1957):《满洲史观(满洲史の时代の区分)》,满洲民族学会1943年版。参见以下的分析:刘学铫:《介评征服王朝、渗透王朝、骑马征服王朝诸说之不当》,《中国边政》2000年总第147期。

② 例如姚从吾的东亚儒家大同文化论(1957),栗原朋信的"中华世界",西嶋定生的"东亚世界"论(1970),张启雄的"中华世界秩序原理"论(1992年以来),以及多位日本学者(如田村实造)称述的"北亚细亚世界"或"内陆亚细亚世界",最近石滨裕美子的西藏、蒙古、满洲间所谓"西藏佛教世界"论(见其著《チベット仏教世界の歴史的研究》,东方书店2001年版)。关于"东亚世界",栗原、西嶋以来日本、台湾学者一直有深入的讨论,近年又烈,深具学术和意识形态含义。参见杨联陞《从历史看中国的世界秩序》(1968),载氏著《国史探微》,辽宁教育出版社1998年版,第1—14页。

按,姚从吾先生自己的解说首先在其《国史扩大绵延的一个看法》(1957)一文中,此文载于其《东北史论丛》上册,正中书局1976年版,第1—26页。参见萧启庆《姚从吾教授对辽金史研究的贡献》,载氏著《元代史新探》,新文丰出版公司1983年版,341—351页。姚氏后来又作两文阐发这个思想,即《从历史上看东亚儒家大同文化的立国精神》(1969)、《儒家大同文化的基础和在东亚的影响》(1979)。参见王民信《姚从吾先生研究史学的心路历程》,《中国历史学会史学集刊》1995年第27期,第235—241页。张启雄先生就"中华世界秩序原理"论的阐明一直在进行中,对理解历史非常有用。

阐明当时东亚及内陆亚洲"华—夷世界"的全局。①

---

① 岩井茂树认为16世纪后半期在东亚形成跨越语言和种族的华夷共同体社会,他还对女真人和倭寇进行了比较,也涉及板升(bayising)问题。见其《十六・十七世紀の中國邊境社會》,載《明末清初の社會と文化》,京都大學人文科學研究所1996年版,625—659頁。

斡禄打儿罕囊素：清朝藏传佛教开山考

一 前言

藏传佛教并不始于清朝，但自黑秃阿喇到盛京四十年光景（1603—1644），后金①控制区藏传佛教有自己的起源史和生存形态。这是未来清朝藏传佛教历史轨迹的开头阶段、国家的政教构造②与西藏蒙古施政体制一个直接的肇因。终清之世，皇太极建立在盛京地区的喇嘛寺庙一直是皇家供奉的，钟鼓唪经未尝中绝；北京、热河又出现更多皇家喇嘛寺庙，清朝皇帝又资助在外藩建立寺庙，甚或颁赐万岁牌供于其中。看来这个题目对于理解清朝和17世纪迄今内陆亚洲政治—文化权力的状态有实际的意义。

---

① 关于后金的名称，参见黄彰健《奴儿哈赤所建国号考》，《中央研究院历史语言研究所集刊》1967年第37本下册，第421—448页；神田信夫《满洲国号考》（1982），南炳文译，《日本学者研究中国史论著选辑》第6册，中华书局1993年版，第371—382页。

② 张存武：《清韩封贡关系之制度性分析》（1971），载氏著《清代中韩关系论文集》，台湾商务印书馆1987年版，第72—85页；张启雄：《"中华世界帝国"与近代中日纷争——中华世界秩序原理之一》，《近百年中日关系论文集》，台北："中华民国"史料研究中心1992年版，第13—43页；《外蒙主权归属交涉，1911—1916》，"中研院"近代史研究所1995年版，第1—19页；冈洋樹：《清朝國家の性格とモンゴル王公》，《史滴》1994年第16號；片岡一忠：《印制にみえる清朝體制——清朝と八旗・外藩・朝貢國・中國内地の關係》，《歷史人類》1999年第27號；山下裕作：《理藩院から理藩部へ——内モゴル開發の契機》，《史峰》1999年第8號；李勤璞：《白喇嘛与清朝藏传佛教的建立》，《中央研究院近代史研究所集刊》1998年第30期注67所引更早的汉文文献。

但是一向没有关于清朝藏传佛教起源的专门研究。① 这可能因为，后金英明汗（Genggiyen Han; Sure Beile, Kündülen Qaγan, Sure Kündülen Qaγan, Gegen Qaγan, Nurhaci, 1559—1626, 清朝太祖皇帝奴儿哈赤）在辽东（Liodun, Liyoodung）一隅创立基业的时节，会见并供养第一位来其地的

---

① 近代以降，内藤虎次郎最早报道辽阳喇嘛坟，稻叶岩吉在其书中有一节专述斡禄打儿罕囊素喇嘛移锡后金，且录汉文碑文之日本译文（未录汉文原文），其后矢野仁一、鸳渊一、福克司、Grupper 等人言及或研究。[日] 内藤虎次郎：《滿洲寫真帖》，東京東陽堂1908年版，有喇嘛坟照片。稻葉君山：《清朝全史》上卷，早稻田大學出版部1914年版，153—155頁，"喇嘛教始めて來る"節；碑文日译在第154頁。[日] 矢野仁一：《近代蒙古史研究》，弘文堂1925年初版，239頁。鴛淵一：《遼陽喇嘛墳碑文と解說》，《内藤博士還曆祝賀支那學論叢》，弘文堂1926年版，327—371頁；《遼陽喇嘛墳碑文解說補正》，《史林》1937年第22卷第4號；后将上二文改订，另题《遼陽喇嘛墳碑記》，收录于氏著《滿洲碑記考》，目黑書店1943年版，50—130頁。村田治郎：《滿洲に於ける清初の喇嘛教建築》，《滿洲建築雜誌》（大連）1930年第10卷第11號。Walte Fuchs, "Early Manchurian Inscriptions in Manchuria," *The China Journal* 15 (Shanghai, 1931), pp. 5—9. Samuel M. Grupper, "The Manchu Imperial Cult of the Early Qing Dynasty: Texts and Studies on the Tantric Sanctuary of Mahākāla at Mukden," Ph. D. Diss., Indiana University, 1980; "Manchu Patronage and Tibetan Buddhism during the First Half of Ch'ing Dynasty: A Review Article," *Journal of the Tibetan Society* 4 (1984), pp. 51—57.

近代中国方面追述此一问题的，多转引稻叶书之但煮汉文译订本《清朝全史》（上海：中华书局1914年12月初版）第1册（第104—105页）"喇嘛教始来"一节的《大金喇嘛法师宝记》（还译自日文），因此也沿袭其错讹文字，而于清初藏传佛教亦未尝有新论。如：萧一山：《清代通史》卷上（商务印书馆，1935年版），第64—65页："喇嘛教始来"节。李毓澍：《外蒙政教制度考》，"中研院"近代史研究所1962年初版，1978年6月再版，第336—337页。札奇斯钦：《满清对蒙古的宗教政策》，初刊《政治大学边政研究所年报》1974年第5期，后收录于氏著《蒙古史论丛》，学海出版社1980年版，第984—985页；《蒙古与西藏历史关系之研究》，正中书局1978年版，第529页。陈捷先：《略论清初三朝与喇嘛教之关系》，初刊《开校八十周年纪念论丛》，汉城东国大学校1987年版，收录于氏著《清史杂笔》第8册，学海出版社1987年版，第35—36页。释圣空：《清世宗与佛教》，中华佛学研究所硕士论文，2000年，附录一《清初三朝与西藏佛教的关系》，全文载中华佛学研究所网页（http://www.chibs.edu.tw）。只此一端，可见稻叶《全史》在中国影响很大，而罗福颐辑《满洲金石志》，伪满日文化协会丁丑年（1937）版，今收录于台北文华出版公司1969年7月影印《罗雪堂先生全集》续编卷6，抄自碑刻的汉文《大金喇嘛法师宝记》，除了黄彰健引用过一次（《清太祖天命建元考》，《中央研究院历史语言研究所集刊》1967年第37本下册，第486页），至今为学者忽略。

乌斯藏（卫藏，Wei dzang，① ＜Dbus-gtsang）大喇嘛，于后者圆寂复允建立宝塔，敛藏舍利，置僧看守，在当时是十分隆重庄严，炜炜光华，但自后来战胜了的清朝政权在盛京、北京及热河的发展观之，则较为平易了，宛如山间的涓流；在北京做了中华的天子以后，辽东创业之事更是渐渐模糊了。人们的眼光都被崇德七年（明崇祯十五年，1642）格鲁派（Dge-lugs-pa）领袖班禅（第四世班禅喇嘛 Blo-bzang Chos-kyi Rgyal-mtshan，1567—1662）、达赖（第五世达赖喇嘛 Ngag-dbang Blo-bzang Rgya-mtsho，1617—1682）使者伊拉古克三（Ilaγuγsan Qutuγtu, Se-chen Chos-rje Rgyal-bavi Vphrin-las-pa Sbyin-pa Rgya-mtsho②）等喇嘛来到盛京，以及顺治九年（1652）大清皇帝在金色的北京会见第五世达赖喇嘛的壮观场面吸引过

（接上页）

1978 年以来该碑摹本或录文已有几种：曹汛汉文碑文及碑阴题名的摹本，载氏著《有关曹雪芹家世的一件碑刻史料——记辽阳喇嘛园〈大金喇嘛法师宝记〉碑》，《文物》1978 年第 5 期；又载冯其庸编《曹雪芹家世、〈红楼梦〉文物图录》，香港三联书店 1983 年版、台北里仁书局 1985 年版，第 25 页。李勤璞的满文汉文录译，载其《辽阳〈大金喇嘛法师宝记〉碑文研究》，《满语研究》1995 年第 21 期。最后，至少有三人讨论过清初藏传佛教问题：张羽新：《清政府与喇嘛教》，西藏人民出版社 1988 年版，第 2—26 页；王俊中：《政教间的合作与纠结：明末清初西藏格鲁派掌权过程中的藏、蒙、满洲关系之研究》，硕士论文，台湾大学历史学研究所，1997 年，第 76—78 页；赵志忠：《清王朝与西藏》，华文出版社 2000 年版，第 7—14 页。

① 庄吉发校注：《谢遂〈职贡图〉满文图说校注》，台北"故宫博物院"1989 年版，第 115 页等处。

② Saγang Sečen, *Erdeni yin tobči* (Kökeqota: Öbör Mongγol un arad un keblel ün qoriy-a, 1980), ni γur 547—548; Brag-dgon-pa Dkon-mchog Bstan-pa Rab-rgyas, *Mdo-smad chos-vbyung* (1865) (Lan-krovu: Kan-suvu Mi-rigs Dpe-skrun Khang, 1987), shog-grangs 180；乌兰：《〈蒙古源流〉研究》，辽宁民族出版社 2000 年版，第 722—723（蒙古原文）、473（汉译文）页。参见若松宽《伊拉古克三呼图克图传考證》，《松村润先生古稀记念清代史论丛》，汲古书院 1994 年版，72 页；若松宽：《〈锡勒图库伦喇嘛传汇典〉初探》，晓克译，《蒙古学信息》1999 年第 4 期。陈小强：《金巴嘉措喇嘛事迹考》，《民族史研究》第 1 辑，民族出版社 1999 年版，第 347—359 页。

去了，① 其次才是资料问题。

世间事跟人是分不开的，现在就以第一位移锡后金的乌斯藏喇嘛斡禄打儿罕囊素（Ūrlok Tarkan Langso，< örlüg Darqan Nang-so,? —1621）事迹的考较，旁涉同时满族、蒙古及其他人民信仰状况，来刻画清朝藏传佛教的草创情形。

---

① 自诩"十全老人"、热心文学和考证的乾隆皇帝（弘历，Hung-li，1736—1795年在位），在以满汉蒙藏四体文字树立于雍和宫的御制《喇嘛说》（1792）里，也只把清朝跟喇嘛的来往追溯至崇德七年。而《钦定外藩蒙古回部王公表传》（乾隆四十四年，1779）卷91《西藏总传》上溯到崇德二年（1637）喀尔喀蒙古请求延请达赖喇嘛一事，正式来往仍记为崇德七年（1642）。见包文汉（宝日吉根）、奇·朝克图整理《［钦定外藩］蒙古回部王公表传》第1辑，内蒙古大学出版社1998年版，第608页。格鲁派（或称dge-ldan-pa，甘丹派；zhwa ser，黄帽派；šir-a yin šasin，黄教）博雅的土观活佛（sprul sku）Thuvu-bkwan Blo-bzang Chos-kyi Nyi-ma（1737—1802）亦持此意见，且谓盛京（藏语Mug-tun，< 满语Mukden）时代是黄帽派与清朝皇帝（Pog-to Han，< 蒙语Boɣda Qaɣan）结交并在盛京住僧团。见Thuvu-bkwan Chos-kyi Nyi-ma, *Lcang-skya rol-paɣi rdo-rjevi rnam-thar* (1798) (Zi-ling: Kan-suvu mi-rigs dpe-skrun khang, 1989), shog grangs 332; Thuvu-bkwan Blo-bzang Chos-kyi Nyi-ma, *Thu-vu-bkwan grub mthav* (1802) (Zi-ling: Kan-suvu mi-rigs dpe-skrun khang, 1985), shog grangs 441。据笔者研究，情况相反。例如盛京敕建莲华净土实胜寺及城外四方四寺四塔佛像塑画设计者毕力兔朗苏，乃萨迦派Ngor寺出身（参见下文"籍贯与名号"节）；盛京四塔的开光堪布和设计者之一悉不遮喇嘛（Chos-rje Bla-ma *Shes-bya*）亦是萨迦派出身，即Sa-skya Nomun Qaɣan（萨迦诺门汗），见李勤璞《盛京四（喇嘛）寺藏语碑文校译》，《辽海文物学刊》1997年第23期，第106—107页，注④；Kürelša, *Mongɣol domoɣun sudulul* (Begejing: Ündüsüden ü keblel ün qoriy-a, 1996), niɣur 212—217。其他头面僧人（lama）可考见者多是林丹汗末年的上师们，显然全是萨迦派和非黄帽派。盛京敕建莲华净土实胜寺（崇德三年，1638）乃至盛京四面的四座敕建喇嘛寺塔（顺治二年，1645）伽蓝配置也是萨迦派寺院的格局。

另外，清朝后来皇帝对其祖宗创业时代的事情，确有普遍遗忘的现象。例如清人入关前第一个"都城"是Fe ala（旧老城），四位皇帝（康熙、乾隆、嘉庆、道光）多次东巡，每次都到兴京及其左近的永陵，因为怀着报本念祖的心情，于所至祖先之地，一草一木悉加留意，特别像乾隆皇帝，每到一地，夷考史事，形诸吟咏。但都以赫图阿拉为最初都城，不知旧老城的存在，也就不会去了。参见户田茂喜《赫圖阿拉城搆成の素描》，楳溪會编：《山下先生還曆記念東洋史論文集》，六盟館1938年版，第671—672頁；稻葉岩吉：《序に代へて》，《興京二道河子舊老城——建國大學研究院歷史報告第一》，"建國大學"1939年版。清帝东巡，看園田一龜《清朝皇帝東巡の研究》，大阪：大和書院，1944年版。

二 籍贯和名号

斡禄打儿罕囊素是生在西藏（Bod yul, Wargi Dzang）的喇嘛。天聪（Sure Han, Sečen Qaγan）四年（1630）后金汗在辽阳城南敕建喇嘛舍利塔，满、汉（Nikan，尼堪）二体碑文《大金喇嘛法师宝记/aisin gurun i örlüg darhan langso lama i giran i subargan》，是为纪念他的，碑文说他：①

> 满　文　lama *očir tu oron* i bai niyalma,, fucihi bade banjifi,, unenggi doro be tacifi,,
> 　　　　喇嘛 金刚 有 位 的地的 人　　佛 地在 生了　真实 法度 把 学了
> 　　　　喇嘛是永生之地的人，出生于佛地，掌握了真法。
> 汉　文　法师斡禄打儿罕囊素，乌斯藏人也，诞生佛境，道演真传。

očir tu oron 是蒙古语，"不坏之地"，跟汉文碑文上的"乌斯藏"相应，表现的是蒙古佛教信徒的看法：西藏、拉萨是圣地，犹如古印度摩揭陀国及其金刚座（Vajrāsana, rdo-rje gdan）。后面"诞生佛境"（fucihi bade banjifi）云云，即印证这个说法。

较此碑稍早的蒙古文著作《阿勒坦汗传》（*Erdeni tunumal neretü sudur orošiba*）第146节第4行，西藏的 Ašing Lama 对 Altan Qaγan（归化城土默特的阿勒坦汗，即明朝顺义王俺答）说：

> tende baraγun eteged manu töbed un möngke γajar-a;②
> 　那　　西方　　边　我的 吐蕃的　长生　地方
> 那西方我吐蕃的长生地方。

第292节第2行：

---

① 这块石碑现存于辽阳市博物馆，本稿依据大连图书馆现藏拓本（1934 年 5 月 24 日入藏，M13.7—408 号）。关于碑文、拓本收藏及研究情况，参见本书第六篇《满汉二体〈大金喇嘛法师宝记〉碑文译注》。黄润华、屈六生：《全国满文图书资料联合目录》，书目文献出版社 1991 年版（第 244 页）标此碑满文碑题时，拟作 "aisin gurun i lama"，误。

② 珠荣嘎译注：《阿勒坦汗传》附录蒙古原文，内蒙古人民出版社 1991 年版，第 239（原文）、88（汉译文）页。此书最迟成于 17 世纪头十年。关于这本书的研究，参见黄丽生《论〈阿勒坦汗传〉的撰史意识》，蒙藏委员会，1997 年版。

jöbšiyejü baraɣun edeked qutuɣ-tu dalai lama dur buyan kürgegül ün, …①
赞同　　西　　方　　呼图克图 达赖 喇嘛 于 福善　　送　　的
赞同奉送布施于西方呼图克图达赖喇嘛……

möngke ɣajar-a（永生之地），baraɣun edeked（西天佛土），都是出自信徒饱含价值评价的言辞，očir tu oron 与之相同。所以这二体碑文以 očir tu oron 对 "乌斯藏"，乃是当时蒙古成例。②

至于这位喇嘛更具体的出生地，尚未找到记载。

他的名字，1630 年二体碑文作：

满　文　örlüg darhan langso
汉　文　斡禄打儿罕囊素

蒙古语 örlüg，伟大的、英勇的。其词源是突厥语 uluɣ, ülüg, ülügh（转写不同），意思是 yeke，"大的，伟大"。③ 揆诸蒙古成例，这个字用于人的代称或尊号因而最终成了人名的场合，有两种情况。其一 "örlüg + …"，

---

①　珠荣嘎译注：《阿勒坦汗传》第 289（原文）、143（汉译文）页。

②　参见 Bulaɣ nayiraɣulbam, *Mongɣol burqan u šasin u uran jokiyal un sudulul* (Qayilar: Öbör Mongɣol un soyol un keblel ün qoriy-a, 1998), niɣur 209: "baraɣun ɣajar (Töbed i jiɣaju bui)"（西土）。又蒙古文本《理藩院则例》把汉文 "西藏" 译作 "baraɣun juu"，即 "西招"，见杨选第、金峰校注《理藩院则例》，内蒙古文化出版社 1998 年版，第 499 页（汉蒙对照索引）。"招" 即招（<藏文 jo-bo）庙（<藏文 khang）：拉萨的大昭寺；西招则指大昭寺，乃至拉萨、卫藏。八旗蒙古松筠（1754—1835）有《西招纪行图诗》《西招图略》《西招秋阅记》，"西招" 也是这个意思。民国十九年（1930）科尔沁左翼前旗的一份蒙古文公文（档案中并有汉文本）称西藏为 "baraɣun juu"，看辽宁省档案馆档案 JC10—1037 号《科尔沁左翼前旗萨格啦咨呈为请转敕严办奸僧以彰法纪而平众愤》（民国 19 年六月）。

③　冯家昇（1904—1970）：《元代畏兀儿文契约二种》（1954），载《冯家昇论著集粹》，中华书局 1987 年版，第 420 页；札奇斯钦：《蒙古与西藏历史关系之研究》，第 529 页；刘义棠：《维吾尔研究》修订本，台北：正中书局 1997 年版，第 282、285 页；札奇斯钦：《蒙古秘史新译并注释》，台北：联经出版事业公司 1992 年版，第 181、203 页。又有写作 uluq，见额尔登泰等《〈蒙古秘史〉词汇选释》，内蒙古人民出版社 1991 年版，第 120 页；亦邻真（林沉，1931—1999）的研究：Yekeming ɣadai Irinčin ü serkükelde, *Mongɣol un niɣuča tobčiyan* (Kökeqota: Öbör Mongɣol un yeke surɣaɣuli yin keblel ün qoriy-a, 1987), §§144, 158, 177。

如：拖雷（Tolui, ?—1233）死后，为避免直呼其名，当谈到他时，称 Ulugh noyan（örlüg noyan），又称 Yeke noyan，这里 örlüg 意义是"大"。① 其二"… + örlüg"，如 Babaqai örlüg, Eljige örlüg, Esen örlüg, Mendü örlüg（以上是《黄金史纲》中的人名）；② 成吉思汗的 Yisün örlüg，③ "九员大将"（九杰）。这类场合 örlüg 意义是勇士、英雄④。本稿主人公名字属于头一种情况。

几乎跟这位喇嘛同时去世的来自乌斯藏同行，归化城（1571年赐名，今呼和浩特旧城区）锡勒图召（Siregetü Juu, 弘慈寺⑤）第一代活佛锡勒图国师绰尔吉（Mañjuśrī Sirege-tü Güüši Čorji Bandita，约 1550—1620⑥）众多尊号中的一个，即含有这个字：örlüg Siregetü Güüši，⑦ "伟大的锡勒图国师"。

Darhan（打儿罕），借自蒙古语 Darqan。这个词用作称号，在不同地

---

① 志费尼：《世界征服者史》，何高济译，内蒙古人民出版社1980年版，第178、180页。参见符拉基米尔佐夫《蒙古社会制度史》，刘荣焌译，中国社会科学出版社1980年版，第86页。忽必烈皇帝去世以后，对其庙号"薛禅"亦存避讳之俗，看陶宗仪《南村辍耕录》卷2，中华书局1980年版，第29页。

② 朱风、贾敬颜译：《汉译蒙古黄金史纲》附录蒙古原文，内蒙古人民出版社1987年版，第195、196、176页。

③ Lobsangdanjin（<藏文 blo-bzang bstan-vdzin）jokiyaba, Čoyiji tulɣan qaričaɣulju tayilborilaba, *Altan tobči* (Kökeqota: Öbör Mongɣol un arad un keblel ün qoriy-a, 1983), niɣur 333.

④ 札奇斯钦：《蒙古文化与社会》，台湾商务印书馆1992年版，第317页。

⑤ 万历八年（1580）赐汉名。瞿九思：《万历武功录》卷8，中华书局1962年影印万历年间刊本，《俺答列传下》，第56b页（总第782页）。参见薄音湖《呼和浩特城（归化）建城年代重考》，载氏著《明代蒙古史论》，蒙藏委员会1998年版，第109页；乌兰：《〈蒙古源流〉研究》，第445—446页。

⑥ Bulaɣ nayiraɣulba, *Mongɣol burqan u šasin u uran jokiyal un sudulul*, niɣur 4。参见瞿九思《万历武功录》卷8，第56页（总第782页）："满顿失礼虎笔力哈"，<Mañjuśrī Qobilɣan；薄音湖：《呼和浩特城（归化）建城年代重考》，第108—109页；乌兰：《〈蒙古源流〉研究》，第447—449页。有的研究者提出不同看法，列以备考：乌力吉：《关于锡热图固实却济的新论》，载柏桦主编《庆祝王锺翰教授八十五暨韦庆远教授七十华诞学术论文合集》，黄山书社，1999年，第580—587页。

⑦ Čoyiji, "Siregetü güüši čorji yin tuqai nögübürilen ögülekü kedün jüil",《蒙古史研究》第1辑，内蒙古人民出版社1985年版，第153页；Č. Kesig toɣtaqu, "《Ganjuur》 un Mongɣol orčiɣulɣ-a yin teüken Tuimu", *Öbör Mongɣol un Neyigem ün Šinjilekü Uqaɣan*, 1996 on-u 3 duɣar quyočaɣ-a, niɣur 57。

区和时代意义有别。① 明代蒙古加封 darqan 尊号的事例有两类。一类是世俗劳绩方面的。例如 Elbeg Nigülesügči Qaγan（1394—1401）在位时害死己子，纳子媳为太后，这事上 Quuqai Tayuu 出了大力，所以求封 darqan。② 达延汗（Dayan Qaγan, 1474—1517）对参加右翼三万户之战的人都授 darqan 一号。③ 后来 Kelgei 杀死 Legüüši，因后者是达延汗仇敌，Kelgei 就被加 darqan 之号。④

另一类是传扬佛教方面的。《阿勒坦汗传》记"为报其恭请呼图克图达赖喇嘛，赐思达陇［的］囊素以 dayičing darqan 囊素之号"，⑤ 又记，"因其不断效力迎请达赖喇嘛，赐予 Sambudar-a 之号使为 dai darqan"。⑥ 斡禄打儿罕囊素身为喇嘛，又是出生在乌斯藏者，其得打儿罕封号，该是因宗教上的作为。

Langsu，借自藏语 Nang-so；"囊素"是正确读音，但"朗素""朗苏"也通行，如后面要提到的"毕力兔朗苏"喇嘛：Bilig-tü Nang-so Lama。就 nang-so 这个词来说，nang 意思是内外的"内，里"；so 本义是"牙齿"，引申为"锋口，前沿"，如 so-pa（哨兵）、so-dpon（哨官）。Nang 是 nang-pa 的省略。Nang-so，即藏文 nang-pa so-pa。在明代东北及东蒙古的蒙古文、满文、汉文文献中，名字上有 nang-so 二字的人具有下述特征：是喇嘛，来自乌斯藏某寺，在蒙古或后金布道，寻求新的施主和信徒，居于诸汗济农之处，常随从其左右以备顾问，或率领使者团出使与贸

---

① 关于 darqan 的研究，最早有惠谷俊之《答剌罕考》，《東洋史研究》1963 年第 22 卷第 2 號。国内新研究是：U Bai Čün, Güwe Yan, *Mongγol qaγantu ulus un türim* (Begejing: ündüsüden ü keblel-ün qoriy-a, 1996), niγur 94—118. 新旧研究都不合用。此处依据文献记载作断代的归纳，希望方法上可靠。

关于 darqan 的地位，札奇斯钦谓："凡此类免服役免赋税之功臣，蒙古秘史称之为 darkhan，为蒙古帝国、元朝及元以后蒙古社会极大荣典之一。"见氏著《蒙古史论丛》，学海出版社 1980 年版，第 1054 页。另参见姚从吾与札奇斯钦的详细叙述，见其著《蒙古秘史新译并注释》，第 46—47 页。

② 朱风、贾敬颜译：《汉译蒙古黄金史纲》，第 168—169（蒙古原文）、51（汉语译文）页；乌兰《〈蒙古源流〉研究》，第 291—292 页。

③ 朱风、贾敬颜译：《汉译蒙古黄金史纲》，第 198（原文）、98（译文）页。

④ Lobsangdanjin, *Altan tobči*, niγur 631。

⑤ 珠荣嘎译注：《阿勒坦汗传》，第 266（蒙文）、120（汉译文）页。

⑥ 同上书，第 268（蒙文）、121（汉译文）页。

易。此举二例说明之。

《阿勒坦汗传》记：第三世达赖喇嘛"于鼠年（1576）五月吉祥之日，遣有缘分的 Staγlung nangsu, Tayun kiy-a① 二人返回蒙古"，报告他本人将会见阿勒坦汗。到达蒙古以后，阿勒坦汗"即再派此等使臣先行将呼图克图达赖喇嘛奉迎"；"此等使臣"原文为 ene elčis，即指前述二人。阿勒坦汗又"为 Nangsu lama, Tayun kiy-a 二人预备令旨和赘仪"②。这里 Nangsu lama 是 Staγlung nangsu lama 的另称。Staγlung 借自藏文 stag-lung，是地名、帕竹噶举派寺庙名，在今拉萨市属县浪卡子（Snang-dkar-rtse）（rdzong）境内。③ 喇嘛使者 Staγlung nangsu 显然是该寺出身，身份是 Nangsu，来到阿勒坦汗跟前服务。阿勒坦汗派此一僧一俗作为迎聘达赖喇嘛的使者。④

另一著例：崇德元年（崇祯九年，1636）肇建的盛京莲华净土实胜寺（后通称皇寺）及同地崇德八年（崇祯十六年，1643）肇建的城外四方四座喇嘛塔寺，⑤ 其佛像、塑画的设计者毕力兔朗苏（满 Biliktu nangsu, 蒙 Bilig-tü nangsu, 藏 Pi-lig-thu nang-so,？—1657），萨迦派密教大寺 Ngor 寺（今日喀则市西境）出身，北征蒙古，1627 年或稍早时候来到盛京，不久还俗，成为后金汗和清朝皇帝的政教事务蒙古文、藏文诏敕的起草者，学问渊深、品德高尚，第五世达赖喇嘛多次对之表示敬意。毕力兔朗苏后来长住北京，以三等阿思哈尼哈番（ashan i hafan，"梅勒章京"，二品世职）的职务过世，如例立碑。⑥ 他也具有上述诸特征。

---

① Kiy-a：侍卫；副官，随员，侍从。满洲语 hiya 意同。这一句中，nangso, kiy-a 都是职务，故这句话在当时意谓："……Staγlung 囊素，Tayun 侍卫……""tayun"是汉语"大元"国号变音。

② 珠荣嘎译注：《阿勒坦汗传》，第 249（蒙文）、101（汉译文）；250（蒙文）、102（汉译文）页。

③ 达陇寺及其历代主持者的历史，参见王辅仁《西藏佛教史略》，青海人民出版社 1991 年版，第 165—167 页。

④ 以一僧一俗迎接上师或者佛像，似乎是一种必要的安排。因为在天聪八年（1634）腊月后金迎接嘛哈噶喇（Mahākāla）护法神像，也是派了一僧一俗。李勤璞：《盛京嘛哈噶喇考证》，《藏学研究论丛》第 7 辑，西藏人民出版社 1995 年版，第 106—107 页。

⑤ 参见李勤璞《盛京四寺藏语碑文校译》，《辽海文物学刊》1997 年第 23 期；《盛京四寺满洲语碑文校译》，《满语研究》1998 年第 27 期。

⑥ 李勤璞：《毕力兔朗苏：清初藏传佛教的显扬者》，《沈阳故宫博物院院刊》第 1 辑，中华书局 2005 年版，第 46—75 页。收录于本书。

这样，关于这位喇嘛的名字，可以这么说：Nang-so 是他自西藏某寺庙出发前往蒙古时的职务，örlüg darqan 可能是他到达蒙古以后，某汗（那时蒙古地区称汗者很多）或者部落领袖所奉尊号。

其实这都是称号，而作为出家人，其法名即"本名"是什么呢？再略加推究。

（1）《满文老档》天命六年（1621）五月十六日条记载：

korcin i monggo i hatan baturu beile i daicing nangsu lama i baci, jai emu niyalma,
科尔沁的 蒙古 的 Hatan Baturu 贝勒的 Daicing Nangsu 喇嘛的地从 又 一   人
juwe morin gajime ukame jihe,,①
 二   马   带来 逃亡 来了

从科尔沁蒙古 Hatan Baturu② 贝勒的 Daicing Nangsu 喇嘛那里，又有一人带两匹马逃来了。

Daicing Nangsu 是 Örlüg Darqan Nangsu 喇嘛又一称呼。Daicing 可能是蒙古语 dayičing,③ 或者西藏语 bde-chen（前缀 b-已不发音）；若是后者，则是他本名的一部分，意思是"大乐"，是西藏人和藏传佛教徒常见人名。

平时，则以 Nangsu Lama 见称。例如：

（2）《满文老档》天命六年五月二十一日条：

tere inenggi, korcin i sakda nangsu lama isinjiha, han i yamun de dosire de, han,
 那 日   科尔沁的 老 Nangsu 喇嘛 来到   汗的 衙门 于 进 在 汗
tehe baci ilifi, lama i gala be jafame acafi, adame tebufi amba sarin sarilaha, lama i
座子地从站立 喇嘛的 手 把 握 相见了 陪着 使坐了 大的 宴席 开宴席 喇嘛的
emgi, minggan mafa i elcin donoi jargūci jihe, …④
一起 Mingyan 长者的 使者 Donoi 断事官 来了

那一天，科尔沁的老 Nangsu Lama 来到。进汗的衙门时，汗从坐处起身，执

---

① 滿文老檔研究會譯註：《滿文老檔》太祖，東洋文庫 1955—1958 年版, 327 頁。
② 即蒙古语 qatan bayatur，"刚毅的英雄"。
③ 札奇斯钦说这个字意思是"勇毅"。见氏著《蒙古文化概说》，台湾"中央"文物供应社 1986 年版，第 172 页。薄音湖有专门讨论，见其《明代蒙古的若干称号》，载氏著《明代蒙古史论》，第 187—190 页。
④ 滿文老檔研究會譯註：《滿文老檔》太祖，第 329 頁。

喇嘛的手相见，陪坐开大筵席。陪喇嘛一起来的，还有 Minggan 长者（Mafa）的使者 Donoi Jargūci①。

（3）《满文老档》天命六年六月一日条：

korcin i hatan baturu beile i nangsu lamai juwe bandi, jai emu niyalma, sunja morin
科尔沁的 Hatan Baturu 贝勒之 Nangsu 喇嘛的二　班第　又　一　人　　五　马
gajime ukame jihe,,②
带来　逃亡　来了

科尔沁 Hatan Baturu 贝勒的 Nangsu Lama 的两位 Bandi③ 和一个［素］人，带五匹马逃来了。

最后，"大金喇嘛法师"这个短语容易被看作后金汗赠予的尊号。按此短语出自前述二体碑文第一行，即碑题：

满文　aisin gurun i örlüg darhan langso lama i giran④ i subargan
　　　金　　国　的 斡禄 打儿罕　囊素　喇嘛的舍利　的　塔

---

① 满语 jargūci，< 蒙古语 jarγuči，"断事官"，元朝音译札鲁忽赤。关于元朝蒙古断事官，看札奇斯钦《说元史中的"札鲁忽赤"并兼论元初的尚书省》（1970），载氏著《蒙古史论丛》，第 233—363 页。后金当时在奴儿哈赤手下亦有此职务，如造满文的 G'ag'ai jargūci/Kakai jarγuči（刚盖扎儿胡七，噶盖扎尔固齐，？—1599）等。

② 满文老檔研究會譯註：《满文老檔》太祖，第 337 頁。

③ Bandi，=西藏所传梵文 bande，"出家人"。音译"班的""伴弟"，见"中研院"历史语言研究所编《明清史料》，"中研院"历史语言研究所员工福利委员会 1972 年 3 月再版，甲编第 8 本，《兵部题"宣府巡抚郭塘报"行稿》（崇祯二年六月，1629），第 718a 页；丙编第 1 本《（后金天聪汗）敕谕礼部稿》，第 44a 页。在天聪四年二体碑文背面题名中"喇嘛门徒"内有一人，名"班第"。按起名惯例，那是一位蒙古喇嘛。

④ Giran，一般辞书照抄清代字书，释作"尸"。今西春秋解题译注，《Ubaliyambuha suhe gisun kamcibuha MANJU I YARGIYAN KOOLI 满和对译满洲实录》，伪"日满文化协会"1938 年版，注记 96，指出其有（日文）"骨""死骸"的用法，并跟蒙古语 yasun 相当，指氏族成员间的"骨系"云云。Yasu，参照乌兰《〈蒙古源流〉研究》，第 188 页。笔者按，就此而言，它与藏语 rus-rgyud 相当。在羽田亨《满和辞典》，京都帝國大學满蒙調查會 1937 年版，169 页有 giran：死体，死骸；giranggi：骨，骸；giranggi jalan：骨节；giranggi pai：骨牌；giratu：（马匹）骨骼大；giratungga：骨骼粗壮；都提示该词本义。而此义的最早严格实例，莫过于本处所引二体碑文了。

> 金国斡禄打儿罕囊素喇嘛的舍利之塔
> 汉　文　大金喇嘛法师宝记

比照之下，汉文"大金喇嘛法师"一语意在指明这位喇嘛的"国属"是后金的。由满文称呼看，则不会误解了。在其他文献中没有后金汗赠号给该喇嘛的记述。但上述碑上满汉称谓，加上舍利塔是敕建，仍显示囊素喇嘛受国家尊奉这样的崇高地位。[①] 由碑文及《满文老档》所记受尊敬程度看，他是当时后金最具地位的喇嘛，因而是其地喇嘛们的领袖人物，这一点可以确认。

三　在科尔沁

斡禄打儿罕囊素喇嘛的生年、游学经历及何时前往蒙古传教，因其以蒙古语名号见称于世以及文献缺乏，无可叙述。

在16世纪后半叶，乌斯藏内部局势十分动荡，佛教各宗派与世俗力量相纠结，为利益和地盘而战，烧杀抢掠，佛教僧徒的"慈悲心""出离心"被追求世间权力与财富的欲火焚烧殆尽。因不能取得决定性胜利，各宗派纷纷向外寻求支持者和发展的机会，使自己强大于对方。这个"外"就是内地（汉藏交界地区与大明朝廷）和蒙古地区。各宗派中萨迦派（Sa-skya-pa）、噶举派（Bkav-brgyud-pa），所遣传教使者既早且频；此际又出一新的竞争对手格鲁派。囊素喇嘛不出这三派的范围。

前述二体碑文说这位喇嘛在本乡学成之后，来到蒙古传教：

[①] 白永贞总编修《辽阳县志》，奉天1928年刊本，卷26《宗教志·佛教》（第1页）有如下错误叙述："本境城南莲花寺（引者按此即斡禄打儿罕囊素喇嘛舍利塔的寺）有天聪六年碑，载白大喇嘛由乌斯藏越蒙古境，率百余户，归清太祖，赐以庄田，奉为国师，白衣僧也。"白大喇嘛应该是指囊素喇嘛的同门白喇嘛（？—1637），但这二人都没有锡号国师；碑是天聪四年，也不是六年。但此书卷5《坛庙志》（第22页）莲花寺条尚可参考。本地人多以为这是白喇嘛之坟。如辽阳旗人、学者金毓黻就这样认为，见氏著《静晤室日记》卷73，辽沈书社1993年版，第3131页，民国22年八月二十一日日记："稻叶君山博士有书来，介绍鸳渊一教授。作函复之，并寄赠金清（静?）安寺碑、明崔源墓志、清白喇嘛碑各搨本。"关于白喇嘛，见李勤璞《白喇嘛与清朝藏传佛教的建立》，《中央研究院近代史研究所集刊》1998年第30期。

满文 olhon muke de yabure be sengguwenderakū,, šun dekdere ergi monggo
　　　陆地　水　于　将行走把　　不害怕　　　太阳　将升起 方位　蒙古
　　　gurun de jifi...
　　　部落　于 已来
　　　不害怕在陆上、水中行走，来到了日升之处的蒙古部落……
汉文　于是不惮跋涉，① 东历蒙古诸邦……

据此，囊素喇嘛曾游历多个蒙古部落，最后落脚科尔沁。

《满文老档》有三条文字（俱见前文条［1］［2］［3］）透露他在科尔沁的情况。他的供养者（檀越）是科尔沁的明安贝勒（尊称明安长者：Mingyan Noyan, Minggan Mafa）② 第二子哈坦·巴图鲁，有僧徒，又有属民，天命年间已经老迈。

他的属民数量很大，有以下记载可考：

（4）《满文老档》天命七年（1622）三月二十二日条：

šahūn coko aniya tuweri juwan biyade akū oho, (中略) genggiyen han, ba lama
　辛　酉　　年　　冬天　十　　月在　没有成为了　　　　英明的　汗　白 喇嘛
be jukte seme afabuha, nangsu lama i harangga jušen korcin de bihe ninju ilan boigon
把 奉祀着云云　被委托了　囊素　喇嘛的 所属的　隶属民 科尔沁在 存在　六十　三　　户
be, turuši gebungge niyalma be takūrafi ganafi, ...③
把　图鲁什 名为的　　者　把　派遣了去 接来了

---

① "Olhon muke de yabure be sengguwenderakū"云云是"跋涉"字面意思，而"跋涉"是汉语中的成语，可见在当时文馆，是先拟就汉语碑文，然后译写为满洲碑文的。这对于了解后金文化较有趣味。1638 年盛京敕建实胜寺四体碑文，也是先拟汉文，再译满文；刚好跟碑上所说次序相反。关于实胜寺这一点，参见李勤璞《盛京实胜寺汉文碑记研究》，《辽海文物学刊》1994 年第 17 期。

② Mingyan Noyan 是科尔沁左翼后旗（盛京迤北）扎萨克多罗郡王的祖上，并且是以他的功劳，其孙彰吉伦晋郡王爵，领扎萨克，世袭罔替。见《蒙古回部王公表传》第 1 辑，卷 1，第 7—8 页；卷 20，第 167—169 页。又参见张穆《蒙古游牧记》卷 1，山西人民出版社 1991 年版，第 14—15 页；徐世昌：《东三省政略》，吉林文史出版社 1989 年影印，卷 2，蒙务上，第 389b 页哲里木盟十旗未受封地以前世系表及第 79 页哲里木盟十旗爵秩世系表；赵尔巽：《清史稿》第 28 册，中华书局 2003 年版，卷 209，第 8333—8335 页。

③ 满文老檔研究會譯註：《满文老檔》太祖，582—583 頁。

辛酉年（1621）冬十月，［囊素喇嘛］亡故，（中略）英明汗（Nurhaci）委派白喇嘛奉祀；派遣名叫图鲁什①的，把在科尔沁的囊素喇嘛属民六十三户接来了……

关于属民，在天命年间的后金境内，其实际地位已变成跟 aha（奴仆）相近。② 地方毗邻、风俗相当的科尔沁情况也不会差很远。

囊素喇嘛移居后金以后，在科尔沁留有属民（harangga jušen）六十三户，这是科尔沁檀越给的；那么他前往后金时带走了多少属民呢？

（5）顺治十五年（1658）七月十五日敕建该喇嘛坟塔碑文《大喇嘛坟塔碑文》，满蒙汉三体，③ 其中叙述喇嘛自科尔沁投奔后金汗的情形，说：

  满　文　tanggū boigon i　sahalca be gaifi…
      一百　　户　的　撒哈儿掐把带领了
      带领一百户撒哈儿掐……
  汉　文　于是率领一百户撒哈儿掐……
  蒙古文　jaγun ger ün saqalča yi abun…
      一百　家　的　撒哈儿掐把带领了
      带领一百户撒哈儿掐……

三体意义无差，都说他带领一百户撒哈儿掐投奔后金。

满语 Sahalca（撒哈儿掐），《五体清文鉴》解作"黑貂皮"。④ 还有的

---

① 图鲁什（？—1635）的传记见赵尔巽《清史稿》第 31 册，卷 226，第 9198—9200 页。

② 鸳渊一、户田茂喜：《ジュセンの一考察》，《東洋史研究》1939 年第 5 卷第 1 號；今西春秋解题译注：《Ubaliyambuha suhe gisun kamcibuha *MANJU I YARGIYAN KOOLI* 满和对译满洲实录》注记 41；户田茂喜：《赫图阿拉城构成の素描》，载榠溪会编《山下先生還曆記念東洋史論文集》，655—695 页。

③ 碑石原立在辽阳喇嘛坟，今藏辽阳市博物馆。参见李勤璞《辽阳喇嘛坟顺治十五年（1658）三体碑文录译》，《社会科学辑刊》1998 年增刊第 2 期。

④ 《五体清文鉴》II，民族出版社 1957 年影印写本，第 3298 页对应 sahalca 的蒙古语词是 qar-a bulaγ-a，西藏语词是 spu-byi nag-po。就 sahalca，羽田亨：《满和辞典》（第 355 页）、刘厚生等：《简明满汉辞典》（河南大学出版社 1988 年版，第 320 页）均解作黑貂皮。

词典解作"黑貂"和"清初部落名称",其别写 Sahalja 则解作"黑鹭"。①另有辞典解作"黑貂皮"并"部落名"。② 从词根或词干上看,满洲语 sa-, saha-, sahal- 都不能认为有"黑的"的意思,尚且,从用例来看,Sahalca 既用作部落名称,又用为单个人名:天聪汗的一位叔叔叫萨哈尔察;③ 但未见其指"黑貂皮"的用例。它要是有意思的话,应该与现有解释不同。

这且不谈。(4)(5)两条合看,可知囊素喇嘛到离开科尔沁的时候,至少拥有属民(jušen, albatu)一百六十三户。

这么多人户,加上土地、牲畜、村庄等,形成一至数个庄屯,即满语所谓拖克索 tokso,或藏语的豁卡(gzhis-ka: 庄园)。④ 该喇嘛成了庄园主,名望与势力兼备。再联系以下第(7)条所述,可见当时(1620年前后)科尔沁的主要喇嘛已经身列最高统治阶层,藏传佛教的封建制度已然建立起来。

这是 1621 年及其以前在科尔沁发生的事。格鲁派在蒙古的著名僧人内齐托音(Neyiči Toyin, 1587?—1653),道行未必高,但热心弘法,在 1635—1653 年,以新教徒狂热和暴戾的办法传播西藏密宗,⑤ 其传记谈到 17 世纪前三十年科尔沁信仰状况,"那时,佛教在这个地区还未传播,

---

① 羽田亨:《满和辞典》,第 355 页:"くろかもめ[補 4. 鳥八:黑鹭]";安双成:《满汉大辞典》,辽宁民族出版社 1993 年版,第 473 页。羽田亨辞典注明这个词及其解释出自《清文鉴补编》卷 4。

② 商鸿逵等:《清史满语辞典》,上海古籍出版社 1990 年版,第 165 页。

③ 中国第一历史档案馆:《清初内国史院满文档案译编》上册,光明日报出版社 1989 年版,第 80 页,天聪八年五月的记事。

④ 在《五体清文鉴》(II, 2724 页),对应 tokso 的蒙古语仍是 toγsu,西藏语是 gzhis-ka,汉语是"庄屯"。

⑤ 见第五世达赖喇嘛的评论:Ngag-dbang blo-bzang Rgya-mtsho, *Ngag-dbang blo-bzang rgya-mtshovi rnam-thar* 1 (stod-cha) (Lha-sa: Bod-ljongs mi-dmangs dpe-skrun khang, 1989), shog grangs 401, 顺治十年正月廿九日关于 Nas-ci Tho-yon 的记事;汉文翻译见陈庆英、马林译《五世达赖喇嘛进京记(续)》,《中国藏学》1992 年第 4 期,第 51 页。参见 Pračma (Prajña) Seger-e, "Neyiči toyin qutuγtu yin angqaduγar düri yin namtar," Altanorgil γoollan emkidgen nayiraγulba, *Kökeqota yin teüken mongyol surbulji bičig* (6) (Qayilar: Öbör mongyol un soyol un keblel ün qoriy-a, 1989), niγur 168; Prajña Seger-e 著、成崇德等译:《内齐托音一世传》,载《清代蒙古高僧传译辑》,全国图书馆文献缩微复制中心 1990 年版,第 142—143 页。

只有几个诺颜和先生（baγši）识字，大多数人都祭祀翁古特（ongγud; ongγun 的复数），崇拜博（böge）与乌达罕（odaγan, oduγan）[①]"云云，[②] 意谓没有佛教，把内齐托音打扮成驱除黑暗的丽日。比照前文所述，完全不可相信。[③]

四　自科尔沁移锡后金的原因

后金最早的喇嘛都是从蒙古科尔沁来的。

（6）《满文老档》天命七年（1622）三月廿二日条：

monggo i korcin i nangsu lama, gengiyen han i ujire kundulere sain be donjifi,
　蒙古　的科尔沁的　囊素　喇嘛　英明　汗的养育　恭敬　好的把听到了
sucungga juwe jergi jifi genehe, liyoodung be baha manggi, tere lama jifi hendume,
　最初　二　次 来了去了　辽东(辽阳)把 得到　以后　那位 喇嘛来了　说

[①] Ongγun，神主，偶像。Böge 这个字在《元朝秘史》（Mongγol un niγuča tobčiyan）§272，音译"孛额"，旁译"师公"，总译"师巫"。参见札奇斯钦《蒙古史论丛》，第 73—81 页；Yekemingγadai Irinčin ü serkükelde, Mongγol un niγuča tobčiyan, niγur 269。Böge，觋（男巫）；odaγan, oduγan，巫（女巫）。蒙古的 Böge，相当于满语的 saman，萨满；蒙古萨满教就叫 Böge。有一本关于科尔沁 Böge 的新研究，即 Kürelša, Bai Tsui Ing（白翠英），Način, Buyančuγla, Qorčin böge mörgül ün sudulul (Begejing: ündüsüden ü keblel ün qoriy-a, 1998)。亦可参见札木苏乌兰杰《蒙古萨满教歌舞》，载氏著《草原文化论稿》，蒙藏委员会 1997 年版，第 33—59 页。

[②] Prajña Seger-e 著、成崇德等译：《内齐托音一世传》，第 128 页；原文：Prajña Seger-e, "Neyiči toyin qutuγtu yin angqaduγar düri yin namtar," niγur 149。参见 Kürelša, Bai Tsüi Ing, Način, Buyančuγla, Qorčin böge mörgül ün sudulul, niγur 29—37。

[③] 这里可举一些当时从藏传佛教起的东蒙古人名。陈子龙（1608—1647）等编辑：《明经世文编》卷 463，中华书局 1962 年影印云间平露堂刊本，第 5081 页：卜地什力（哈喇慎 Qaračin 蒙古，见于 1622 年），即梵语 Buddhaśrī；卷 464，第 5096 页：朗素（哈喇慎蒙古，1622 年），即藏语 nang-so，喇嘛的一种职务。广禄、李学智译注：《清太祖老满文原档》第 1 册，"中研院"历史语言研究所 1970 年版，人名索引第 35 页：batma taiji（科尔沁 Mingyan 贝勒第五子，1617 年），bat-ma 即西藏所传梵语 pad-ma，padma 音写，意"莲花"；人名索引第 39 页：sengge（宁古塔路，1611 年，满人？），即藏文 seng-ge，狮子。广禄、李学智译注：《清太祖朝老满文原档》第 2 册，"中研院"历史语言研究所 1971 年版，人名索引第 75 页：dorji（喀尔喀 Qalq-a 蒙古，1619 年），来自藏语 rdo-rje，金刚。

斡禄打儿罕囊素：清朝藏传佛教开山考

bi mini baci jidere de beye sain i jihekū, kemuni nimeme jihe, mini dolo gūnime
我 我的 处从 来的 时 身体 好以 不来 每每 患病 来了 我的 心 想
jihengge, genggiyen han i jakade giran waliyaki seme jihe seme hendufi,①
来者 英明 汗的 地方 尸体 抛弃 云云 来的 云云 说了

蒙古科尔沁的囊素喇嘛，听说英明汗供养、尊敬得很好，当初两次来了又回去了。占领辽东以后，那位喇嘛来了，说"从我那个地方要来时，每每身体好时没来；每每患病才来。我心想，来啊，可能是要在英明汗的地方抛弃骸骨来呀"。

这是斡禄打儿罕囊素；此外还有一位有地位的喇嘛自科尔沁来归。
（7）《满文老档》天命十年（1625）十一月六日条：

ice ninggun de, lama, monggo i beise be ujire ehe, han be ujire sain seme, han
初 六 在 喇嘛 蒙古 的诸贝勒把 养育 恶 汗把养育 好 云云 汗
be baime jidere de, lama i sahalca sa banjiha ba, jeke muke be waliyafi lama be
把 求 要前来在 喇嘛的撒哈儿掐 等生育过 地方 吃 水 把 抛弃了 喇嘛把
dahame jihengge, tereci jilakan ai bi, ere jihe gung de lama be dahame jihe sahalca
跟随着 来者 因为这 可怜惜 什么有 这来的功劳因为 喇嘛把跟随着 来的撒哈儿掐
sa be, gemu juse omosi jalan halame alban de ume dabure, bucere weile bahaci
等把 全部 儿子们孙子们 世代 交替地 差赋把 勿 算入 死的 罪 若得
giyala, ulin gaijara weile bahaci waliya, gosire doro be ume lashalara seme bithe
隔断 财货 取的 罪 若得 宽免 怜恤的 规例把 勿 弄断 云云 文书
arafi, emu tanggū gūsin juwe niyalma de ejehe buhe,, (lama, tanggut gurun i
写了 一 百 三十 二 人 对 敕书 给 （喇嘛 唐古特 部落 的
niyalma, monggo gurun i korcin i ba i beise be baime jifi bihe, genggiyen han i
人 蒙古 部落 的科尔沁的 地方的诸贝勒把 求 来了有 英明 汗的
kundulere be safi, liyoodung de daime jihe,)②
恭敬待人把 知道了 辽东 于 求 来了）

初六日。喇嘛说，蒙古的诸贝勒养育得不好，汗养育得好；慕汗前来。其时，喇嘛的撒哈儿掐们，撒弃了出生地跟（自小）吃的水，跟随喇嘛来。因此多么可珍惜呀。因为这个投奔的功劳，跟随喇嘛来的撒哈儿掐，全部子孙、世代相沿，免除差赋；要是得了死罪就隔离；要是得了掠取财货的罪，就宽免。怜恤之道不断绝云

---

① 满文老档研究会譯註：《满文老档》太祖，582 頁。
② 满文老档研究会譯註：《满文老档》太祖，996 頁。括號內文字是《满文老档》原有注文。

云，写成文字，作为敕书发给一百三十二人。[喇嘛是唐古特部落的人，投奔来蒙古部落科尔沁地方的诸贝勒，知道英明汗笃信恭敬，又投奔到辽东。]

Tanggut，蒙古语 tangγud 的音写，这个时代是指西藏（多数是指脱思麻，即西番、Mdo Smad，甘青一带）。

第（6）条的囊素喇嘛，前面已经说明，他在科尔沁诺颜们那里所受供养并不薄。第（7）条的喇嘛也有属民，其数量按每户户主发一份敕书推算，至少有一百三十二户，这是被记载带来后金者，另外在原地或者还有（不愿远离故土者），因之属民数量跟囊素喇嘛相仿。所谓科尔沁贝勒虐待云云，只是说辞，因为在游牧封建制度下的蒙古地方，喇嘛属民只能是蒙古贵人（Sayid）所赠或者经贵人允许投到喇嘛与寺庙之下的各色人民，且当其离开，科尔沁贝勒也没有将之剥夺。实际动机是：科尔沁已经渐渐由平等而臣属后金，势力减弱，而后金正在兴旺的头上，不遗余力地扩张实力，对于投奔来的喇嘛更加顶戴和供奉，在这里，喇嘛们觉得更有前程。

当然，后金汗敬重喇嘛，也因为濡染蒙古文化，感觉到喇嘛法术的魅力。

后金英明汗尊敬喇嘛的美誉怎么会响彻科尔沁喇嘛的耳畔呢？这是因为蒙古东部各部落毗邻后金，[①] 科尔沁最早跟后金发生联系，战战和和，由结盟而臣属，[②] 最为密切，于后金情况并不隔膜。这种友善关系，也是喇嘛得以由科尔沁移锡后金的前提。

五 移锡以前的交往

天命六年辛酉（明天启元年，1621）三月二十日，后金攻下明朝辽东都司的治所、东北第一大都市辽阳城（Liodun），遂迁都于此。在五月二十一日，斡禄打儿罕囊素喇嘛到来，受到英明汗的郑重接待，接见的礼节显然是蒙古诺颜的，平等而又亲密，其情形前已叙述

[①] 矢野仁一：《近代蒙古史研究》，第238—239页参见。和田清曾刻画出奴儿哈赤时代满洲诸部落的位置，见其著《满洲諸部の位置に就いて》，载田中慶太郎编辑《東亞論叢》第1辑，文求堂书店1939年版，1—18页；那北面就是蒙古人了。

[②] 鴛淵一：《清太祖初期に於ける蒙古との關係の一面觀》，《満蒙》（大连）1935年第185號（十五週年紀念特輯號），144—155頁。参见札奇斯钦《蒙古史论丛》，第983—984、1042—1043页。

（第［2］条）。① 这次喇嘛已经老迈，他表示，他来时觉得身体不好，愿意在英明汗之处终老（前引第［6］条），不再回蒙古了。这是希望英明汗支持他本人及其传教事业。

这次移锡是在女真人对大明的战争取得决定性胜利，后金前途较前光明的时候发生的。而这次以前，囊素喇嘛来过后金——当时是在黑秃阿喇城——两次，每次又都返回蒙古了（前引第［6］条）。现在记述其具体情况。

（8）辽阳顺治十五年（1658）三体《大喇嘛坟塔碑文》：

满　文　taizu i fukjin doro② be ilibure tuktan funde, amargi monggo de amba lama bi seme donjifi,, juwe jergi dorolome solime gajifi,, jiramilame kundulefi amasi unggihe gunin unenggi ojoro jakade,, dahime jidere mu-

---

① 这是后金汗接待喇嘛的一贯作风，比较中国第一历史档案馆《清初内国史院满文档案译编》，光明日报出版社1989年版，上册第80—81页所记另一事例：天聪八年（1634）五月"初十日。满朱习礼胡土克图喇嘛（Mañjuśrī Qutuγtu Lam-a）至，汗郊迎五里外，握手相见，偕入至宫中门下，命坐于御座傍［旁］右榻宴之。宴毕，喇嘛献马鞍（有鞍的马？）一匹、驼一头，汗纳之，赐喇嘛御服黑貂皮端罩一件、银百两、毛青布百匹，汗亲送喇嘛出边"。参见李勤璞《明末辽东边务喇嘛》，《中央研究院历史语言研究所集刊》2000年第71本第3分，第607—608页。称帝以后还是如此：王先谦：《十朝东华录》，光绪甲午仲春上海积山书局石印，第1函第2册第42页记崇德七年（1642）冬十月达赖喇嘛使者等到盛京，"上出怀远门，迎过马馆。还，至马馆前，上率众拜天毕，进马馆御座。（使者）伊喇固克散胡图克图等进见，上起迎至门阈。伊喇固克散胡图克图等以达赖喇嘛书、黄哔叽捧进上，上立受之，遂携手相见。上升榻坐，设二座于榻右，命两喇嘛坐。其同来徒众行三跪九叩头礼。次俄罗特部与喇嘛同来使臣及其徒役，听鸣赞官赞，行三跪九叩头礼"云，清楚区分达赖喇嘛使者、其徒众、俄罗特使臣徒役三者待遇差别。已故李毓澍先生：《外蒙政教制度考》第342页说，"清帝对于达赖喇嘛，实极为谦礼"，确实是这样；不过是由"皇帝"立场理解，其实太宗的礼节是纯然蒙古的，历元明以降并无变化。

② 满语 doro，蒙古语 törü，具有丰富的含义，可能借自汉语的"道"，满、蒙政教上的重要概念，追寻其词源亦是一件有兴味的事了。P. Schmidt, "Chinesische Elemente im Mandschu," *Asia Major* 7 (1932), S. 623. William Rozycki, *Mongol Elements in Manchu*, Bloomington: Research Institute for Inner Asian Studies, Indiana University, 1994, pp. 62 - 63. David M. Farquhar, "The Origins of the Manchus' Mongolian Policy," in John K. Fairbank ed., *The Chinese World Order*, Cambridge: Harvard University Press, 1968, pp. 202 - 203.

jilen nememe hing seme ofi,,

太祖建立最初基业之始，听说北面蒙古有大喇嘛，两番以礼请来，隆重致敬；因为遣归的心意是诚恳的，再来的志向越发真挚。

汉　文　当太祖（Nurhaci）创业之初，闻北边蒙古有大喇嘛，二聘交加，腆仪优待；遣往之情既挚，来归之志益敦。

蒙古文　tayisu, tulγur iyer törö yi bayiγulqui čaγ tur, umar-a mongγol ulus tur yeke blam-a bui kemen sonosču, qoyar üy-e yosolan ürijü iregülged, yekede kündüleǰü, ünen sedkil iyer qoinaγši kariγuluγsan u tula, öröjü irekü sedkil inü qarinčing ünen böljü,

太祖在开初建立国家的时候，听说北面蒙古有大喇嘛云云，两次敬礼迎请而来，优厚地供养，以真心遣送回北方，因此，喇嘛来投的心诚笃起来。

可知当时囊素喇嘛是后金势力可及范围内最具名望的大喇嘛，极有权威。太祖两番邀请，备极尊重，既是内心情感的流露，也是招徕远人、掌握蒙古动向，与蒙古交好，欲有辅于政业的举动。

现有史料没有载明囊素喇嘛的两次后金之行，而据第（8）条，他是在后金"建国之初"被邀请的。考大金汗国是在万历四十四年（1616）正月初一日的赫图阿拉建立。此为后来追认的所谓天命（Abkai Fulingga）元年。[①] 此前经营称汗已历多年。其预备项目之一是：在赫图阿拉寨东阜盖七座大庙。

七庙中已知三座的名字，即三世佛寺、玉皇庙、十王殿（后二者入关以后分别易称显祐宫、地藏寺）。庙建至七座，且在其"都城"之东高阜上，又当其建国的时候、在征战连年之际用三个年头完成，可见其用意不寻常。这是遵循中华的历史经验，为自己政权的正当化作铺设与宣传：这些庙宇是"国"的象征，是历来朝廷礼制教化的必备设施。入关以后顺治皇帝领会到这一点，他回顾说：

自古帝王统御天下，必以仁义为本，尤懋恭肃而崇祀明神，盖期国祚熙昌，

---

① 三田村泰助：《天命建元の年次に就て——太祖满文老档の一考察》，《東洋史研究》1935年第1卷第2號。黄彰健：《清太祖天命建元考》，《中央研究院历史语言研究所集刊》1967年第37本下册，第475—495页；又《奴儿哈赤所建国号考》，出处同前，第421—448页。

俾兆民无不康宁之故。(中略) 惟兹兴京所建显佑宫, 始于缔造之初, 昭事上帝之所, 其关甚重: 运祚灵长, 神实启之; 臣民瞻仰, 神实迪之。①

直接地说, 这是"建国"所必需的典制设施。② 由此可见, 当时的后金, 只不过是辽东山川间一个轻忽的幻影, 大明天朝东北边鄙一个小小的蛮夷势力, 固然称王称汗, 也无法与上国相颉颃; 但其领导者并不囿于现势, 而是目光远大, 志向宏伟。③

囊素喇嘛两次被英明汗聘请, 正在这时。以其身份名望揣度, 他正是为国家寺庙奠基与落成而来; 作为大喇嘛, 为佛菩萨等塑像壁画设计、开光、诵经加持, 甚至为新寺剃度出家僧徒等。这么分析看来合理。

英明汗建庙聘请大喇嘛尚有来自蒙古方面的背景。元朝北退朔漠、自行分解消亡成林立的草原军阀以后, 蒙古地区的藏传佛教并未断绝, 但规模甚小, 民间盛行的是萨满信仰 (Böge) 加上汉魏以来塞北族类的佛教。万历六年 (1578) 阿勒坦汗在青海 (Köke Naγur) 仰华寺 (Čabčiyal süm-e, Theg-chen chos-vkhor gling) 会见黄帽派僧人 Bsod-nams Rgya-mtsho (后来追认的所谓第三世达赖喇嘛锁南坚错, 1543—1588),④ 是蒙古地区制度化的藏传佛教复兴的标志。他们追述历史, 互奉尊号。这给了 16 世纪后三十年蒙古各部落领袖极大的刺激, 使其纷纷

---

① 《御制兴京显佑宫碑文》(顺治十五年七月十七日立), 载王晶辰主编《辽宁碑志》, 辽宁人民出版社 2002 年版, 第 244 页。又收录于乾隆朝《钦定盛京通志》卷 3, 武英殿 1784 年刊本, 第 7—8 页。御制碑见存, 宫、寺近年为旅游而重建。

② 李勤璞: 《民众信仰与国家建构: 关于黑秃阿喇的七大庙》, 《欧亚学刊》第 5 辑, 中华书局 2005 年版, 第 63—104 页。收录于本书。

③ 黄彰健: 《奴儿哈赤所建国号考》, 《中央研究院历史语言研究所集刊》1967 年第 37 本下册, 第 442—445 页; 《清太祖天命建元考》, 《中央研究院历史语言研究所集刊》1967 年第 37 本下册, 第 483—485 页参见。

④ 李毓澍: 《外蒙政教制度考》, 第 295—314 页; 札奇斯钦: 《蒙古与西藏历史关系之研究》, 第 409—431 页; 佐藤长: 《第三代ダライラマとアルタンの會見について》, 《東洋史研究》1983 年第 42 卷第 3 號; 薄音湖: 《十六世纪末叶西藏喇嘛教在蒙古地区的传播》(1984), 收录于《明代蒙古史论》, 第 71—92 页; 黄丽生: 《论〈阿勒坦汗传〉的撰史意识》, 第 132—140 页。

仿效，建国称汗，① 信奉藏传佛教，由乌斯藏召请大喇嘛，随从左右，奉为上师，加号国师喇嘛（gu-shri/güüši bla-ma/blam-a）、法王喇嘛（chos-rje, čorji bla-ma）等。

例如万历四十五年（1617），全蒙古名分上的大汗、女真人的大敌林丹汗（Legs-ldan Qutuγtu Qaγan, 1592—1634）从萨迦寺请来八思巴家族的继承者，任过萨迦达钦（藏 bdag-chen; 蒙 yeke ejen，大主）的夏儿把喇嘛（Shar-pa Zhabs-drung Bla-ma）及八思巴当初在忽必烈凉州帐下塑造的款氏（Vkhon）家族与蒙古可汗的本尊（yi-dam，保护神）Mahākāla（嘛哈噶喇、莫诃哥罗，大黑天）金像，欲统一多头蛇般的蒙古，重建祖宗的伟业。② 当时女真濡染蒙古风俗文化、语言信仰极深，③ 视同己类，④ 且同处塞外，地

---

① 张廷玉：《明史》卷 222，中华书局，1974 年版，第 5854 页；符拉基米尔佐夫著、刘荣焌译：《蒙古社会制度史》，第 242—243 页参见。辽东女真方面混乱情形相同。三体《满洲实录》汉文本说（第 21a 页）：当时周围"各部蜂起，皆称王争长，互相战杀；甚且骨肉相残，强凌弱，众暴寡。"满文本（第 20 页）："babade hūlha holo hibsui ejen i gese der seme dekdefi meni meni beye be tukiyefi han, beile, amban seme gašan tome ejen, mukūn tome uju ofi ishunde dailame afame, ahūn deo i dolo wame, uksun geren, hūsun etuhun niyalma, yadalinggū budun be gidašame durime cuwangname, ambula facuhūn bihe"，翻成汉语："处处贼如蜜蜂纷起，各各自推为汗、贝勒、大人，gašan 主、mukūn 的头领，互相攻打，兄弟相杀，一门之中，人多力强者虐掠弱愚之辈，大乱"。参见鸳渊一、户田茂喜《ジユセンの一考察》，《東洋史研究》1939 年第 5 卷第 1 號。

② 李勤璞：《盛京嘛哈噶喇考证》，《藏学研究论丛》第 7 辑，第 95—120 页。补充：阿·马·波兹德涅耶夫著，张梦玲等译：《蒙古及蒙古人》卷 2，内蒙古人民出版社 1987 年版，第 442（藏文碑文）、455（蒙古文碑文）页。

③ 参见李民寏（1573—1649）《栅中日录》，载徐恒晋《栅中日录校释 建州闻见录校释》，辽宁大学历史系 1978 年编印，第 43—44 页；冈田英弘：《清初の満文化におけるモンゴルの要素》，《松村潤先生古稀記念清代史論文集》，19—33 頁；此文有汉译文：李勤璞译《清初满族文化中的蒙古文学传统》，《满语研究》1998 年第 26 期。还有一些事实，日后笔者将会稽考。

④ 《大清太祖高皇帝实录》卷 7（载《清实录》第 1 册，第 95b—96a 页）：天命五年（1620）正月丙申，天命汗复书蒙古林丹汗说，"且明与朝鲜，言语虽殊，服制相类，二国尚结为同心。尔与我，言语虽殊，服制亦类"。参见广禄、李学智译注《清太祖朝老满文原档》第 2 册，第 138—139、175、199 页；札奇斯钦：《蒙古史论丛》，第 984—986、945 页；《从〈热河日记〉看十八世纪韩国知识分子对中国各民族的态度》，载《第三届中国域外汉籍国际学术会议论文集》，联合报文化基金会国学文献馆 1990 年编印，第 57—79 页。

缘相接，交往不断，英明汗对于蒙古方面精神生活上这一重大动向，一定心有所感。他对在科尔沁的囊素喇嘛二聘交加，腆仪优待，看来是属于蒙古习尚：欲奉一位有声望的大喇嘛作为自家佛教领袖，协助自己争天下的事业。喇嘛坟乃敕建，其敕建碑文题为"大金喇嘛法师"，也提示着这一点。

此后，喇嘛仍回科尔沁，未再至后金。天命六年五月十六日，他的一个属民投奔到辽阳（见前第［1］条），这应该看成囊素喇嘛移锡的先行人员。

六　在后金的待遇

囊素喇嘛来到后金新都城辽阳以后，太祖英明汗在礼敬之外，又给予丰厚的供养，使其安然居住，得列该国贵人（sain niyalma, sayin kümün）阶级。天聪四年（1630）二体碑文载：

满　文　amala musei gurun de jidere jakade, genggiyen han ambula dobume kundulehe,
　　　　后来　咱们的　部落　于要来的　时候　　英明　汗　大大地　供奉　　款待
　　　　其后来到我国的时候，英明汗非常地供养和尊敬。

汉　文　及到我国，蒙太祖皇帝敬礼尊师，倍常供给。

顺治十五年（1658）三体《大喇嘛坟塔碑文》具体记述供养事实：

满　文　tuttu ofi saisame maktame tokso usin, takūrara niyalma bufi…
　　　　那样　因为　嘉奖　　称赞　　庄屯　田地　差遣的　　人　　给了
　　　　所以表扬、称赞，给予拖克索、田地、使用人。

汉　文　是用褒奖，赐之庄、田，给之使命。

蒙古文　teimü yin tula sayisiyal maγtaču, toγsu tariyan jaroqu kümün ögjü…
　　　　那样　的因为　嘉奖　　称赞　　拖克索　田地　差遣的　　人　　给
　　　　因为那样，奖赏表扬，给予拖克索、田地、使用人。

如上所述，因为喇嘛来归，作为奖赏，英明汗赐给他三件事物：庄（tokso）、田（usin）、使命（takūrara niyalma，"用人"）。

——Tokso. *Qan i araha manju gisun i buleku bithe*（"汗制作之满语的镜

子"),① 御序（sioi）署于 elhe taifin i dehi nadaci aniya ninggun biyai orin juwe

---

① 函套签题"（满文分类）御制清文鉴"，辽宁省图书馆善本书排架第50008号，又50119号，50120号。殿板书，毛装十册。函套题签是伪满"国立"奉天图书馆所拟。另外，同馆善本书排架第50296号是这本书的另外刻本，御序末尾所署日期相同，亦称殿板。这是清朝最早的御制满文词典，最为珍贵，故本稿征引之。

这十册本词典的御制序汉文本收在康熙《御制文第三集》，卷20（第10a—13b页），略谓："朕以凉德膺祖宗之鸿图（中略），惟以读书穷理尽吾之志。凡五经四书已经翻译之外，如《纲目》《讲义》等有关于治道者，靡不译尽。近来老成耆旧，渐就凋谢，因而微文奥旨，久而弗彰，承讹袭舛，习而不察，字句偶有失落，语音或有不正，国书所关至钜，政事文章皆由此出，非详加厘定，何所折衷；非编辑成书，何以取法。爰诏儒臣，分类排纂，日以缮稿进呈，朕亲御丹黄，逐一审订。解诂之疑似者，必晰同异于毫芒；引据之阙遗者，必援经史以互证。或博咨于故老，或参考于旧编，大而天文地理，小而名物象数，十二字母，五声切音，具载集中，名曰《清文鉴》，用探音声之本原，究字画之详尽，为部三十有六，为类二百八十，为书二十一卷，清文得此也而无余蕴。凡以明祖德之源流，敬本之深意也"云云。见《康熙皇帝御制文集》，台湾学生书局1966年影印殿本，第3册，第1636页。可资了解词典大概，尤其援引经史的体例，在中华文明史上，可谓意味深长。

关于此书，有一篇重要研究可参考。王云五主持《续修四库全书提要》，台湾商务印书馆1972年版，经部，第1809—1810页："《御制清文鉴》二十卷后序一卷总纲四卷康熙内府刻本 清翰林院掌院学士、兼礼部侍郎傅达礼等，先后奉敕撰进，圣祖仁皇帝御定成书，康熙四十七年校勘通行。全部皆清书，并无汉字。傅达礼满洲正黄旗人，姓吴雅氏，孝恭仁皇后同族，由主事历今职，兼经筵日讲官起居注，教习庶吉士，太宗实录副总裁；差往云南，经理吴三桂撤藩事，被拘，旋放还。康熙十四年罢，寻卒，其书未撰就。按，清代国书自太祖己亥年二月指授额尔德尼巴克什，同噶盖扎尔固齐，照蒙古字体制定，太宗天聪六年三月，复命达海巴克什，增加圈点后，康熙十二年四月，圣祖特谕傅达礼曰：'满汉文义，照字翻绎可通用者甚多，后生子弟，渐至差谬，尔任翰林院，可将满语照汉文《字汇》，发明某字应如何用，某字当某处用，集成一书，使有益于后学。此书不必太急，宜详慎为之，务期永远可传'云云。傅达礼病卒后，别派儒臣武英殿大学士户部尚书马齐等，及经筵讲官吏部尚书马尔汉等，预其事，阅二十年，书始告成，进ımperial审定，赐名《清文鉴》，附以总纲，为检字之索引。首卷有康熙四十七年六月二十二日御制序，末卷有马齐等，并马尔汉等后序。书凡二十卷，总纲四卷，后序一卷，合二十五卷。第一卷天部，一类四段，二百零一句；时令部，一类七段，二百二十五句；地部一类九段，三百三十四句。第二卷君部，一类一段，四十三句；旨意部，一类一段，十八句；授官部，四类四段，一百零三句；政部，十三类十七段，四百二十五句。第三卷礼制部，八类八段，二百三十四句；乐部，二类二段，七十一句；文学部，四类六段，一百六十三句；武功部，并第四卷武功部，共十二类二十七段，八百九十八句。第五至第十二卷人部，共一百十六类，一百六十段，四千五百七十八句。第十三卷释道部，一类一段，二十三句；神异部，一类一段，二十九句；巫医部，一类一段，四十九句；巧艺部，二类二段，六十五句；居处部，六类七段，二百三十七句；产业部并第十四卷产业部，共十五类二十一段，六百二十五句；火部，一类二段，五十七句。第十五卷布帛部，四类六段，二百一十一句；服饰

（康熙四十七年［1708］六月二十二日），其 juwan ilaci debtelin（卷13），hoton hecen i hacin（城郭类）第14b页，tokso 条说：

  tokso, usin weilebume niyalma tebuhe babe, tokso sembi„ jai tokso tuli seme holbofi
   Tokso 田地 使做 人 安置地方把 Tokso 叫做 又 tokso tuli 云云 连起来
  gisurembi, šu ging ni yuwei ming fiyelen de, mini ajige beye, dade g'an pan de
    说 书 经 呢 说 命 篇 在 我的 小的 身体 原来 甘 盘 于
  tacimbihe, tereci bigan tokso de wasihabi sehebi„① geli baisin banjire niyalma,
    正在学习 从此 野地 tokso 于 正在下落 云云 再 闲暇 生活 人
  gašan tokso de genere be, toksorome genehe sembi„ //
   Gašan Tokso 于 去 把 去 tokso 里 去 云云

  tokso：种田人驻扎的地方叫做 tokso。又有"tokso-tuli"①（庄屯）连起来说的。在《书经·说命篇》，有"我的小小的自己呀，当初在甘盘跟前学习，从那落到'gašan tokso'了"说法。再者，把闲着的人去 gašan tokso，叫"tokso-rome"（去 tokso 里）云云。

  tokso 在这儿是指空间的词了。乾隆御制《五体清文鉴》将之列在"城郭"类，解释为"庄屯"。羽田亨译成日文"庄园"。③近年大陆所编满文辞典均照抄清朝字书，无所考究。

(接上页)
部，十三类十七段，四百八十五句。第十六卷器具部，十四类十八段，五百十句。第十七卷营造部，十六类十六段，三百五十七句；船部，一类一段，三十七句；车部，一类二段，四十四句。第十八卷食物部，十三类十八段，六百二十六句；百谷部，一类一段，四十六句；百果部，一类一段，五十六句。第十九卷草部，一类二段，八十六句；木部，一类五段，一百六十四句；花部，一类一段，三十五句；鸟雀部，四类八段，二百四十七句；兽部，二类五段，一百五十句。第二十卷牲畜部，十三类十三段，四百五十二句；鳞介部，二类三段，一百四十四句；虫豸部，一类二段，九十句。统三十六部，二百八十类，四百段，一万二千一百十八句。内一句可分作数句用，及注解中附载清语之类，不在此数。是书在满语译学中，为第一部纲领巨制，句楷言模，无容品骘，四库全书著录乾隆间《增订本清文鉴》，而不收此，兹亟为补入，俾学者饮水思源，知其所本云"。

  另有论文：石桥崇雄《「han i araha manju gisun i buleku bithe,（御制清文鑑）」考——特にその語彙解釋中の出典をめぐって》，《國士館大學文學部人文學會紀要》1989 年别册第 1 號。此文未提及前引续修提要。

  ① 按《书经·说命下》："王曰：来汝说，台小子旧学于甘盘，既乃遁于荒野"。
  ② Tuli 在满语没有解释，大约是汉语"屯"的借用。
  ③《五体清文鉴》II，第 2724 页：对应于 tokso 的蒙古语仍是 toγsu，西藏语是 gzhis-ka，汉语解释是"庄屯"。参见羽田亨《滿和辭典》，427 页。

这部珍贵的著作 *Qan i araha manju gisun i buleku bithe*，同卷、同类，接着 tokso 条的是 gašan 条（第 14b—15a 页），可资比较：

gašan, yaya hoton hecen i tulergi, falga falga tehengge be, gašan sembi„ luwen ioi
gašan 举凡 城 郭 的 外头 一片 一片 住着的 把 gašan 叫做 论语
bithede, uksun mukūn de hiyoošungga sere, gašan falan de deocin sere oci sehebi„
书 在 宗族 部落 于 孝顺的 谓 gašan 里 于 悌 谓 是 已说
gašan：举凡城郭外头，一连片住着的，叫做 gašan。《论语》里说：于宗族谓孝，于乡里（gašan falan）谓悌。①

Gašan 指村郭。可能类于周代的"野"，国人、野人的野②吧。

今西春秋也以为，当时后金 tokso 是新开辟的人为造成的聚落，形态上跟 gašan 相对，gašan 指"乡村"，那种自然发生的因而带有很多血缘关系的地缘聚落。③ 赫图阿拉时代的 tokso 情况，依朝鲜羁留者的报告（1620），是"自奴酋及诸子，下至卒胡，皆有奴婢（互相买卖）、农庄（将胡则多至五十余所）。奴婢耕作，以输其主"，"无结卜之役、租税之收"。④

根据了解，这儿"奴婢"包括 aha（＝蒙古语 boγol）及 jušen（＝蒙古语 albatu），⑤ 是奴仆与属民；前者以俘虏到的明朝人、朝鲜人乃至蒙古人为最大多数，故数量庞大，不惟"将胡"，即便"卒胡"也拥有奴仆。农庄即拖克索。

由以上可见，从前人们对"tokso/庄"的看法，无一例外地强调它是空间上的一个地点、人为建立的"村庄"，奴婢不算在内。可是在顺治十五年三体碑文中 tokso 等三事并举，tokso 当日主要是指庄上的人。对此要稍作说明。

---

① 按《论语·学而》有"子曰：弟子入则孝，出则弟（悌）"云云，不知是不是这句满语的出处。

② 参见杜正胜《周代城邦》，台北：联经出版事业公司 1998 年版，第 55—92 页；《古代社会与国家》，台北：允晨文化实业股份有限公司 1992 年版，第 456—461 页。

③ 今西春秋解题译注：《Ubaliyambuha suhe gisun kamcibuha *MANJU I YARGIYAN KOOLI* 满和对译满洲实录》，注记 21 和注记 87。

④ 徐恒晋：《栅中日录校释 建州闻见录校释》，第 43 页；户田茂喜：《赫圖阿拉城搆成の素描》，695 页。

⑤ 按，*Qan i araha manju gisun i buleke bithe*//*Qaγan u manju ühen ü toli bičig*（御制满蒙合璧《清文鉴》）卷 5（sunjaci），第 3a 页："jušen//albatu"。即 jušen, albatu 相对应。

斡禄打儿罕囊素：清朝藏传佛教开山考

年代上最接近顺治十五年的文献，一是天聪九年（1635）满文记录，一是顺治四年至八年（1647—1651）北京管理皇室事务的总管内务府（dorgi baita be uheri kadalare yamun）发给盛京皇家内务部门的公文，似可澄清当时 tokso 的意义与指称。先看用例。

记录 A：

toqtohoi be gerenci faqcafi yabuha turgün de hergen efulefi„ (emu toqsoi teile buhe„
　　Toktohoi 把 大伙从 离开 走了 缘故 在 头衔 革除 一把 tokso 仅仅 给了
tereci) boigon be (gemu) talame gaifi„ toqtohoi eigen sargan be beyei teile tucibuhe„
　　从此 户 把 全都 没收 取去
erei boigon be olji arafi bucehe niyalma de bucehe (buhe)„①
　　俘房 做了 死亡 人 于 给了

［天聪九年（1635）五月初九日］（前略）Toktohoi 离开众人走了，因这个缘故，革除其职务。只给一个 tokso；把人户全部没收，充作俘房，给死者［的家人］。

文件Ⅰ：

uwayan (suwayan) singgeri aniyai aniya biyai ice duin de; dorgi baida (baita) be uheri kadalare yamun i bithe„ antamu„ butasi de/jasiha„ oohan i gungju sunja toksu (tokso) *jangūtai* de gurimbi„ erai (erei) emu toksu de„ aniya biyai/tofohon ci casi; nadan biyai de isibume haha hehe anggala toome (tome)„ emu biyade jeku emu/anggala de emte sin„ jai juwe juse de acan emu sin i botome (bodome) bu„ erei emu tokso de tarire/ihan udu bici„ bisire be tuwame„ aniya biyai tofohon ci casi„ duin biyai gūsin ci/ebsi„ emu inenggi emu ihan de liyoo ilata moro bodome bu„ erei emu tokso de usin emu/tanggū orin cimari„ emu cimari de use ninggute moro bodome bu„ ere sunja tokso de/janggūtai de bisire toksoi fa (fe) jeku bu„ jai dabsun hoošan buyarame jaka bufi„ sube bahare be/tuwame udafi unggi ❖ijishūn dasan i sunjaci aniya„ aniya biyai orin juwe de„ tokso/bošokū yonggai gajiha ❖②

---

① 東洋文庫清代史研究室譯註：《舊滿洲檔 天聰九年》，東洋文庫 1972 年版，135 頁。按该书体例，画杠的字是原被涂去的，括号内的字在原件中是后添的。

② 《顺治年间档》，全称《旧盛京内务府档案房原本盛京内务府顺治年间档册》，伪满"国立中央"图书馆筹备处 1942 年影印（王光烈题签），第 23 页，行 1—10。《顺治年间档》原件藏辽宁省档案馆。

戊子年［顺治五年，1648］正月初四。总管内务府给 Antamu, Butasi① 的文件。把 Oohan（敖汉）公主的五拖克索迁至彰武台，② 每拖克索自正月十五至七月，男女人口每月每口给粮食一 sin（升③），两个小孩合给一 sin。每拖克索若有多少耕牛，全部统计，自正月十五至四月三十，每日每牛，料要各给三 moro。这一拖克索，有田（usin）一百二十 cimari；每 cimari 给种子六 moro。给这五拖克索，在彰武台的全部（旧有）拖克索的陈粮。再给盐、纸、小物件。你们把要领的统计出来，买了送去。顺治五年正月的二十二日，拖克索领催 Yonggai 拿来［这个文件］。

文件Ⅱ：

juwan biyai ice ninggun de,, fiyangkū gungju de buhe juwe tokso, dahaha niyalmai tokso/bisire teile gemu gamakini sehe bi,, usibuse niyalma takūrafi ganabuhe manggi,, atamu, butasi/suwe hontoho moo gaifi bu,, tokso bošokū be tucibufi tuwame jurambufi unggi,, /ijishūn dasan i sunjaci aniya,, omšom biyai orin nadan de ihaci gajiha,,④

十月初六，给 Fiyangkū 公主的二拖克索，原来说全由归降的人编成；差遣 Usibu 等人领取以后，Antamu, Butasi，你们发给合符，委派拖克索领催监视起行。顺治五年十一月二十七日，Ihaci 拿来［这件文件］。

文件Ⅲ：

（第67页第7行）ilan biyai orin de mukden de （中略）（页70，行9—11:）ere

---

① 康熙朝《盛京通志》卷14，第26a页《职官志·内务府》，有镶黄旗佐领安他木，正黄旗佐领布他什，同为满洲人，顺治三年（1646）任。即此二人。

② Janggūtai 在今辽宁省彰武县（1902年设县）境，此前设"彰武台边门"（1654年）。看彰武县志编纂委员会《彰武县志》，彰武县印刷厂1988年版，第5—9页。从17世纪初的情形看，这应是蒙古语地名。蒙古语 Jangγuu-tai，意思是"有菱角的"；Jangγuu 意思是菱角。这有近代档案上的旁证：在民国十三年及以前，通辽县、辽源县都有蒙古村，名"张古台"，汉语正式译名是"菱角屯"。"屯"字当然是相宜添加的。看辽宁省档案馆档案 JC10—264 号，奉天省长公署《训令康平等十六县将蒙语地名译为汉音》（民国十三年七月二十九日）。依菱角生长的环境，大致此地原先是自然条件较今日好上许多，今日则干旱贫困，过度开垦。前举《彰武县志》，以及彰武县人民政府编《彰武县地名志》（沈阳市第二印刷厂，1985年）均没有指出"彰武""彰武台"的意义，故试说明如上。

③ 陈捷先：《民国以来国内满文书档资料研究评议》，《卫拉特史论文集》，内蒙古师大学报编辑部1990年印，第119页参照。

④ 《顺治年间档》，第38页，行2—5。

uheri juwan uyun toksoi/haha hehe,, sidan haha jui; sargan jui morin,, ihan,, loose be antamu si saikan baicafi, meni meni toksoi □ bithe arafi unggi,,（页 72，行 3—5:）ere uheri uyun/toksoi haha,, hehe,, sidan jui,, sargan jui morin,, ihan,, loose be antamu si saigan baicafi/meni meni toksoi faksalame bithe arafi onggi (unggi),,①

顺治八年"三月二十，在盛京（中略）这合计十九拖克索的男人、女人、男童、女童、马、牛、骡子：Antamu，你把这些好好查明以后，[分别] 各拖克索，写成文字送来。"又"这合计九拖克索的男人、女人、男童、女童、马、牛、骡子：Antamu，你好好地查明了，分别各拖克索，写成文字送来"。

在文件 I，这五个迁移了地方的 tokso，被列举到的项目有：男、女、大、小的人口，耕牛、盐、纸张、小器具等，还有土地面积。这些可以分为四组，另三份文件则更单纯。列表如下：

表4　　　　　　　　　　　拖克索的内涵

Tokso 的所指	人	耕牛·牲畜	盐·纸·工具	土地面积	备考
记录 A					有罪处分
文件 I	√	√	√	√	五个 tokso 迁移
文件 II	√				二个 tokso 编成
文件 III	√	√			十九个 tokso 核查

文件 I 是唯一一次提到土地。文件 II 说，那两个 tokso "全由归降的人编成"，没有提土地。文件 III 作统计时只计入男、女、大、小的人口，马牛骡诸牲畜，也没计及土地。文件 I 提及土地，那是为了决定种子数额，而不是为计算土地而提及土地。通观现存的前述顺治四年至八年北京来文，凡是提及拖克索事务的，只提到人口、牲畜、工具（牛车之类）、口粮等项目，而于人丁分类（男女、长幼）尤细，且与各种牛马牲畜并举；均不及田地。甚至文件 II，是关于拖克索设立之事，亦没有谈及土地。

由此可见，当时使用 tokso 一词时，一般指"庄屯"上的财产：人（aha 与 jušen）、畜以及农具财物；而不是"土地"。回到顺治十五年碑

---

① 《顺治年间档》，第 67 页行 7 至第 72 页行 3—5。

文，皇帝所赐 tokso（庄），正应这样理解，方可与其后 usin 不相重复。

为什么不及土地呢？因为当时征服不断进展，所得土地均属公家，皇帝得以随便分配，所以土地不成问题，tokso 得随时设置及改迁地点（事例很多），要紧的则在人力物力的掌握跟分配。下文也可印证，tokso 的所指包括：albatu/jušen（所属人口），ger ün kitad/booi aha（奴仆），① ed mal（牲畜财物）。一个遽然建立的庄。简单地说，tokso 是指庄户。②

——Usin（田），《五体清文鉴》等书释作"田地"，"田地之'田'"。田地即农田（可耕地）。以下一些用例见诸《满洲实录》赏赐记录，因为是三体对照，容易看清楚：③

卷5（第258b页），天命四年（1619）六月初八日，"房田等物皆给之"，其中三体"房田"（满文/汉文/蒙文）：

  tere boo, tarire *usin*/房田/saүuqu baising, tariyan,
  住的 房子 耕种的 usin 房田 居住 房子 田

卷5（第264a—b页），同年七月，"赐妻奴牛马财物田舍"，其中"田舍"三体：

  tere boo, *usin*/田舍/baising tariyan,
  住的 房子 usin 田舍 房子 田

卷7（第348b页），天命七年二月十六日，"房田奴婢"：

  tere boo, *usin*, takūrara aha/房田奴婢/ger baising tariyan, jaroqu boүol aran,
  住的 家/房 usin 使用的 奴仆 房田奴婢 家/房 房屋 田 使用的 奴隶 黎民

---

① 蒙古字"Kitad"：汉人；奴仆。
② 刘学铫说：清初"满洲人只有旗籍而没有地方籍贯，而所有的旗随着命令移动（中略）。蒙古的旗有固定的治区，不许越界"。见氏著《蒙古盟旗制度》，载刘学铫、陈又新《蒙古盟旗制度 西藏政教制度略述稿》，蒙藏委员会1996年版，第3—4页。
③ 鸳淵一曾指出这一点，不过未列出实例。见氏著《「满文满洲實録」に見える满洲族の天と地への崇拜——abka·na·baの語を通じて——》，《東方學》1965年第31號，14頁。baising（房子）即同时期归化城地区的"板升"，平房及其聚落。

卷7（第365b—366a页），天命七年，赐给"田卒、耕牛……及房田……"，三体对照：

usin weilere aha, ihan...tere boo, tarire *usin*/田卒耕牛……房田/tariyan tariqu boγol
usin 作工的 奴仆 牛　住的 房 耕种的 usin 田卒耕牛　　房田　田　种　奴隶
kiged, ...saγuqu ger baising, tariyan,
　和　　居住的 家　房　　田

"田卒耕牛"，汉本《武皇帝实录》卷4第5a页作"人、牛"。

卷8（第374b—375a页），"仍给妻奴房田"，三体：

sargan, aha, boo, *usin*/妻奴房田/gergei kiged boγol aran ba, baising tariyan
　妻　奴仆 房　usin 妻奴房田　　妻　和　奴隶 黎民 和　房屋　田

以上各条，汉文《武皇帝实录》除了"田卒耕牛"四字跟汉文本《满洲实录》异，其余均同。比较可以见出，usin即农田、耕地。其实因为是赏赐作生计之用，自然应该是可以耕种的土地（同时也可注意到，满汉文aha/奴，对应的蒙古语是boγol aran）。

《满文老档》天命七年二月有一条：

du tang ni bithe, juwe biyai juwan emu de, ši fujiyang, lio fujiyang, cen iogi de
都堂的 书　　二月的　十　一 在 石 副将　　刘 副将　　Cen 游击 对
wasimbuha, suweni gurime jihe boigon i ulha macuha, suwe hūdun *tokso* dendefi, ulha
下命令了 你们的 迁移 来的 编户 的 牲畜 瘦了　你们　快的 庄　分了　　牲畜
be *tokso* de liyoo ulebu, *usin* hūdun dende, dendere de ume temšendure, icihiyame
把 庄 在 草料 令喂养 usin 快的 使分　　分的　于 勿　相争　　办理
gaisu, usin weilere niyalma be tokso de unggi, anja dagilakini,,①
取了 usin 作的　　人　把　庄 于 差遣　犁　望备办

都堂的信，二月十一日命令给石副将、刘副将、Cen游击。"你们迁移来的人户的牲畜瘦了，你们快把 tokso 分了，把牲畜在 tokso 喂养，usin 也快分，不要相争，办理完毕，把种田者派遣到 tokso 去，备办犁铧。"

---

① 满文老檔研究會譯註：《满文老檔》太祖，528 页。

这一条表示 usin 即"可耕地"。Tokso 的所指亦更显明白。

Qan i araha manju gisun i buleku bithe（《御制清文鉴》），juwan ilaci debtelin（卷13）第28a页，boigon hethe i šošohon, uju（产业部一）usin i hacin（田地类）：

> usin, yaya suksalafi jeku tarire ba be, usin sembi„ geli usin buta seme gisurembi„ ši
> usin 举凡 已开垦 庄稼 耕种地方把 usin 叫做 又 usin-buta 云云   说   诗
> ging ni siyoo ya i fu tiyan fiyelen de, musei usin sain ningge, usin i hahai fengšen sehebi„
> 经的 小 雅的 甫 田   篇 在 咱们的usin 好 的   usin的壮丁的福气 说了
> usin: 凡开垦耕种的地儿，叫做 usin。又有 *usin buta* 的说法。《诗经》的《小雅·甫田》篇，有"咱们的 usin 好的话，是 usin 上男子的福分"云云。①

此处 usin 的所指最直截明白。三体碑文中"tokso usin…bufi"的 usin 也是同样指可耕地，而不指泛泛的"土地"（ba, *na*）。

——Takūrara niyalma（"使命"）。由于当时 tokso 主要指庄屯中的男女属民、奴仆、牲畜、财物（牛马资产等），故与 tokso 并举的这个短语，自应指家仆，"在家奴仆"：Booi（"包衣"）；Booi aha; Booi niyalma, 跟蒙古 Ger ün kitad, Unaɣan boɣol, 乌斯藏的 Nang-zan 性质近似, 不过其来源基本是俘虏、逃人，也有本地 Manju 人。见用例：《清太祖朝老满文原档》天命四年七月，开原守备 Abutu Baturu 来降、受赏赐，其随从亦受赏。关于后者：

> jai dahaha gucuse be gemu teisu be tuwame *sargan takūrara niyalma* tarire ihan yalure
> 又 跟从的 朋友们 把 全都 相称把 看   妻   差遣的   人   耕种的牛 骑
> morin eture etuku jetere jeku   ai jakabe gemu jalukiyame buhe,（第2册，第144页）
> 马 穿戴 衣服 吃的 粮食各样东西把 全都   满足   给了

《武皇帝实录》同条记载道（卷三，天命四年，第6a页）：

> 从者皆列等，赐妻、奴、牛、马、财物、田舍。

---

① 《诗经·小雅·甫田》："我田既臧，农夫之庆。"

"takūrara niyalma"与《武皇帝实录》的"奴"对应。

三体《满洲实录》卷5（第264页）记同一件事：

满　文　jai dahaha gucu be gemu teisu be tuwame sargan *aha* morin ihan, ulin tere
　　　　又　跟从的　朋友　把　全都　相称　把　看　妻　奴仆　马　牛　财物住的
　　　　boo, usin ai jaka be gemu jalukiyame buhe,,
　　　　家/屋　田　各样　物件　把　全都　满足地　给了
汉　文　从者皆列等赐妻奴牛马财物田舍。
蒙古文　basa busu olan kümün i yabudal i inu sinjilen medeged, gergei kiged, *boɣol*
　　　　又另外的多　人　把　事情　把　呢　考究　知道　妻子　和　奴隶
　　　　aran ba, morin, üker, ed tawar, baising tariyan kümün ü keregelkü aliba
　　　　黎民和　马　牛　物资商品　房屋　田　人　的　使用的　一切
　　　　yaɣum-a yi bürin iyer soyorqaluɣ-a,,
　　　　东西　把　齐全　以　赏赐

三体《满洲实录》对应着《武皇帝实录》"奴"的，是"奴/aha/boɣol aran"。而《满洲实录》另一处（卷7，第348b页，见前文）则有：

takūrara aha/奴婢/jaroqu boɣol aran,
使用的 奴仆奴婢 使用的 奴隶 黎民

这也显示takūrara niyalma是指家中奴仆。①

由以上分析可知英明汗赏赐囊素喇嘛的是属民，牲畜、生产生活资料，以及划定的田地（usin）：这些构成的一至数个庄园（tokso）；还有日常在家内服务的家奴（aha）。简言之就是庄户、农田、家奴这三样。这样的待遇，比照天命年间后金、科尔沁社会情况，可知英明汗把囊素喇嘛收纳到当时后金的贵人阶级（Sain Niyalma, Sayid/Amban）。以喇嘛的身份而获得这样的地位，在文献上看，他是后金及清朝的头一个。

囊素喇嘛的受嘉奖，除了他在科尔沁蒙古的地位、威望以及跟后金汗立国伊始就发生的友谊有关外，还在于他是当英明汗势力尚微的时节投奔

---

① 关于当时aha与jušen，李学智先生有卓越研究，参见其《释满文之"珠申"与"阿哈"——从满文看满洲民族的原始文化》，台湾政治大学《边政研究所年报》1981年第12期。

来的大喇嘛。这种举动对于蒙古各部落和"南朝"大明，都是意味深长的动向，后金境内女真、汉、蒙古更感到鼓舞。这类裔远之人真诚来归的事情，往往被看成天命、天意所趋的征象，而备受重视，况且他还是一位有道高僧呢。这是中华帝国政治神话的一部分，在改朝换代及分裂时代，特别起作用。

囊素喇嘛到了辽东城数月即去世。其去世日期，《满文老档》追记为天命六年辛酉十月；[①] 但天聪四年二体碑文上说是天命六年八月二十一日。[②] 二体碑是囊素喇嘛同门法弟（emu šajin i deo）白喇嘛[③]奉敕建立，白喇嘛是囊素喇嘛生前托付、殁后又经英明汗指定奉祀囊素喇嘛舍利之人（见前第［4］条），所以碑上日期不大会错。

囊素喇嘛天命六年五月二十一日到辽阳，八月二十一日在同地圆寂，生活三阅月，备受敬戴，唯时日短暂，又值暮年衰病，但大致仍未停止传经授徒，二体石碑碑阴题名记其门徒若干名，有的应该来自东部蒙古，有的是后金的新信徒。[④]

七　身后的奉祀

《满文老档》天命七年（1622）三月二十一日条，接前引第（6）条的后面：

[nangsu lama] goidahakū beye manggalafi nimere de, lama hendume, mimbe gosici,
［囊素喇嘛］　不久　身体　病笃了　患病　在　喇嘛　说　　把我　如果恩爱
bucehe manggi mini giran be ere liyoodung de baga ba lama de afabufi juktebu seme
死了　以后　我的舍利把　这　辽东　在　Baga Ba 喇嘛于　交给　使供祀　云云

---

① 満文老檔研究會譯註：《満文老檔》太祖，582—583 頁。
② 李勤璞：《辽阳〈大金喇嘛法师宝记〉碑文研究》，《满语研究》1995 年第 21 期。
③ 李勤璞：《白喇嘛与清朝藏传佛教的建立》，《中央研究院近代史研究所集刊》1998 年第 30 期，第 71—76 页参见。
④ 同上书，《中央研究院近代史研究所集刊》1998 年第 30 期，第 78—82 页参见。

hendufi, šahūn coko aniya tuweri juwan biyade akū oho, giran be liyoodung ni hecen i
说了 辛 酉 年 冬天 十 月在 没有成为 舍利把 辽东 的 城 的
julergi dukai tule han ts'anjiyang ni yafan i tokso i boode miyoo arafi sindaha manggi,
南 门的 外面 Han 参将 之 园 的 庄 的 房舍在 庙 建造 安置 以后
genggiyen han, ba lama be jukte seme afabuha, nangsu lama i harangga jušen korcin de
英明 汗 Ba 喇嘛把 奉祀 云云 交给 囊素喇嘛的属下的 属民 科尔沁在
bihe ninju ilan boigon be, turuši gebungge niyalam be takūrafi ganafi, nikan i emu pu be
有 六十三 户 把 Turuši 名为的 人 把 派遣了去接来了 Nikan 的 一 堡把
bufi, lama i giran jakade tebuhe, jai gabtabume tuwafi susai sunja beri šangnaha,
给了 喇嘛的舍利 跟前 安置 尚且 被射击 验看 五十 五 弓 赏给
susai uksin, susai morin, orin eihen, takūrara aha susai haha, susai hehe buhe,,①
五十 甲 五十 马 二十 驴 使用的奴隶五十 男 五十 女 给了

囊素喇嘛不久病笃。病时，喇嘛说：如果怜爱我，我死以后，把我的舍利交给在辽东（即辽阳城）的 Baga Ba 喇嘛，使其供祀。在辛酉年冬十月圆寂，把舍利在辽东城南门外韩参将（Han Ts'anjiyang）园的庄屯的房舍建庙安置，其后，英明汗把奉祀之事交给 Ba 喇嘛。囊素喇嘛属下人口（jušen, albatu）在科尔沁的六十三户，差遣名叫图鲁什的人去接来，给了汉人（Nikan）的一堡，安置在喇嘛的坟前。又赏给验射过的弓五十五张，甲五十副，马五十匹，驴二十头，使用人奴仆五十男，五十女。

由此可知，自天命六年八月二十一日喇嘛去世，到天命七年三月二十二日，英明汗将囊素喇嘛遗体火化，采取舍利（giran），建庙供奉；庙是以某 tokso 的现成房舍改建的，在辽阳城南门外。供养奉祀之事敕命白喇嘛担任，这是依囊素喇嘛生前愿望安排的，显出太祖英明汗对囊素喇嘛的敬重。其从科尔沁带来的属民（jušen），安置在依傍着喇嘛坟的一个屯堡（pu）上。又赏赐了弓甲、马驴、男女家奴。以《满文老档》记事习惯判断，安置在庙旁的属民是作为庙的属民，从事生产以供应寺庙；所赏家奴、牲畜工具是为寺庙日常生活使用的，即寺庙奴仆及其工具。中心意图是建立供奉囊素喇嘛舍利的寺庙，给以供奉香火的庄园、日常驱使的奴仆（蒙古语叫 keyid yin saqiγulčin）。

在当时的后金，满洲汗奖惩予夺之事时常发生，为囊素喇嘛立庙似乎是寻常的。但由藏传佛教、由联络蒙古的立场观之，就另有意义：第一，

---

① 滿文老檔研究會譯註：《滿文老檔》太祖，582—583 頁。

这座小庙佛法僧三宝具足，尚有祖师舍利的供奉，堪称"道场"，是后金建立的第一座藏传佛教寺院；第二，这座寺院有属户、家奴、庄园财产，并且数量规模不小，它是后金最早建的有庄园的喇嘛寺庙，其庄园、奴仆是后金最古老的寺属庄园及奴仆；第三，当囊素喇嘛在世时，他是后金最早出现的喇嘛领主（神权封建主），当其过世，白喇嘛继之成为喇嘛领主，得列上等阶级，但规模更大；第四，由社会统治的制度看，他们还是清朝"辖众喇嘛"（扎萨克喇嘛）的前驱。清朝辖区内的教政合一制度是从这里开始，而又承袭东南蒙古的。

限于时日，这座汗家寺院较为简易。我们看天聪四年二体碑文：

满　文　lama amasi bedereh-e manggi genggiyen han hendume subargan arafi
　　　　喇嘛　返回　回去了　以后　　英明　　汗　说道　　塔　建造
　　　　giran sinda sehe bihe,, aniya dari *dain* cooha jabduhakū bikai…
　　　　舍利 使安放云云 有了　年　每个 敌人　兴兵　未来得及　有呀
　　　　喇嘛回到西方（去世）以后，英明汗说：建立宝塔，收藏舍利。因连年军旅，未来得及。

汉　文　法师示寂归西，太祖有敕，修建宝塔，敛藏舍利！缘累年征伐，未建寿域。

显然此寺不是碑文所言英明汗当初计划建立者。英明汗的敕命要到竖立这二体碑石时才实现，这已经是天聪汗当政了。前述二体碑文接着写道：

满　文　sure han i duici aniya lama i emu šajin i deo *b-a* lama han de gisun
　　　　聪明 汗的第四　年　喇嘛的一　教法的弟弟 B-a 喇嘛 汗 对 话
　　　　wesimbufi han i hese jakūn beise gisun i sure han i duici aniya sanggiyan
　　　　启奏　汗以谕　八 贝勒们 话 以聪明汗的第四 年　　庚
　　　　morin ariya (aniya) juwari uju biyai sain inenggi,
　　　　午　　（年）　夏季　头月的　好　日子
　　　　后来，天聪汗的第四年（1630），喇嘛的同门弟弟白喇嘛向汗献言[请求造塔]，以汗的命令，八贝勒的旨意，天聪汗第四年庚午夏初之月（七月）的好日子[建成]。

汉　文　今天聪四年，法弟白喇嘛奏请，钦奉皇上圣旨、八王府令旨，乃建宝塔，事竣镌石，以志其胜，谨识。时大金天聪四年岁次庚午，孟夏吉旦，同门法弟白喇嘛建。

此塔由1905年所摄照片①观察,可知是西藏样式的,初建时也应如此。这座舍利塔(sku-gdung-gi mchod-rten)是后金和清朝敕建的第一座喇嘛塔;二体碑文是后金和清朝第一通敕建寺院碑文,也是第一通关于藏传佛教的碑文。所以无论从清朝藏传佛教,还是从满洲皇帝对于蒙古、西藏(当时主要以对蒙古为目标)的统治思想的立场,辽阳的这座藏传佛教寺院及其舍利塔都具有肇始的地位,② 尽管其史实未曾追究,意义未经分析。

1644年太宗皇帝第九子世祖皇帝迁都、即位,成了中华的天子,他在位的第十五年(1658),命令修复因累年雨水侵蚀破坏的塔根,于七月十七日竣工,又立敕建碑文,满文、蒙古、汉文三体,以说明原委。今将蒙古文碑文译作汉语抄在下面,以资吟味。③ 碑额:

敕建(jarliγ iyar bayiγulbai)。

碑题:

大喇嘛坟之塔的碑文(yeke blam-a yin kegür ün suburγan u bei bičig)。

碑文:

听说:帝王们的兴起,用教化和道德调驯远方的人;远方的人知时来降的呢,就永久使其[名声]存留[于世]。

太祖在当初建立国家的时候,听说北方蒙古有大喇嘛云云,两次敬礼迎请而来,优厚地供奉,以真心遣送回北方,因此,喇嘛来降的心诚笃起来,带着一百家的撒哈儿掐,离别蒙古诺颜们,历几千里找来了,可说是知道时运的先几呀。因此之故,褒赏、称扬,给予庄、田、使用人;爱护、养育。但不久就去了(圆寂)。

---

① 内藤虎次郎:《滿洲寫真帖》;同氏著、鴛淵一編:《增補滿洲寫真帖》,小林寫真製版所1935年版。

② 1949年之后被毁,今已不存了。参见细谷良夫编《中國東北部における清朝の史跡——1986~1990年》,東洋文庫中央アジア・イスラム研究室1991年版,66頁。

③ 参见李勤璞《辽阳喇嘛坟顺治十五年(1658)三体碑文录译》,《社会科学辑刊》1998年增刊第2期。

太宗坐于座席（即位）以后，说，"这是先汗爱护敬戴的！"云云，在坟上建塔，置和尚们（qosang ud）令看守着，燃香、献水果，几年过去了。现在因为雨水浸坏塔的根基，应该及时修理，故下命令给工部要修理好，把你的坟牢固地营造，碑石竖立起来，永久不坏地存在着，显示跟我的前代皇帝敬重裔远之人的心情相符合。

以和睦治理（顺治）的十五年的秋天第一个月十七建立完毕。

正面刻满汉二体，蒙古文刻在背面。三体意义一致，而蒙古语的表达灵活，俾真切了解。

这篇碑文由衙门依例起草，乃官样文章，但以下一点仍是鲜明的：它以深情和坚定的信念，回顾英明汗、天聪汗两代创业可汗（han, qaγan）与囊素喇嘛生前殁后的关系，重申满洲皇帝（其时已经是中华的天子）敬戴来归裔远之人的心情，使后人对大清朝的肇造增进一层理解。

整个清代，喇嘛坟喇嘛塔累经修理，屡增寺庙规模，作为皇家供养的寺庙，直到其末叶。① 但这不属本稿主题，暂且缄默。

八　喇嘛在科尔沁和后金的地位

蒙古游牧封建制度，是建立在领主与属民即人与人之间的主属关系上面。无论对于世俗社会，还是对于出家僧侣，都是一样。② 前面叙事中，就科尔沁、后金喇嘛封建体制累有言及，这一节则想根据那些零星满文等

---

① 参见李勤璞《辽阳喇嘛坟顺治十五年（1658）三体碑文录译》，《社会科学辑刊》1998年增刊第2期。《钦定盛京通志》卷97《祠祀、辽阳州》（第15页）："莲花寺。在城南三里喇嘛园。正殿五楹，前殿六楹，东西配庑各三楹，塔一座。本朝天聪四年敕建，顺治十五年修，乾隆二十一年、四十三年又重修，俱有碑记。"莲花寺是喇嘛坟的香火寺。

② 札奇斯钦曾有专文论述清朝蒙古佛教僧侣封建制度。更早，符拉基米尔佐夫则既研究了蒙古游牧封建制度，也研究了其中的佛教僧侣封建制度。对我们理解蒙古古今社会有极大帮助。但札奇斯钦所论仅限于清朝入关以来制度化的情形，而符拉基米尔佐夫论述的是17世纪末期的情况，再往前，确实是史料罕见。参见札奇斯钦《满洲统治下蒙古神权封建制度的建立》，氏著《蒙古史论丛》，第1003—1031页；符拉基米尔佐夫著、刘荣焌译：《蒙古社会制度史》，特别是第151页。参见山下忠彦《清朝時代に於ける蒙古の社会階級（喇嘛属户に就いて）》，《蒙古研究》（長春）1939年第4輯，45—59頁；札奇斯钦：《蒙古文化与社会》，第260—276页。

材料，对 17 世纪前期三十年间辽东藏传佛教的社会制度集中地谈谈，以窥清朝藏传佛教兴起时节社会体制情况之一斑。

检讨斡禄打儿罕囊素喇嘛和另一位唐古特（西藏）喇嘛的记录（俱见前文），可以看出当时东部蒙古科尔沁的大喇嘛在僧徒、寺院以外，又有属民、财产，属于封建领主。看下表：

表 5　　　　　　　　科尔沁部落喇嘛领主情形

大喇嘛名字	属民称谓	属民、牲畜数量	在本章正文出处	备考
斡禄打儿罕囊素		人 1，马 2	条（1）	科尔沁 Minggan 诺颜儿子 Hatan Baturu 供奉。诺颜乃领主
		班第 2，人 1，马 5	条（3）	
	Harangga jušen	63 户	条（4）	
	Sahalca	100 户	条（5）	
唐古特的喇嘛	Sahalca	132 户	条（7）	科尔沁某诺颜供奉

至于后金的材料，这儿仅列囊素喇嘛一个人的：

表 6　　　　　　　　后金喇嘛领主情形

囊素喇嘛	事　项	西纪年次
生前	给拖克索（庄户，即属民）、田地，使用人（家奴）	1621 年
	从科尔沁带来 100 户 Sahalca（属民：jušen, albatu）	1621 年
殁后	从科尔沁接来属民（harangga jušen）63 户；给汉人的 1 堡；给弓 55，甲 50，马 50，驴 20，使用奴仆（aha）男女各 50 名	1622 年
	立寺塔，设庙祝（juktesi）10 名，白喇嘛主持寺务	1622—1630 年

由上述情形看，囊素喇嘛有庄园、属民，当然应该有寺庙，殁后又建立了为寺庙服务的庄屯，更有奴仆与财产，无论在科尔沁还是在后金，都是僧侣封建主；殁后建立寺庙，又成了寺庙封建主，固然没有建立活佛转世体制，而经由其法弟承继其位置，建立起比活佛转世更加常见的座主叔

侄（khu-dbon）传承制度，① 并拥有封建主必要的一切待遇，如寺庙、僧徒、寺产、属民、土地等。

后金喇嘛最早是从科尔沁来的，科尔沁喇嘛封建制度也比后金早，后金喇嘛封建制度可能是移植科尔沁的，为了使这些自科尔沁来的喇嘛在各方面都觉得跟在科尔沁一样，没有不方便和异样之感。

再者，科尔沁和后金的僧侣封建制度，是与这两个地方当时世俗社会风习制度相适应的。前面说过当囊素喇嘛到来时，英明汗"赐之庄、田，给之使命"的事，现在看后金世俗方面，依时序略举例言之。

（1）《清太祖朝老满文原档》记载说：②

（天命二年（1617）正月，科尔沁部明安诺颜来访）大英明汗（amba genggiyen han）念及蒙古的明安贝勒从远地来，以礼接待，每天设小宴席，过一天开大宴席，留住三十天。把四十户（boigon）的人（niyalma），四十副甲（uksin），还有绸缎、布匹，各种物品，都充足地给了；送行到三十里的地方，住了一夜。（第1册，第72页；第2册，第40页。汉文《武皇帝实录》卷2参照）

（天命三年（1618）二月）来投奔（dahame jihe）的东海附近使犬国（indahūn takūrara gurun）的人，妻（sargan）、奴仆（aha）、马、牛、衣服、粮食、居住的房子（boo）楼阁（taktu）、吃饭的碗碟、缸（anggara）、瓶、柜子、马杌子，各样物品（jaka），都充足地给了。（第1册，第76页；第2册，第45页）

（天命三年（1618））十月初十日听说东方 Hūrha 国（gurun）名叫 Nakada

---

① 座主的叔（khu）侄（dbon-po）相传法，就是座主圆寂，位置由其侄、甥、兄、弟等辈接任；而在座主生前，dbon-po 往往是其代表及寺务管家。这是藏传佛教更常见持久的寺主继承传统，在非活佛转世体制的派别，要么是父子相传，要么即 khu-dbon 法。可参照中井英基《チベットにおる佛教々團主の相續形態》，《一橋論叢》1970年第356號，82—101页。在藏语文献中，可以看到八思巴有许多"dbon-po"，显然他的亲侄子没有那样多；从《明实录》西宁一带喇嘛朝贡给敕记录亦可以看出，其中"完卜""温卜"，系 dbon-po 音写。清代汉文文献中蒙古常见人名"温布""鄂木布"也是这个字的音写。但在唐代，这个字不是这个意思，而是指"姻亲"，并有"坌"（bèn）作为其汉语音译字，见林冠群《唐代吐蕃的杰琛（rgyal ph-ran）》，蒙藏委员会2000年版，第49—56页。

② 为求行文风格一致，此处所引的汉译文是本文作者自译。

的大人（amban）领头，一百户人家（tanggū biogon）来归附（dahame jimbi）云云，把二百人差遣去迎接。那一百户 Hūrha 二十日来了。英明汗出到衙门，Hūrha 国人磕头见面，后，以相见礼，开设大宴席（中略）。

领头来的八个大人，给差遣（takūra）各十对（juru：双）奴仆（aha），乘骑各十匹马，耕地各十头牛，豹皮镶边蟒缎吊面儿皮袄，皮大衣，貂皮帽，皂靴，雕花腰带，春秋穿的蟒缎无肩朝衣，蟒缎面儿的皮大衣，适合四季穿的衣服，布衫，裤子，铺的褥子，盖的被子，把一切物件，都充足的给了。

次一等的人，给各五对奴仆，各五匹马，各五头牛，各五套（jergi）衣服。

又次一等的人，给各三对奴仆，各三匹马，各三头牛，各三套衣服。

最末的人，给各一对奴仆，各一匹马，各一头牛，各一套衣服。

来的一百户，长（amba）、幼（asihan），仆（aha）、主（ejen），全都挨次充足地给了。汗本人五天里出到衙门发给。从此，那住家的锅，铺的席，缸，大瓶，小瓶，杯子，碗，碟，匙子，筷子，水桶，簸箕，木槽盆，人居家用的一切物品，全都齐全充足地给了。（第 1 册，第 105—106 页；第 2 册，第 84—85 页）

（天命四年（1619）六月：Hūrha 部）来归附的人户（boigon）中，头一等的大人们，各十对人（juwan ta juru niyalma），马各十，牛各十，衣服各五套，帽子、腰带、靴子、鞍、辔、箭袋、（弓套）弓、箭；

第二等人，各五对人，各五马，各五牛，各三套衣服，帽子、腰带、靴子、箭袋、（弓套）弓、箭；

依次的，各户人应用的物品（jaka），都尽数给了。（第 2 册，第 124 页。汉文《武皇帝实录》卷 3 参照）

（天命四年（1619）七月：）在开原城来降的：守备职位的 Abutu Baturu，给人（niyalma）一百，马、牛一百，羊一百，骆驼五，银子一百两，绸缎二十匹，毛青布很多；

千总职位的六个官，给人各五十，马、牛各五十，羊各五十，骆驼各二，银子各五十两，绸缎各十匹，毛青布；

守堡的百总职位的人，给人各四十，马、牛各四十，羊各四十，骆驼各一，银子各四十两，绸缎各八匹，毛青布；

随从的僚友们（gucuse），全都视其该当的，给妻（sargan）、使用人（takūrara niyalma：差遣人）、耕地的牛、乘骑的马、穿的衣服、吃的粮食。各种物品，都满数的赐给了。（第 2 册，第 144 页）

此条记事也有汉文本，载于《武皇帝实录》卷3（第6a页），对应着"takūrara niyalma"的是"奴"，见前文。

(2)《建州闻见录》所记1619年的观察：

> 自奴酋及诸子，下至卒胡，皆有奴婢（互相买卖）、农庄（将胡则多至五十余所）。奴婢耕作，以输其主；军卒则但砺刀剑，无事于农亩者。①

(3)《满文老档》天命六年（1621）九月十六日的记事：

> ○ nio juwang, hai jeo ci wesihun, an šan ci wasihūn, juwe tanggū niru be hontoholome
> 　　牛　庄　海 州 自 东　　鞍 山 自 西　　二　　百　牛 录 把　分半
> emu nirui susaita uksin tembi, emu beile, ilata tokso tebumbi,,②
> 一 牛录的 各五十披甲者 居住 一 贝勒 各三 tokso 设置
> 在牛庄、海州以东，鞍山以西，二百个牛录平分为二，每牛录五十名披甲居住，每个贝勒，置 Tokso 三。

(4) 蒙古文《太宗实录》卷7，天聪四年（sečen qaɣan u dörbedüger on, 1630）六月己酉朔（jun u segül sar-a yin sin-e yin nigen-e siraɣčin takiy-a），初六日乙卯（kökegčin taulai edür）记：

> （对阿敏（Amin）贝勒，皇帝不忍加诛，从宽免死，幽禁之，）
> tegün ü *albatu* kiged ger ün kitad ba, ed mal/kiged, qongɣotui yin albatu kiged,
> 　他 的　属民　和　家 的 奴仆和 财物 牲畜 和　Qongɣotui 的 属民 和
> ger ün kitad ba mal/büküde yi inu abču, jirɣalang③noyan dur ögbe, amin④dur/
> 家 的 奴仆和 牲畜全部 把 呢 收 济尔哈朗 诺颜 于 给了 阿敏 于
> jirɣuɣan toɣsu, jimis tariqu qoyar toɣsu, egün ü köbekün ü/kökültü ege eče ekilen
> 六 tokso 水果 种植 二 tokso 这的 儿子 的 乳嘴 母亲从 带头
> büküde arban er-e, arban em-e, /tabunjaɣun qoni, saɣaqu üniye, alaču idekü üker
> 全部 十 男 十 女 五 百 羊 挤奶 奶牛 杀了 吃 牛

---

① 徐恒晋：《栅中日录校释　建州闻见录校释》，第43页。
② 满文老档研究会译注：《满文老档》太祖，389頁。
③ 蒙古语，意为"幸福"。
④ 蒙古语，意为"宝贝"。

büküde/qori ögbe, qongɣotui dur qoyar toɣsu, jimis tariqu nigen/toɣsu, manju, kitad,
总共　二十　给 Qongɣotui 于 二 tokso 水果　种植　一 tokso 满洲　汉人
mongɣol büküde arban er-e arban em-e/qorin mori ögbei,①
蒙古　　总共　十　男　十　女　二十　马　给了

他（Amin）的属民（albatu, = jušen）与家奴（ger ün kitad, = booi aha）、财物、牲畜，洪科退的属民、家奴和牲畜，全部收回，给济尔哈朗诺颜。留给阿敏六 tokso、种植水果二 tokso，他儿子奶妈起头的十男十女，五百只羊，挤奶的牛、杀吃的牛总共二十头。给洪科退二 tokso、种植水果一 tokso，满洲汉人蒙古统共十男十女、二十四马。

(5)《旧满洲档》天聪九年（1635）九月二十五日条记载：

waqda de sula jakūn morin,, foloho enggemu tohofi juwe morin,, sonjome sele
瓦克达于 空的 八　 马　 雕刻　 马鞍　 备鞍　 二　 马　 栋选　色勒
age de alime buhe,, šajin de duin minggan yan i weile: orin ilan tokso erei *nikan* emu
阿哥于 接受 给　 法度于 四　 千　 两的罪行　 二十三　庄田 这的 汉人 一
tanggū uyunju uyun haha,, baitangga nikan ilan tanggū duin haha,, ere uheri sunja
百　 九十　 九 男　 各色听差 汉人 三　 百　 四 男　 这一共 五
tanggū ilan haha be boigon yo[o]ni gaifi boigon jurgan i aliha amban inggūldai,,
百　 三 男 把家口　 尽数　 索取　 户部的　 承政　 英俄尔岱
mafuta,, u šou jin de afabuha,, ere i dorgi baitangga nikan emu tanggū jakūnju
马福塔　吴守进于 交给　 这的内　 各色听差 汉人 一　 百　 八十
ninggūn haha be kan amasi bederebuhe,, sahaliyan taiji de buhe,, waqdai *booi aha* i
六 男 把汗 往回　 退还　 萨哈廉 台吉于 给了 瓦克达的 家的奴仆的
ton manju emu tanggū susai jakūn haha,, erei *nikan aha* emu tanggū jakūnju ninggūn
数目 满洲 一　 百　 五十 八 男　 这的 汉人 奴仆 一　 百　 八十 六
haha,, monggo orin haha,, ini nikan juwan haha,, aqta [akta] emu tanggū gūsin nadan,,
男　 蒙古 二十 男　 他的 汉人 十 男　 骟的　 一　 百　 三十 七

---

① *Dayičing Ulus un Maɣad Qaoli*, qoyaduɣar emkidgel, *Tayidzong gegegen uqaɣ-a tu quwangdi yin maɣad qaoli* (nige) (Qayilar: Öbör mongɣol un soyol un keblel ün qoriy-a, 1990), Doloduɣar debter, niɣur 216a. 《满文老档》无记载。相应的汉文记载在《大清太宗文皇帝实录》卷 7，第 121b 页："夺所属人口奴仆财物牲畜，及洪科退所属人口奴仆牲畜，俱给贝勒济尔哈朗。止给阿敏庄六所，园二所，并其子之乳母等二十人，羊五百，乳牛及食用牛二十；给洪科退庄二所，园一所，满洲蒙古汉人共二十名，马二十四。"不如蒙古文本委细真切。

geo emu tanggū susai sunja,, temen juwan ilan,, orin ihan,, ilan tanggū orin honin,,
骒的 一 百 五十 六　骆驼 十 三　二十牛　三 百 二十 羊
küi ulin,, tulergi manju,, monggo,, nikan niru be gemu gaifi sahaliyan taiji de buhe,,①
库的财物　外的　满洲　　蒙古　汉人 牛录 把 全都 取回 萨哈廉 台吉于 给了

对瓦克达，选取裸马八匹，配雕鞍的马二匹，授给色勒阿哥。依法，四千两罚银，二十三个tokso，他的汉人一百九十九丁、各色听差汉人三百四丁，这一共五百三人，并把其家口尽数没收，交给户部承政英俄尔岱、马福塔、吴守进。这里面各色听差汉人一百八十六丁，收回交给汗，给萨哈廉台吉。瓦克达家仆（booi aha）数目，满洲一百五十八丁，汉人奴仆（nikan aha）一百八十六丁，蒙古二十丁，他的汉人十丁，骟马一百三十七匹，骒马一百五十六匹，骆驼十三头，二十头牛，三百二十只羊，库中财物，在外的满洲蒙古汉人牛录，全部收回，给萨哈廉台吉。

（6）《沈阳日记》辛巳年（崇德六年，1641）十月十七日己未条:

> （谓沈阳迤北）所经之处，人居绝稀，间有诸王设庄（tokso），相距或十里，或二十里。庄有大小，大不过数十家，小不满八九家，而多是汉人及吾东被掳者也。大率荒野，辟土不多。至于（十月）十六日十七日所经，则土地多辟，庄居颇稠，而亦皆汉人、东人或蒙种云耳。②

以上各条，是满洲皇帝对来访者、归附者、投降者、犯罪者的奖惩记事，以及朝鲜侧的观察，借此我们对其社会可以有生动印象。看起来有四类人：满洲皇帝、接受赏赐者、被用来赏赐以及被没收的两种人——

---

① 東洋文庫清代史研究室譯註：《舊滿洲檔　天聰九年》，303—304頁。按汉文本《大清太宗文皇帝实录》卷25，天聪九年（1635）九月戊申朔，壬申二十五日（第459页）作："应夺瓦克达仆从：满洲一百五十八人，蒙古二十人，并汉仆人一百九十六人，骆驼十三，牛二十，羊三百二十，并库中财物，及在外所属满洲蒙古汉人牛录，俱给贝勒萨哈廉。瓦克达夫妇止给侍妾并现在衣服，令其与贝勒萨哈廉同居。仍罚瓦克达马八匹，雕鞍马二匹，给色勒阿哥。其应入官：银四千两，庄田二十三处，所有汉人一百九十九人，各色匠役人等三百四人，并其家口，俱付户部承政英俄尔岱、马福塔、吴守进，内还其匠役人等一百八十六人。"

② 《沈阳日记》（服部畅编《满蒙丛书》第9卷），满蒙丛书刊行会1921年版，第441—442页。《沈馆录》卷3，辽海丛书本，第19页，辛巳年十月十七日己未条同。

jušen/albatu（属民，属下人口）和 booi aha/gerün kitad/boγol（奴仆，家奴）。从这些比较来看，拥有 jušen 与 aha（以及财产）的都属于贵人，囊素喇嘛在后金受赏赐，即这样的待遇，属于封建领主；且因其喇嘛的身份，与后金汗平起平坐，备受敬礼，地位比来降的部族领袖（amban, noyan）自然要高得许多。

九　总结

本篇使用丰富资料考究藏传佛教在后金初创的经过，归纳所得如下。

后金人第一次接触藏传佛教，最迟是在其立国（gurun）之初。1617 年左右，后金汗奴儿哈赤两次礼请驻锡科尔沁的乌斯藏大喇嘛斡禄打儿罕囊素，为赫图阿拉七大庙中的佛寺塑画、开光、度僧等；可能还期望他留驻身边像在蒙古各部那样做国师（gu-shri, Güüši）呢。

1621 年囊素喇嘛率领徒弟、属民投奔后金英明汗于其刚刚占领的辽阳城（Liodun Hecen），后者敬谨相待，乍见时握手，平等起坐筵宴，一如蒙古诺颜礼遇喇嘛的虔诚施主面貌。又赐给庄园、家奴，使他成为后金和清朝头一位喇嘛领主，得列贵人阶级。从此，藏传佛教在后金奠定基础，并且一开始就由国家供奉。

囊素喇嘛到辽阳三个月就去世，太祖英明汗命令在城南建立寺庙供奉其舍利，纪念这位喇嘛。次年（1622）完成，同门法弟白喇嘛主持。寺庙虽简陋渺小，但三宝具备，又有"祖师"堂（供囊素喇嘛舍利），僧团制度相应建立，藏传佛教在后金由白喇嘛创立起来。白喇嘛是清朝第一位藏传佛教寺庙的堪布（Mkhan-po，寺庙住持），清朝藏传佛教的建立者。

虽然人们可能没有意识到，但无疑地，1622 年在辽阳建立的这座喇嘛小庙，是后金及大清朝藏传佛教的"祖庭"。

这座寺庙有庄园、奴仆（aha）、属民（jušen）、财产，是清朝头一个寺庙领主，并且具有官方地位。囊素喇嘛、白喇嘛师兄弟，是清朝最早的两位辖众喇嘛（jasaγ lam-a）；根据当时后金社会的一般情形，他们在其管辖范围内，行使教—政合成一体的统治。因而他们也成了这种制度在清朝的始蹈者。

1630 年，太宗天聪汗（Sure Han, Sečen Qaɣan）完成英明汗遗命，建造囊素喇嘛舍利宝塔，这是后金第一座西藏式佛塔。竣工所立纪念碑文满文、汉文二体，这通现藏辽阳市博物馆小小拙稚的碑文，是清朝最早的敕建碑文，最早且唯一的老满文碑文。震旦幅员广大，容纳万民，多语对照文献起源甚古，① 但这二体石碑在清朝是第一块。通观中国藏传佛教历史，那不但是清代最古的，而且是从来第一通满文汉文合璧的关于藏传佛教的纪念勒石。

这二体碑文背面汉文题名，显示囊素喇嘛在家出家门徒，当时在辽东已愈四十，包括满、蒙、汉各种职业、贵贱不等的人们。这是很有趣味的记录，有助于观察当时各色人民对宗教理解的情况。②

1658 年，顺治合罕（Eye ber jasaɣči qaɣan）进驻燕京——这座蒙古人近三百年间（1368—1644）念念未尝忘怀的瑰丽梦境般的大都城（Dayidu Qota）！（附录）——十五载，遣归来京的达赖喇嘛也已五个春秋，漠南蒙古、西藏已为藩属，国事初定，但清朝君臣不忘故旧，修治喇嘛坟塔，再立满、汉、蒙古三体敕建碑文，追思囊素喇嘛远方来归的事体，重申太祖英明汗、太宗天聪汗敬礼来归裔远之人的心情，上应古典，近谐人事，可谓目光澄澈，冀树伟业于无穷；尚且语含温存和恭敬，十分得体。

17 世纪前期的大明帝国已经没落，政治昏聩错乱，官吏文士浮华败坏，生活动荡，平民难以自存；在辽东，藩属各部亦骚动不宁。奴儿哈赤部落兴起之后，东北军事力量的平衡不复存在，天朝秩序迅速崩溃，蒙古人——这时已经是预言所说的多头蛇局面——③后金、明以及明属国朝鲜（Solho, Solangɣas），各种力量冲突、纠结，累年不已。当时喇嘛在这里早已树立相当威信，交战各方均礼遇喇嘛，喇嘛在邦国之间被委以重

---

① 参见松本文三郎《四體佛典》，收录于氏著《佛典の研究》，丙午出版社 1924 年再版，292 页以下。
② 李勤璞：《白喇嘛与清朝藏传佛教的建立》，《中央研究院近代史研究所集刊》1998 年第 30 期。
③ 参见晋美南喀原著，外务省调查部（桥本光宝）译《蒙古喇嘛教史》（1819 年藏文原著），生活社 1940 年版，第 1 篇第 3 节"林丹·呼图克图"，第 64—65 页。多头蛇、涣散的局面可能是蒙古游牧封建制宿命性的趋向吧。符拉基米尔佐夫著，刘荣焌译：《蒙古社会制度史》，第 298 页参照。

任：出使、贸易、谈判与盟誓、灌顶传教、诵经祈福等。在战争年代这些丰富的表现是以各权势集团生存和强大为旨归的，绝非如喇嘛们所言仅是崇奉三宝、供施关系。固然客观上有慰藉心灵的功效，特别是在人生如朝露、困苦无告的年月和地方。因之喇嘛们成了居于要津的人物，其宗教被缺乏信任的各方用为策略的宗教兼感情的归宿。当时后金有囊素喇嘛、白喇嘛、察汗喇嘛（Cagan/Čaγan Bla-ma）、毕力兔朗苏喇嘛等，明朝有王三吉八藏喇嘛、李锁南木座喇嘛，蒙古各部喇嘛地位更高、人数更众，发挥生机勃勃的文化、感情与政治的力量。这一时之间因缘际会，有助大清皇帝（Hūwangdi,[①] Han, ejen, Qaγan, Rgyal-po, Vjam-dbyangs Gong-ma Rgyal-po）对藏传佛教社会功能的理解。而值得注意的是，清代乃至现代正以不同程度与面目起作用的这个传统，在其辽东时代已具端绪。

补记（一）

第三部分和第七部分征引东洋文库本《满文老档》一条记事，是关于囊素喇嘛第三次来后金及其圆寂、圆寂以后的安排。所记史事对于清朝藏传佛教的建立颇为重要，今将原始的满文史料《旧满洲档》里这段记载抄录翻译，并稍加说明。

《旧满洲档》天命七年（1622）三月廿二日条：

行次	原文转写及对译
p. 1091 line 6	○ monggoi korcin i nangsu lama, 蒙古的 科尔沁 的 囊素 喇嘛
7	gengiyen（空一格表尊敬）han i ujire kundulere sain be donjifi, 英明　　　　　　汗 的 养育　恭敬　好的 把 听到了

[①] 清朝元首对汉文化世界固以皇帝自谓，在对蒙古、西藏、西域诸场合，则时常自称 han, qaγan，对应汉文名号则定为"皇帝"。见片冈一忠《印製にみえる清朝體制——清朝と八旗・外藩・朝貢國・中國内地の關係》，《歷史人類》1999 年第 27 號；《故宫博物院编「明清帝后寶璽」》，《满族史研究通信》1999 年第 8 號，116 頁，注 5。

8 sucungga juwe jergi jifi genehe,, ilaci jergi de, liodon be baha manggi
　　最初　　二　次　来了 去了　第三次　在　辽东 把　得到　以后

9 tere lama jifi hendume,, bi mini baci jiderede bey-e
　　那位 喇嘛 来了　说　　我 我的 处从　来的时　身体

10 sain i jihekū kemuni nimeme jihe mini dolo
　　好 以 不来　　每每　　患病　来了 我的 心

11 gūnime jihengge inu genggiyen han i jakade giran
　　想　　来者　呢　英明　汗 的 地方　尸体

p. 1092 waliyaki seme jihe seme hendufi jifi,, goidahakū bey-e
line 1   抛弃　云云 来的 云云　说了　来了　不久　身体

2 manggalafi nimerede lama hendume mimbe gosici bucehe manggi mini giran
　　病笃了　　患病在　喇嘛　说　　把我　若恩爱　死了　以后　我的 尸首

3 be,, ere liodon de baga ere juwe be lama be afabufi juktebu seme
　　把　这　辽东 在 Baga 这两个 Be 喇嘛 把 交给　使供祀 云云

4 hendufi,, šanggiyan coko aniya tuweri juwan biyade
　　说了　　庚　　酉　年　冬天　　十　月在

5 akū oho giranbe lioden i hecen i julergi dukai
　　没有成为尸首把　辽东 的　城 的　南　　门的

6 tule juwe gabta dubei han sanjan i yafan i toksoi
　　外面　二　射　终末之 韩　参将 的 园 的 庄屯的

7 boo de mio arafi sindaha manggi genggiyen
　　房舍 在 庙 建造　安置　　以后　　英明

8 han tere juwe ba lama be jukte seme afabuha manggi
　　汗　这　两个 Ba 喇嘛 把 供奉　云云　交给　以后

9 ere juwe lama nangsu lamai giran be i ufafi
　　这两个　喇嘛　囊素　喇嘛的 骨灰 把 的 磨面

10 □ manggi beye arabi juktombi nangsu
　　? 之后　身体　制作　祭祀　囊素

11 lamai harangga de bade bihe juše jušen korcin de bihe ninju ilan boigon
　　喇嘛之属下的　在地在 有　奴仆　奴仆 科尔沁 于 有　六十　三　户

12 be turuši gebungge niyalam be takūrafi
　　把 Turuši 名为的　　人　　把 派遣了

```
p.1093   ganafi  nikan  i  emu pube bufi,, lamai giran i jakade tebuhe,,
line 1   去接来了 明人  的  一个 堡把 给了  喇嘛的 舍利 的跟前   安置

     2   jai gabtabume tuwafi susai susai sunja beri šangnaha,,
         尚且   被射击    验看  五十  五十  五   弓     赏给

     3   jai susai uksin,, susai morin,, orin eihen, šangnaha,,
         又 五十  甲     五十  马    二十  驴    赏给

     4   takūrara aha,, susai haha,, susai hehe buhe,,①
         使用的  奴隶  五十  男     五十  女   给了
```

蒙古科尔沁的囊素喇嘛，听闻英明汗供养、尊敬得好，当初两次来了又回去了。在第三次来的时候。得到辽东以后，那位喇嘛来了，"从我那个地方要来时，每每身体好的时候没来；每每患病才来。我心想，来啊，可能是要在英明汗的地方抛弃骸骨来的呀"云云，说了来子。

不久身体得病了。在病中，喇嘛说："如果怜爱我，死了以后，把我的尸首交给在这辽东城的两位 Baga Ba 喇嘛，使其供祀。"在庚（辛）酉年（1621）冬十月圆寂了，把尸首在辽东城南门外两箭之地的韩参将的园的庄屯的房舍建庙安置，后来，英明汗交给这两个 Ba 喇嘛供奉。后来这两个喇嘛把囊素喇嘛的尸首火化研成面之后塑像供奉。

囊素喇嘛属下的在地有奴什（珠申）属民（jušen）在科尔沁有六十三户，差遣名字叫图鲁什（Turuši）的人去接来，给了明人（Nikan）的一个村堡，安置在喇嘛的舍利的跟前。又赏给验射过的弓五十五张，又赏给甲五十副，马五十匹，驴二十头，给了使用的奴隶五十男，五十女。

可注意的是这段纪录中删去的字句。其中信息有：（1）这是囊素喇嘛第三次来后金。（2）他的舍利塔在辽阳城南门外两箭之地。（3）囊素喇嘛殁后，荼毗（火化）研成粉末，塑像（beye arabi）供奉。这是符合藏传佛教对待高僧的习惯的。（4）先写两个喇嘛办理其身后的事，后改作白喇嘛，应该是记录错误，所以改写了。（5）白喇嘛的"白"一次写作 ba，一次写作 be。（6）jušen, aha 是两种人，在后金社会地位不同。（7）šanggiyan coko aniya（庚酉年）是 šahūn coko aniya（辛酉年）的误书，但只是到乾隆年间重抄《满文老档》时才修正。

---

① 《旧满洲档》，台北"故宫博物院"1969 年影印版，第 2 册，第 1091 页行 6—1093 页行 4。满文老檔研究会譯註《满文老档》太祖，582—583 页参照。

还有一些划去的字句是对表达的修正,似乎无关事情的真相。

补记(二)

第七节说到辽阳喇嘛坟顺治十五年(1658)七月十七日竖立敕建满、汉、蒙古三体碑文。根据石碑,兴京显佑宫(早先的玉皇庙)在同一日同样竖立满汉蒙三体合璧敕建石碑。这两通寺观碑文显示皇帝回顾艰苦创业时代的神和人,因而修理庙宇,"不忘故旧"的意思。可注意者,兴京的地藏寺并没有立碑。

根据康熙朝刊本《盛京通志》,盛京的三官庙在顺治十四年增加道士,置钟磬,立碑。① 碑石不存,碑文难得一见,故全抄如下:

> 盛京显祐宫碑文
> 　自古帝王之兴,莫不首隆祀典,凡有功德于民者,皆为建坛宇而通肸蠁,盖神既佑民以福国,则国必崇祀以报神,此庙之貌所由隆也。我太祖、太宗手定大业,拯斯民于涂炭,膺景祚之绵长,虽积德累仁所致,而百神之灵实式凭之。
> 　大清门(daicing duka)东三官庙,尤神最显赫,而及民功德为最著者。考之道书,三官庙之神有天、地、水府之别。国家当干戈扰攘之际,急图康阜,使时和年丰,室庐相庆,则天官赐福主之;其或贯索未空,金气犹沴,使斯民秉德格非,远刑罚而登仁寿,则地官赦罪主之;又或大军之致凶年,大荒之致奇疫,涤其眚灾,而消其害气,则水官解厄主之。然则使民富,使民乐利,使民康宁,而以默祐我邦家,孰非神之赐也欤?呜呼!发祥重地,永藉呵护之灵;凡我生民,咸蒙乂安之福。爰命勒石,用表神功,以垂不朽云。②

其立碑旨趣跟以上二通石碑相同。

翻检《实录》,未见何时下此修理庙宇的谕旨。但光绪朝《大清会典事例》卷959"盛京工部·营造·坛庙"说:

---

① 康熙朝《盛京通志》刊本卷20《祠祀志》,第1b—2a页。佟悦:《清盛京太庙述略》,《沈阳故宫博物馆文集(1983—1985)》,沈阳故宫博物馆研究室1985年编印,第47页。三官庙,见本书《白喇嘛》篇。

② 康熙朝《盛京通志》写本卷32《艺文·皇清御制·碑文》,无页次标记。未说有无满文碑文。大连图书馆藏。

> 顺治十三年定，凡盛京坛、庙，有应修之处，即行估值修理。

又卷960，"盛京工部·营造·祠庙"：

> 顺治十三年定，各处寺庙有应修之处，各照来文覈明应用钱粮，移文工部，覆准之日，兴工修理。①

可知上举各种寺观碑文都是在执行顺治十三年的修葺计划。虽说如此，各篇碑文却写得诚恳温厚，令读者感佩顺治皇帝的情怀。

如今不知道顺治十三年（南明永历十年，1656）几月份决定上述事情，又为什么是在这一年？按本年顺治皇帝十八岁，二月其母亲孝庄文皇后（Hiyoošungga ambalinggū genggiyen šu hūwangheo, 1613—1687）四十三周岁。在皇太后的生日，年轻的皇帝呈上满汉合璧《寿诗》（Jalafun i ši）三十首。《世祖实录》本年二月（庚戌朔）丁巳初八日条：

> 皇太后圣寿节，奉懿旨：免行庆贺礼。时四方以次荡平，兆民宁辑，皇太后德福咸备，尊养兼隆。上（顺治皇帝）荷承懿训，推本慈徽，亲制万寿七言律诗三十首，随奉表文进呈，恭申祝颂，并制序简端，以垂万禩。②

跟太后生辰或许有些关系？待考。

另外顺治十四年，皇帝还命令修理在北京大房山的金朝皇帝陵墓，竖立御制碑文。光绪朝《大清会典事例》记："十四年谕礼部：金代帝陵（中略）其陵寝照旧守护，地方官春秋致祭外，尔部即遣官往房山县，视金陵周围，如切近处有毁坏，即酌量修整，其关帝庙仍留存。钦此。遵旨修葺。工竣后御制碑文勒石，遣官致祭。"③ 御制满汉二体碑在

---

① 光绪朝《大清会典事例》，未标页数。伪满影印线装本，这似乎是跟《大清历朝实录》一道影印的。
② 《世祖实录》卷98，第1156页。接着是表文，兹未引。
③ 光绪朝《大清会典事例》卷435《礼部·中祀·直省防护·帝王陵寝修葺陵庙·直省祭》未标页次。参见王世仁《北京房山金陵清代遗迹考略》，《北京金代皇陵》，文物出版社2006年版，第194—196页。

十八年竖立。① 奴儿哈赤、皇太极曾经视金朝为本国，金史为本国之史，时加讨论和借鉴；随着时局和志向的迁转，复改变立场。作此附记，以备考究。

补记（三）

17 世纪所传，元顺帝 Toγan Temür Uqaγatu Qaγan (1320—1370) 逃离大都，回首顾望时的哀歌：Lobsangdanjin jokiyaba, Čoyiji tulγan qaričaγulju tayilburilaba, *Altan tobči*, niγur 544—545：

Eldeb jüil erdenis iyer siloγuqan saiqan iyar büdügsen dayidu minü!
各种的种类宝贝们 用 质朴的 美丽的 以 成就的 大都 我的
Erdenin [erde yin] i qad un saquγsan jusalang šangdu yin šira-tala minü!
　　　　　　　昔日的 把可汗们的 居住的 夏营地 上都 的黄色平原我的
Serikügen sayiqan keibung šang du minü!
凉快的 美丽的 开平 上 都 我的
Ulaγan qaljan taulai jil-a aldaγsan qayiran dayidu minü!
红 白鼻梁兔子 年 失去的 可惜 大都 我的
rlüge manaγar öndür degere qar [a] basu sayiqan uniyar činü, （中略）
早晨 明天 高的 上面 瞭望的话 美丽的 雾霭 你的
Eldeb jüil iyer büdügsen nayiman taladu čaγan suburγan minü,
各种 东西用 成就的 八 方面有 白的 塔 我的
Yeke ulus un ner-e törö yi abun saquγsan,
大的 国 的 名声 声誉把 拥有 居住的
Yisün erdenis iyer büdügsen dayidu qota minü!
九 宝贝们 用 成就的 大都 城 我的
Döčin tümen mongγol ulus iyar ner-e törö yi abun saquγsan,
四十 万 蒙古 部落 用 名声 政权把 领有 居住的
Dörben qaγalγatu dörbeljin yeke dayidu qota minü, …
四 大门有 四方形的 大的 大都 城 我的
用各种珍宝作成的质朴美丽的我的大都哟！

---

① 《金太祖世宗陵碑》，收录于北京图书馆金石组编《北京图书馆藏中国历代石刻拓本汇编》第 61 册，中州古籍出版社 1990 年影印本，第 180 页。御制满汉合璧，落款顺治十八年（1661）九月。拓本一张，碑面左半满文，右半汉文。《北京金代皇陵》编者不知道有此拓本，因而枉考立碑时日。

往昔哈罕们的夏营地、上都我的 Šira Tala 哟！

凉快的美丽的开平我的上都哟！

红兔年失去的可惜的我的大都哟！

清晨在高处眺望，美丽的你的云霞哟！

用各种东西作成的有八面的我的白塔哟！

以大国的威名居住的

用九种宝贝成就的我的大都城哟！

以四十万蒙古的威名居住的

有四门的方形的伟大的我的大都城哟！

同时代土默特部落阿勒坦汗（俺答）晚岁皈依喇嘛三宝，之后自比忽必烈 Sečen Qaɣan，照失陷之大都（Dayidu Qota）建 Köke Qota（呼和浩特），并建立忽必烈"那样的"政教并行国体。按 köke qota，即青色的城，在蒙古人"五色四夷"观念中，中央是青色、蒙古的所在；所以青城意味大蒙古的国都、天下中心之城也。青城之建，流露了当日蒙古人的渴望复兴的普遍情感。

黄丽生的研究亦深有意趣，见其著《由军事征掠到城市贸易：内蒙古归绥地区的社会经济变迁（14 世纪中至 20 世纪初）》，台湾师范大学历史研究所 1995 年版，第 285—320 页 "归化城的兴起及意义"。

按《阿勒坦汗传》§§144—146：

Aldarsiɣsan boɣda altan qaɣan ere usun bečin jil-a bas-a-kü,
    有声名的 圣者阿勒坦可汗 阳 水 猴 年 又

Aldaɣsan dayidu yi adalidqan köke qota yi sedüjü,
    失去的 大都 把 比并 青色 城 把 著手

Arban qoyar tümed yeke ulus iyar quriyaju jakiroɣad,
    十   二 土默特 大的 部落 以 征集 指使

Adalidqaši-ügei uran-a jokiyan jasaju jöbšiyeroged；（§144）
    不可比拟的   精巧 组织 设置 允许

Qoro on-a qan i öber-e qatun-müren ü ɣool tur,
    （山名）   的 以外的 哈敦河(黄河) 的 河流 于

Ɣajar un temdeg üd büridügsen sain beleg [belge] tu oron tur,
    土地 的 征兆 诸 齐备的 善的   征象 有 地方 在

Ɣayiɣamši üjesegüleng tü nayiman asar tu qota kiged,
    奇妙   美丽 有 八 楼阁有 城 和

Qas ordo qarši uran-a bayiɣuluɣsan očir inu teimü bülüge；（§145）

玉　宫　殿　精巧　　建造的　　情况呢那样的　是
Tegün ü qoyin-a lam-a basa altan qaɣan tur ein kemen ayiladqabai,
　　那　的　后面　上师　又　阿勒坦可汗　对这样　说　　呈报了
Degedü boɣda sečen qaɣan pagsba lam-a qoyar un yosuɣar,
　先前　圣贤　薛禅　可汗　八思巴上师　二　的　遵照
Tegši törö šasin i bayiɣuluɣsan u düri [m] ber üiledkü bögesü,
　平等的政治宗教把　　建立　　的　　制度　以　　作　　如果
Tende baraɣun eteged manu töbed ün möngke ɣajar-a, (§146)
　　那　　西　边　我的　吐蕃的　永恒的　地方

有声名的圣者俺答哈罕在阳水猴年
比照失去的大都建造青色的城,
指使征集十二土默特人民
用不可比拟的结构来建造。
于 Qoroɣon-a qan 山前 Qatun Müren 河畔
土地征兆全备、具美善征象的地方,
奇妙美丽的八座楼阁的城
和玉殿精巧建造的情形即是这样。
然后上师又对俺答哈罕这样奏报:
如果要遵照往昔神圣的薛禅皇帝八思巴上师二者的成例
从而建立起把国政跟宗教平等的制度,
就得仿照西方我的吐蕃永恒的地方。

　　由上面两段韵文,可以体会"大都"在蒙古人思想情感上的重要意味。后金汗得到传国玉玺 qasbuu tamaɣ-a、护国 Mahākāla 神像——这两样当日满洲、蒙古视之为天命归趋的象征,成为蒙古人当然的 Ejen/Qaɣan,成吉思汗大位的正当的继承者。尤其夺回了历来蒙古领袖不能夺回的大都(Dayidu Qota),肯定令蒙古人深受震撼。而相比之下,林丹汗是不济事的。(参见符拉基米尔佐夫《蒙古社会制度史》,刘荣焌译,第297—300页;乌兰《〈蒙古源流〉研究》,第474页译文)传国玉玺印文为汉文篆字"制诰之宝"(印文照片见载李学智"解题"附图三,论述在第43页,收录于李光涛、李学智编著《明清档案存真选辑》第2集,"中研院"历史语言研究所1973年版)。

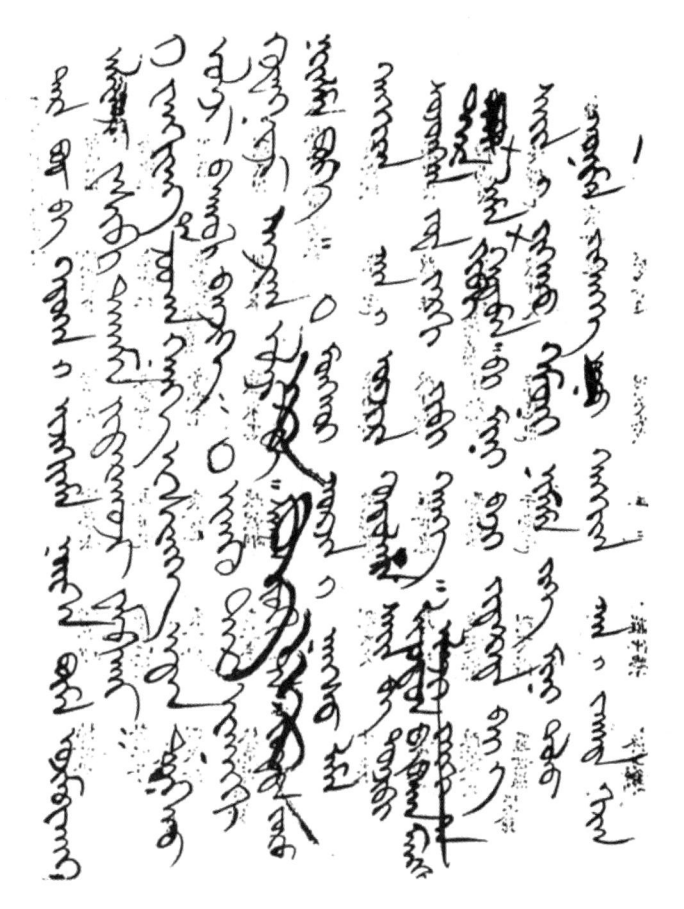

图1 补记（一）引《旧满洲档》原文第1091页

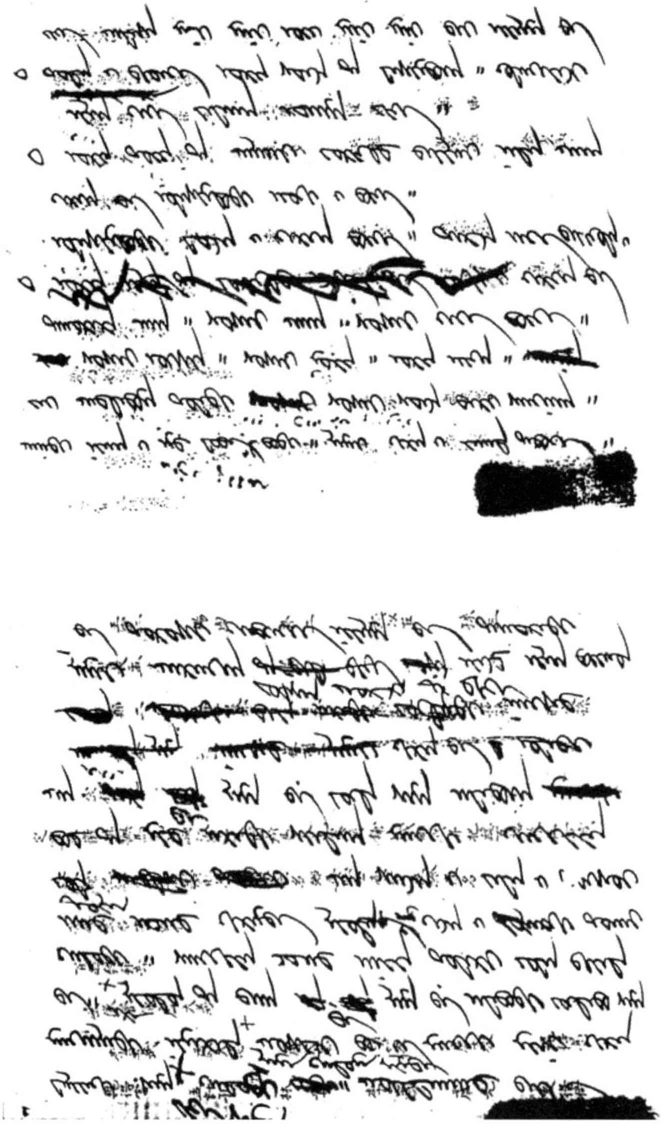

图2　补记（一）引《旧满洲档》原文第1092—1093页

白喇嘛与清朝藏传佛教的建立

一 前言

　　天启元年（后金天命六年，蒙古林丹汗即大汗位的第十三年，1621）乌斯藏喇嘛斡禄打儿罕囊素从蒙古科尔沁（Korcin, Qorčin）明安贝勒（Minggan Beile, Mingyan Noyan）的部落率领徒众属民投奔后金（Aisin Gurun, 1616—1635）英明汗（Genggiyen Han, 1559—1626）于其新京城辽阳，这是清朝藏传佛教开创的标志。但囊素喇嘛暮年衰病，至彼地三个月就过世了，为时极短，藏传佛教的僧团生活尚未建立。他圆寂以后，英明汗命令葬于辽阳城南，修庙奉祀，以白喇嘛为住持（mkhan-po），其徒弟驻于其中，此庙遂成为后金和清朝头一座住僧以喇嘛为主的寺院，佛法僧三宝俱全，又有祖师堂供奉囊素喇嘛舍利，[①] 后金—清朝藏传佛教真正成立

[①] 天聪四年（1630）建立的囊素喇嘛满汉二体碑文上，汉文"舍利"对满文 giran，后者意义丰富，一般用为"尸体""坟墓"等意，或以为该碑汉文的"舍利"不过是"尸首"的藻饰的表达，实际是说的囊素喇嘛遗体。这种设想被证明是不正确的，不仅是喇嘛，后金普遍实行火葬（顺治皇帝还是火葬的）。

　　朝鲜李民寏在1619—1620年被囚禁于当时后金都城黑秃阿喇（Hetu ala），归国后所写报告《建州闻见录》说到后金遍行火葬："疾病则绝无医药针砭之术，只使巫觋祷祝，杀猪裂纸以祈神（中略）。死则翌日举之于野而焚之。其时子孙族类咸聚会，宰牛马，或哭或食，蒙白二三日除之云"；又叙金国汗等崇佛："奴酋常坐，手持念珠而数；将胡颈系一条巾，巾末悬念珠而数之"。参见徐恒晋校释《栅中日录校释 建州闻见录校释》，辽宁大学历史系1978年印，第44、43页。

起来。这是天命七年（1622）阴历三月之事，我曾详细考证了。①

囊素喇嘛和白喇嘛由于时际因缘，各自在清朝开国过程中贡献不同，白喇嘛当然有佛教事务，但其多数光阴是办理后金汗赋予的政治工作，比如与明朝议和、参与出使等，展现了多方面的才能跟仁慈坚忍的品质，是一位喇嘛身份的政治人物。关于他的材料原本很少，本稿欲详考其平生行事，意在了解清朝藏传佛教创立期的具体情况，特别是喇嘛与政治、喇嘛与社会的关联。

二 名字和来历

白喇嘛名字写法有几种。今依事件发生的时序列出各种记录中白喇嘛名字的写法。

按，此风俗可能源自蒙古，蒙古又得自西藏喇嘛。萧大亨撰，自序于万历二十二年（1594）的《夷俗记》，别名《北虏风俗》，载《北京图书馆古籍珍本丛刊》第11册，书目文献出版社影印本，书中所记大致是宁夏到宣化府之北的蒙古部落风俗，其"葬埋"一节（第627页）说"夷病不服药，其所从来矣（中略）。乃其葬埋之礼则尤可异焉。初，虏王（qaγan，此指归化城的顺义王）与台吉（tayiji）之死也，亦略有棺木之具，并其生平衣服甲胄之类，俱埋于涂僻莽苍之野（中略）。俗无三年之丧，唯于七日内自妻子至所部诸夷，皆去其姑姑帽顶而已，七日外复如故也。今奉贡惟谨，信佛甚专，诸俗虽仍其旧，独葬埋杀伤之惨，颇改易焉。盖西方之僧，彼号曰喇嘛（bla-ma）者，教以火葬之法，凡死者尽以火焚之，拾其余烬为细末，和以泥，塑为小像（藏语说的 tsha-tsha），像外以金或银裹之，置之庙中。近年大兴庙宇，召喇嘛诵经四十九日，虽部落中诸夷，亦召喇嘛诵经至七日而止"。既然平民都实行火葬，作为喇嘛则定是火葬了。所以1630年二体碑文中汉文"敛藏舍利"乃是平实的表达，不是文学辞藻。于此可见清初东北亚佛教影响的一斑。

本文引用的天聪四年辽阳满汉二体碑文，系用大连图书馆藏拓本，参见本书附录的录文。冯其庸编：《曹雪芹家世、〈红楼梦〉文物图录》，香港三联书店1983年版，第25页有此碑拓本照片以及曹汛作汉文碑文摹本照片。

① 李勤璞：《斡禄打儿罕囊素：清朝藏传佛教开山考》，《蒙古学信息》2000—2003年第88—91期连载。

表7　　　　　　　　　　白喇嘛名字的写法

条次	西元年次	记事阴历年月日	名字原文	出典及其写成年代	备考
1	1622	天命 7.3.22	baga be, ba	《旧满洲档》	老满文
2	1622	天命 7.3.22	baga ba, ba	乾隆年间整理重抄本《满文老档》太祖朝	新满文
3	1628	天聪 2.1.2	be	《满文老档》太宗朝	新满文
4	1629	天聪 3.1.12 天聪 3.6.20 天聪 3.7.3 天聪 3.7.16	be	《满文老档》太宗朝	新满文
5	1629	天聪 3.6.12	白	康熙本《清太宗实录》	汉文
6	1630	天聪 4.7	b-a, 白	满汉《大金喇嘛法师宝记》	老满文
7	1631	天聪 5.11.17	白	《清太宗实录》	汉文
8	1636	崇德 1.6.24	be	《满文老档》太宗朝	新满文
9	1637	崇德 2.1	白	《祭白喇嘛文》	汉文
10	1647	顺治 4.5	be	《顺治年间档》	新满文
11	1648	顺治 5. 闰 4.16	be	《顺治年间档》	新满文

由上表可见，白喇嘛最早出现于记载，是在天命七年（1622），即老满文《旧满洲档》和其重抄本新满文 Tongki fuka sindaha hergen i dangse（加圈点《满文老档》）所记者，名字写作 baga be lama, ba lama。Baga 这个字在满文中没有解释，例如安双成《满汉大辞典》列了这个词条，但未作释文；在其后又列出如下词条：Baga Tamha Karun，释作地名，音译是"巴噶塔木哈卡伦"。① Karun（卡伦）满语"哨卡"之意。这个哨卡在伊犁（Ili）西南，属于厄鲁特（Ogalad）领队大臣管辖。Tamha 在满语中也没有解释。又有 Tamha Karun，在 Baga Tamha Karun 附近。按这些卡伦设立情况，其名称都是蒙古语。② 按蒙古语中有 baγ-a 一词，意思是"小"；而《满文老档》一般把蒙古语的 γ 写成满语的 g，如 Čaγan Lama 满

---

① 安双成主编：《满汉大辞典》，辽宁民族出版社 1993 年版，第 395、587 页。
② Tamha 在蒙古书面语写作 tamaγ-a（印章），现在锡伯口语～书面语有 temhetu～temgetu（证据，凭证，证明；标记，记号）等词，或者是以那个蒙古语词为来源的。-tu/-tü，蒙古语词后缀之一，表"有……"。

语就写成 Cagan Lama。① 所以满文的 Baga Ba 喇嘛就是蒙古文之 Baγ-a Ba 喇嘛："小的 Ba 喇嘛"。这既与他来自东蒙古的经历符合，也说明这个名称是由蒙古得的。

在《满文老档》中，Baga Ba Lama 这个名字是斡禄打儿罕囊素喇嘛提到的，彼处（天命七年［1622］三月二十二日条）记囊素喇嘛来到辽东以后，

> goidahakū beye manggalafi nimere de, Lama hendume, mimbe gosici, bucehe manggi mini giran be ere Liyoodung de *Baga Ba Lama* de afabufi juktebu seme hendufi...②

不久病笃。病时［囊素］喇嘛说：［汗］如果怜爱我，待我死以后，把我的舍利（骨灰）交给在辽东（辽阳城）的 Baga Ba lama，使他供祀。

而天聪四年辽阳《大金喇嘛法师宝记》满汉二体碑文中，白喇嘛自称是囊素喇嘛的"同门法弟/emu šajin i deo"。③ 按照汉文传统，"同门"就是从同一个师父，同学。④ "法"指佛法。"弟"是说同学中，白喇嘛是师弟，囊素喇嘛是师兄。满文 emu šajin，意即"（同）一个教法"，对应着汉文碑的"同门、法……"；deo 是"弟弟"的意思。据此，两位喇嘛在乌斯藏拜师受教以后，一道或先后从西藏出发，远涉蒙古，都是乌斯藏人。文献上白喇嘛是紧跟着囊素喇嘛出现的，应该是一起来后金。那么 Baga Ba lama 是白喇嘛在蒙古的名字。

按西藏蒙古的习惯，如果一地有重名的人，一种区别的办法是在名字前分别加"大"字或"小"字。如在白喇嘛当代，就有

Yeke Baγatur：Baγ-a Baγatur；⑤

---

① 滿文老檔研究會譯註：《滿文老檔》太宗，東洋文庫 1955—1963 年版，942、1141、1178、1237、1243、1458 頁。

② 滿文老檔研究會譯註：《滿文老檔》太祖，582 頁，天命七年三月二十二日條。

③ 参见李勤璞《辽阳〈大金喇嘛法师宝记〉碑文研究》，《满语研究》1995 年第 21 期。

④ 諸橋轍次：《大漢和辭典》，卷 2，大修館書店 1984 年版，823a 頁，"同門"條。

⑤ 和田清：《明代蒙古史论集》，潘世宪译，商务印书馆 1984 年版，第 494 页。

Baga Darhan（＜Baγ-a Darqan）;①

Amba Norbu：Ajige Norbu（＜Yeke Norbu：Baγ-a Norbu）②

可以想见，当时在东蒙古或白喇嘛其他生活之地，有两位 Ba 喇嘛，不过那位 Yeke Ba Lama 没有出现在当时满洲人的记载中。③ 可能由于后者没来后金，大小的区分已经没有意义，所以《满文老档》又径称 Baga Ba Lama 作 Ba Lama。

白喇嘛名字到太宗朝《满文老档》已经变成 Be。那么 {ba～be}，哪个是本来写法（本名）呢？按《满文老档》是满文原档《旧满洲档》在乾隆朝的整理、重抄本，除去《旧满洲档》，现在我们所见最早且未经改动又是白喇嘛本人主持建立的辽阳囊素喇嘛舍利塔，其完工时白喇嘛树立二体碑文，刻其名字是"B-a"（老满文碑文）和"白"（汉文碑文）。④ 前者的分写方式表明它是一个蒙古字，与"Ba"同。这说明《满文老档》中太祖朝记事所记名字是照写蒙古原文。

按西藏的习惯，喇嘛的名称全在两个音节以上，像白喇嘛这样一个 ba 字的情况是没有的。在蒙古语，ba 字意思是连词的"和"及代词的"我们"，这也不能成为一位喇嘛的名称。猜想此字是某个多音节名称简略以后保留的第一音节，因为只有汉语允许单音节称呼，但以他的经历，显然可以排除他是一位汉人喇嘛的可能性，那么就只能是蒙古语词汇的节略了。我们可以用喀喇沁蒙古札奇斯钦（Jaγčidsečin, Sechin Jachid）的记述支持这个判断：在蒙古"一般行为与礼仪"标题下，他谈到有这么一条：⑤

---

① 滿文老檔研究會譯註：《滿文老檔》太宗，11、479 頁。

② 滿文老檔研究會譯註：《滿文老檔》太宗，1145、1203—1204 頁。这两位是土默特部使者团成员，原名显然应该是蒙古语。另外 norbu 来自藏语：nor-bu，"宝贝"。

③ 天启六年（后金天命九年，1626）五月喀尔喀蒙古秒花部落有一位来明边境领赏的"白喇嘛"。见沈国元《两朝从信录》卷 30，台湾：华文书局影印抄本，第 2816 页。

④ 李勤璞：《辽阳〈大金喇嘛法师宝记〉碑文研究》，《满语研究》1995 年第 21 期，第 98 页。

⑤ 札奇斯钦：《蒙古文化与社会》，台湾：商务印书馆 1987 年版，第 122—123 页。

人与人之间的称谓，也是［蒙古］社会礼俗中重要的一环（中略）。对于一个身份高的人为表示尊敬，避免读其全名，只读其名的第一个音节，再加上他的职位。譬如：一个人名叫 Bayanchoghtu，他的职位是一个学校的老师 baghshi，那么他就会被人称之为 Ba-baghshi，字义是巴老师。对于一个贵族，则称之为 noyan，字义是官人。

白喇嘛的 Ba 究竟是哪个字的头一音节，这虽关系白喇嘛的全名，但无从知晓了。

另外，除了前述二体碑文这镂于金石者，在《满文老档》中白喇嘛名字天命七年（1622）初现时是 Ba，六年以后（1628）则普遍变作 Be；《顺治年间档》系当时原本，但也不例外。我们试由史料解释这种变迁。

按在《旧满洲档（天聪九年）》中：①

表8　　　　　　　　　　ba, be 音写

原文人名地名头一音节	汉文《清实录》的音译
ba-	巴，八，白
be-	白

在《顺治年间档》中，已知：②

表9　　　　　　　　　　白喇嘛名字音写

人名文字	所指人物
be lama	白喇嘛

在《满文老档》中：③

---

① 東洋文庫清代史研究室譯註：《舊滿洲檔（天聰九年）》，東洋文庫1972年版，第1册，索引3—4、58頁。

② 满文《顺治年间档》，全名《旧盛京内务府档案房原本盛京内务府顺治年间档册》，伪满洲帝国"国立中央"图书馆筹备处1942年影印本。

③ 满文老檔研究會譯註：《满文老档》太祖，索引第59頁；《满文老档》太宗，索引9、76、96頁。

表 10　　　　　　　　　　be 字音写

满洲译名	汉人汉地原名
be ci ts'e	白奇策
be yang ts'ui/be du tang	白养粹/白都堂
be ta pu	白塔铺
be tu cang	白土厂

在上面这些事例中，Ba 音译时，用字不固定；Be 则一概音写为"白"；而在《满文老档》，所有汉文以"白"起头的人名地名均译做 be，这应该表示，当时辽东和河北汉语中，"白"字音是念 be 的。

这个讨论对于本稿的意义是：ba 变 be 不是误写及误写的延续，而是经由汉字"白"的作用自然转出的，也就是：

表 11　　　　　　　　　　语音变化情形

过程	Ba Lama >	白喇嘛	= Be Lama;	因为"白"念 be。
解释	满语	汉语文	满语	原因

其历史含义是：Ba Lama 作为番僧来到辽东六年（1622—1628）甚至更多时间以后，已经相当本地化和汉人化，以至变成"白喇嘛"，当满文再记其名字时竟全然据汉语译写了。因此白喇嘛是一位具有蒙古名字的乌斯藏喇嘛。

王尧教授曾援引辽阳天聪四年（1630）二体石碑的汉文碑文解释"白喇嘛"，谓：

白喇嘛即察汗喇嘛或察干喇嘛，蒙古语，察汗（察干）白也。[1]

---

[1] 王尧：《摩诃葛剌崇拜在北京》，载《庆祝王锺翰先生八十寿辰学术论文集》，辽宁大学出版社 1993 年版，第 448 页；池尻阳子：《入關前後における清朝のチベット佛教政策》，《满族史研究》2004 年第 3 号，137 页，注 21。

然而上文已推证，白喇嘛的"白"乃是 ba 的记音，而并非蒙古语čaγan（意思是"白"）的意译。在历史方面，清初察汉喇嘛（满语 Cagan Lama）为大清出使蒙藏诸部、领队贸易，屡树功勋，顺治二年（1645）在燕京建造自己的私庙，通称察汗喇嘛庙，① 顺治十三年（1656）五月皇帝加其号"达尔汗绰尔济"②（Darqan Chos-rje），以后又批准建立活佛系统，③ 易名大清古刹。④ 而白喇嘛崇德三年（1638）正月已经在盛京圆寂，显非察汗喇嘛其人。

三　建立和主持囊素喇嘛舍利塔寺

后金占领辽阳以后，斡禄打儿罕囊素喇嘛率徒众属民自东蒙古科尔沁部落投奔而至。在这以前，由后金、朝鲜及明朝的记载来看，未见后金有喇嘛居住。

囊素喇嘛跟后金英明汗早有结交，移锡以后受到英明汗极大的顶戴，喇嘛在去世以前，曾向英明汗请求，在死后让白喇嘛奉祀自己的舍利。这种安排意味着白喇嘛是囊素喇嘛的亲密的首要喇嘛，可承其衣钵了。在囊素喇嘛圆寂以后，后金汗立即着手建立寺庙，供奉其舍利，命白喇嘛主持其事。建立寺塔一事经过了两个阶段。

第一阶段：囊素喇嘛天命六年八月二十二日去世以后，太祖英明汗即因战事连绵，不遑建设，遂以辽阳城南门外 Han（姑且音译为韩）参将庄园中的房屋改作寺庙，安置囊素喇嘛舍利，白喇嘛被命奉祀其中；后金汗又把囊素喇嘛遗留在科尔沁的六十三户属民（Nangsu Lama i harangga

---

① 于敏中等：《日下旧闻考》，北京古籍出版社 1983 年版，第 1774 页。
② 《清实录》第 3 册，中华书局 1985 年影印本，第 781 页。
③ 光绪朝《钦定大清会典事例》，新文丰出版公司影印光绪廿五年（1899）原刻本，第 21 册，卷 974，第 16844b 页，理藩院：道光"十四年（中略）谕：察罕喇嘛绰尔济，系由国初投效来京，且在西藏军前效力。现在之察罕喇嘛，著撤消'绰尔济'，赏给'呼图克图'（Qutuγtu）职衔，至该察罕喇嘛转世之后，并准其作为呼图克图。又定察罕喇嘛达尔汗绰尔济，撤消'绰尔济'，赏给'呼图克图'职衔，换给黄敕，圆寂后并准作为呼图克图转世"。
④ 柏原孝久、濱田純一：《蒙古地誌》，富山房 1919 年版，下卷，155 页。钟黼文：《蒙古之宗教》，《建设》1931 年第 12 期（大连图书馆藏），第 A99 页。

jušen Korcin de bihe ninju ilan boigon）接来，给了庙旁原属明人的一座堡（pu），安置他们（Nikan i emu *pu* be bufi, Lama i giran i jakade tebuhe），成为寺属人民；另给寺庙弓、甲、马、驴若干，以及 aha（奴仆）男女各五十。此事在现存《满文老档》天命七年三月二十二日的记事中，观其笔法，显然当时寺庙已经诸事停当才记的。既然白喇嘛是受托之人，那么这座庙佛事方面的安置自然是由他决定。

这所寺庙，佛法僧三宝具足，兼备"祖师堂"（供奉囊素喇嘛舍利），堪称道场。这是清朝创立的头一座藏传佛教寺庙，是清朝藏传佛教"祖庭"，而主持者白喇嘛就成为清朝头一位喇嘛堪布、寺庙庄园主、辖众喇嘛（札萨克喇嘛），是清朝藏传佛教的建立者。

第二阶段：八年后的天聪（Sure Han）四年（1630），当时已移住盛京（Mukden）的白喇嘛向太宗皇太极重提天命汗当初要建立塔婆收藏囊素喇嘛舍利的允诺。皇帝和八王（Jakūn Beise）①府乃下令动工，践行先皇帝的遗命，敕建舍利宝塔，并树立碑文说明缘由。工程当年七月完竣。汉语碑文有"今……同门法弟白喇嘛建"一语，说明了建设的主持者乃白喇嘛。塔是藏式塔，仍建在前庙原地（今已不存）。②

这座塔寺的地位，可由比较看出。天聪四年当年，在辽阳南门外建成了两座寺庙：七月建成囊素喇嘛塔，离南门二里；九月建成重建的玉皇庙，离南门三里。玉皇庙竣工时所立碑文谓：

> 昔襄平（辽阳古称）西关西门外不越数趾，有玉皇庙焉。其来云旧，未审昉于何代。自罹兵燹，时任其拆毁，止存金身暴露。先皇（太祖英明汗）见之，甚恫乎不自安，遂命移演武厅焉，更立一殿宇，为神所栖也。仅阅二禩，又值无状者复为之毁，新皇（太宗聪明汗）历此，见而不胜痛疚，乃曰"人所乞灵，

---

① 周策纵为冯其庸《曹雪芹家世、〈红楼梦〉文物图录》一书作序（1982年5月31日）说："例如《大金喇嘛法师宝记》碑文中说：'钦奉皇上敕旨、八王府令旨，乃建宝塔。'这里说的'八王'，应是多尔衮的同母兄阿济格。"按，与汉文碑文"八王府"对应的满洲碑文是"jakūn beise"；beise 是 beile（贝勒）的复数形式。意即八位贝勒、诸八贝勒。并不是周氏理解的第八位贝勒（*jakūci beile）。因而八王就不能指阿济格一人了。

② 以上内容的详细叙述，参见李勤璞《斡禄打儿罕囊素：清朝藏传佛教开山考》，《蒙古学信息》2000—2003 年第 88—91 期连载。

惟神是藉，岂以一废而至再也，又岂以再废而遂止也？"于是命下，委游击李灿董治其事，重建其祠，仍旧址也。①

这说明玉皇庙跟皇家因缘很深，亦为皇帝命令修建者，与喇嘛塔情形相同。在建设方式上，玉皇庙"俱各贝勒议，出第银两粮石，木植砖瓦，既丹垩之类，匠作之等。阿吉葛贝勒（Ajige beile）、摩伦葛胎吉贝勒（Mergen taiji beile）同发虔心，协赞大事"，这是由皇家主持，各大小官员捐资合建。《大金喇嘛法师宝记》碑阴汉文题名（下节还要分析）"总镇、副、参、游、备"等官除去四名，均重又出现在玉皇庙碑阴题名中，可见在捐资兴建这一点上，二庙情形相近。

虽然如此，但不能认为二者是完全一体看待的。因为喇嘛塔是"敕建"，这二字写在碑额，玉皇庙碑额则是"题名碑文"四字，性质不同。工程领导者，一为驸马总镇佟养性，一为游击李灿（玉皇庙）。碑文一为满汉合璧，一仅刻汉文。撰碑者一是大海榜识（Dahai Baksi）和杨于渭，均属文馆；一为"儒学生员"杨起鹏（玉皇庙碑）。庙祝（Juktesi）：喇嘛塔十名，玉皇庙五名。这些差别显示喇嘛塔在后金宗教和政治上的官奉地位，而主持者白喇嘛俨然后金汗的侍从（藏文 zhabs-drung，清代后来写作：沙布隆；然角色、位阶大异）喇嘛了。

四　天聪四年以前囊素喇嘛、白喇嘛的传教业绩

天聪四年喇嘛塔碑文正面系满汉二体，阴面题名则纯粹汉文，至少刻有一百七十个人名。现以此为资料，整理分析当时后金境内藏传佛教情况的一斑。题名纵行，自右至左，抄写于下（斜线/表示原来的分行处）。

喇嘛门徒：瓮卜，班第，扒必知，闪把，李代，咱世甲，罗布臧端州，/齐榜识，率尼榜识，战麻，毛胡赖，布希孩，阿牛，李治，/摆晒，麻

---

① 《重建玉皇庙碑记》，参见曹汛《〈重建玉皇庙碑记〉曹振彦题名考述》，《红楼梦研究集刊》第2辑，上海古籍出版社1980年版，第356页；王晶辰主编：《辽宁碑志》，辽宁人民出版社2002年版，第69—70页；邹宝库辑注：《辽阳金石录》，辽阳市档案馆、辽阳市博物馆1994年编印，第81—82页。

害，来福，路子，小保子，二小厮，贾友登，/贾友明，重阳，夏永时，王善友，把大□，□□友，徐计忠，/范和尚，朱朝功，王厨子，洪文魁，洪□，王孝中，王寿中，/贾计祖，徐德，王二，小倪子，明□□，祖喜，玄方□。(42 名)

侍奉香火看莲僧：大成，大塔，金刚保，常会，大士，大召，妙意（Miyoo-i），宽德，宽伏，童祖俊。(10 名)

西会［寺］、广祐［寺］、大宁［寺］、慈航寺僧：信海，信椿，洪果，信福，性惠，果正，□方，洪德，成清，大正，/性宗，信清，镇龙，洪堪，大常，大京，大玲，大清，妙本，竟然，玄龙，玄乐，妙成，/玄维，召贞，信福，惠静，性朝。(28 名，"信福"重出一次)

总镇副参游备等官：马登云，黑云龙，石国柱，石廷柱，高鸿中，① 金励，佟延，鲍承先，② 祝世昌，祝世印，/李思中，殷廷辂，杨万朋，佟整，张世爵，李灿，张士彦，李世新，范登仕，/张大猷，高仲选，吴守进，刘士璋，阎印，杨可大，崔应太，朱计文，吴裕，/金玉和，宁完我，崔名信，杨兴国，李光国，金孝容，俞子伟，赵梦豸，段成梁，/殷廷枢，李延庚，秃占（图瞻，< Tujan），秃赖（土赖，图赖，< Tulai），③ 才官，率太（率泰），尤天庆，黄云龙，/游、备郎位，郎熙载，臧国祚。(49 名)

教官：高应科，朱，郑文炳，冉启倧，王之哲，冯志祥，曹振彦，蔡一品，张君信，/李万浦，高大功，严仲魁，韩士奇，薛三，樊守德，陈玉治，林友成，王友明。(18 名)

千总：房可成，李三科，崔进中，周尚贵。(4 名) 木匠赵将。石匠信倪，宽佐，金世逵。副将佟一朋，韩尚武。铁匠潘铁。□匠胡净。(以上总共 12 名)

皇上侍臣：库商，④ 叉马哈，龙十，偏姑，温台十，木青，乞力千，□□

---

① 关于高鸿中的传记，见《清史稿》第 31 册，中华书局 2003 年版，第 9368—9369 页。

② 鲍承先（？—1645），明山西应州人，明朝军人，天命八年兵败投后金。《清史稿》第 31 册，第 9365—9368 页。吴辅宏纂辑乾隆《大同府志》，大同市地方志编纂委员会办公室 2007 年排印乾隆四十一年（1776）本，卷 23 有鲍承先传，说他的子孙入旗籍。

③ 蒙古语有 taulai，兔子。

④ 商，曹汛记成"滴"，见其《有关曹雪芹家世的一件碑刻史料》，《文物》1978 年第 5 期，第 37、39 页。本稿不从。按，商量的"商"经常写作"商"，如黄彰健校勘《明实录》，中研院历史语言研究所 1962 年影印本，第 91 册，附录"崇祯长编"卷 5，第 254 页（末行）；沈国元：《两朝从信录》卷 29，第 2744 页（末行）。

气，何不利，柯参将，杨旗鼓，马应龙，陈五，炮塔泥水匠崔果宝，□。①（15名）

"喇嘛门徒"中的瓮卜，即 dbon-po 的音写。Dbon-po 是藏文，元明两朝汉语音译作完布、完卜、温卜等，意思为侄子、监院（寺院管家，日后继任住持）。班第是西藏所传梵文 ban-de，蒙古语、满语中一般讹读成 ban-di，是对普通僧人的称呼；在17世纪蒙古文献中常见有以此为名字的小喇嘛。在西藏称呼这样的小喇嘛时不用此字，而用其同义藏语词汇 grwa-pa；如"小僧"称 grwa-pa chung-ba，即 grwa-chung。蒙古喇嘛多用梵语名称，西藏则少有此例。以此人在题名中的排列位置看，或者是一位自科尔沁随来的蒙古喇嘛。孛代可能是梵文 bhodhih（菩提），在西藏，藏语中其同义词 byang-chub（今音译强曲、降曲等）常用作人名。故这也是一位蒙古喇嘛的名字。咱世甲可能是藏语 bkra-shis rgyal/skyabs 的记音，意吉祥胜或吉祥护。

罗布臧端州显然是藏语人名。而端州二字原文是在一行内右左、小字刻写（行间双行小字。碑文是直行）。因此怎样看待此名就有两种可能性。第一，碑阴题名尚有这样的例子：石国柱、石廷柱，祝世昌、祝世印各是兄弟，题名上"国"与"廷"、"世"与"印"刻写情形与"端、州"同；依此例，罗布臧端州应读为两人：罗布臧端与罗布臧州，即藏语 Nor-bu Bsam-gtan（罗布桑丹），Nor-bu Bsam-grub（罗布桑珠）。第二，此名正值一行之末，空当小，可能是写不下而改为横写二字，因之是一人之名：罗布臧端州，还原成藏文是 Blo-bzang Dun-grub，也是普通人名，今藏语念罗桑顿珠，蒙古语念罗布桑顿珠卜。

蒙古地区的蒙古人念藏文的方式，因不晓得藏区的口语变化，故依蒙古文书面语的读法（所谓读书音），每字的前后音缀字母时常念出来，故 blo-bzang 念成 lo-bu-zang；nor-bu 念成 no-r-bu（诺尔布）。依头一种可能性，罗布=nor-bu，则是两名西藏喇嘛；依第二种可能性，罗布臧=blo-

---

① 题名录文看李勤璞《辽阳〈大金喇嘛法师宝记〉碑文研究》，《满语研究》1995年第21期，修订收录于本书。此处格式主要依摹本：曹汛：《有关曹雪芹家世的一件碑刻史料——记辽阳喇嘛园〈大金喇嘛法师宝记〉碑》，《文物》1978年第5期，第39页。另见王晶辰主编《辽宁碑志》，第44—45页。

bzang，则是一名蒙古喇嘛。

"喇嘛门徒"头一行还有三名无法还原，但从上面分析的情形判断，应该是囊素喇嘛自科尔沁带来的西藏、蒙古出家徒弟。

第二行开头的齐榜识、率尼榜识即当时文馆中的齐国儒（Ci Guwe Žu Baksi，汉人），Sonin（索尼 Baksi，金人）；本行及第三行，看其名字大概是满语；再后几行，均是汉式人名，内有和尚。

至于"喇嘛门徒"的意义，应该指斡禄打儿罕囊素喇嘛或者还有白喇嘛亲自为之受戒命名的出家在家信徒。他们原本在蒙古或辽东，但天聪四年建立喇嘛宝塔时都在辽阳或沈阳。这些信徒在族类上有藏、蒙、后金、汉；身份上有喇嘛、文士、平民、官兵乃至和尚（范和尚）；宗教上则分在家、出家。要是从辽东藏传佛教传播情况看，则这仅是囊素、白两位喇嘛的影响所及的范围，不是全面情况，因为时至天聪四年（1630），察汉喇嘛、毕力兔朗苏等后来发挥巨大政教才干的喇嘛，已汇集在盛京殷勤服务了，再加上蒙古人及其喇嘛纷纷涌至，藏传佛教的声气、影响要大得多了。

"侍奉香火看莲僧"十人，比照同时重建玉皇庙碑阴题名"侍奉香火道士：夏天明，[①] □必科，孙蓬蒿，□□□，祁永□"[②] 云云的体例，知道就是庙祝。庙祝各名都是和尚通常的名字，应该就是和尚。这表明在当时后金领导者看来，和尚、喇嘛尚不分畛域，结果喇嘛塔寺住僧是和尚、喇嘛的混合。在佛教内大致也是这个看法，如题名中"西会"等都是当时辽东重要汉语佛教道场，其僧人分明是参与了喇嘛舍利塔的建造，而题

---

① 天聪年间（天聪十年以前）夏天明成了后金道教衙门的领袖（道录司）。"中研院"历史语言研究所编《明清史料》，"中研院"历史语言研究所员工福利委员会1972年版，丙编第1本，第48a页《敕谕道录司夏天明稿》："敕谕道录司夏天明知悉：朕念道教久湮，各处神庙无人祀奉，今命尔为道录司。凡系道士，咸听尔管束。尔宜恪守道规，严加稽查，不许作践庙宇、隐藏流民、妄生事端、自取罪戾。故谕。"满文老檔研究會譯註《滿文老檔》太祖，833 頁記，天命八年（1623）七月"初三日，汗说：给制作（arara）黄历（hūwanglii）的夏相公（Hiya Siyang Gung），每月十口人银三两"。看夏相公的工作性质和后金规模的狭小，他应该是夏天明，家有十口人。《武皇帝实录》《太祖实录》未载此条。参见李勤璞《大金的国家和宗教》，《沈阳故宫博物院院刊》第14辑，现代出版社2014年版，第42—44页。

② 曹汛：《〈重建玉皇庙碑记〉曹振彦题名考述》，《红楼梦研究集刊》第2辑，第357页；王晶辰主编：《辽宁碑志》，第70页。

名碑阴。

庙祝十名作为定例大概实行了多年，到白喇嘛去世后很久的顺治四年（1647）仍然存在。不过如下文将要谈到的，他们被说成了"看守白喇嘛坟的十名和尚"：Be lamai giran be tuwakiyara juwan hūwašan。其为首者（da araha）正是妙意（Miyooi, =miyoo i）和尚。

总镇、副将、参将、游击、备御等官，及匠作之人，又出现在同年九月重建玉皇庙碑阴题名，他们或是驸马佟养性属下大小官员，或是文馆中的学士秀才，应该是捐资者或施工者，乃辽东汉人或汉化的后金、蒙古之人。①

"皇上侍臣"各名，大致是补刻上去的，② 其中库商（商）（库尔缠，Kūrcan Baksi），③ 龙十（龙什，Lungsi age），偏姑（篇古），④ 温台十（温塔石，Untasi），木青（木清）等人是皇帝亲信文臣，⑤ 列名碑上，从当时后金、蒙古信仰较接近的事实看，恐怕是因为虔信以及响应后金汗号召而施了财。而崔果宝，他碑或写作崔果保、崔国宝，这位工匠后来又曾建造盛京的实胜寺和东南西北四塔寺，这些寺的四体碑石上刻有他的职业跟名字，乃是隶属皇家的高级工匠。由上面的分析来看，囊素喇嘛、白喇嘛的传教工作，因为汗家尊崇、满蒙汉人民的信仰背景，已经取得很大进

---

① 秃占、秃赖等是满语名字，但秃占、秃赖二人乃佟养性侄子。率太是明抚顺游击李永芳之子，李延庚的弟弟（满文老档研究会譯註《滿文老檔》太宗，1213頁），名李延龄，会满语，识汉字，伶俐机便，见罗振玉编《天聪朝臣工奏议》，载《清入关前史料选辑》第2辑，中国人民大学出版社1989年版，第104页。他们都是投降的汉人（Nikan, Kitad），并且其满语名是赐名。参见曹汛《有关曹雪芹家世的一件碑刻史料》，《文物》1978年第5期，第39页。

② 补刻的文字与其他文字书法一致。参见《有关曹雪芹家世的一件碑刻史料》，《文物》1978年第5期，第37、39页。

③ 库尔缠的传记参见赵尔巽《清史稿》第31册，卷228，第9260—9263页。

④ 偏姑（Fiyanggu Age）即宗室篇古，卒于崇德八年（1643）十二月初三日，其时为辅国公。顺治元年（1644）四月初二日其子尚善袭封。以上俱见《世祖实录》该日条。又依《清内国史院满文档案译编》中册，光明日报出版社1989年版，第58页，顺治元年十月十七日，以底定中原、遂登大宝，举行封赏，封辅国公尚善为"固山贝子"。他及其儿子尚善的传记见《清史稿》第30册，卷215，第8955—8957页。他是舒尔哈齐的第八个儿子。

⑤ 龙什阿哥、木清，见《宁完我陈"秀才编兵"奏》，收录于《天聪朝臣工奏议》，载《清入关前史料选辑》第2辑，第93页。

白喇嘛与清朝藏传佛教的建立　　107

展，跟后金统治者，其治下多族类聚居的辽东社会，还有汉语佛教都建立了多方面的联系。

五　北朝议和使者

天命十年（1625）三月后金迁都沈阳，进一步开展对蒙古、朝鲜（Solho）、大明（Daiming）的工作。这以后若干岁月，天聪汗热心于跟明朝（称之为南朝、汉朝）议和，欲"共享太平"。明朝上下内外向来内讧，不能一德一心，故迟疑无策，行为错乱，"观其与清人先后应对之方，则既不能力战，又不敢言和。成一不战不和，亦战亦和之局，卒坐是以亡其国"。①

后金议和的举动有几次。其中天聪汗（Sure Han）登位初年（1627—1629）的一次，几经往复，留下书信最多，所议事项比较细致深入；终因明朝一侧没有定见而失败。② 作为后金议和使者的领袖，白喇嘛经历了这次活动，今叙其原委。

天聪元年（明天启七年，1627）正月初八日，皇太极遣使者往宁远城送信给袁崇焕，建议两国修好。袁崇焕虚与委蛇，同时不承认后金是一个"国"。③ 五月，后金又有喇嘛递给袁崇焕"请劝之书"，大概是劝讲

---

① 陈寅恪：《高鸿中明清和议条陈残本跋》（1932），《金明馆丛稿二编》，上海古籍出版社1982年版，第131页。

② 李光涛先生曾就当时可见汉文档案资料撰写长篇论文《清人入关前求款之始末——兼论袁崇焕陈新甲之死》，叙述原委，在日寇败亡后的民国36年（1947）发表。陈寅恪（1932）、汪精卫（1934）则在抗日期间对此事发表评论。李光涛：《清人入关前求款之始末》，《中央研究院历史语言研究所集刊》第9本，商务印书馆1947年版，第275—328页；《清太宗求款始末提要》，《中央研究院历史语言研究所集刊》第12本，商务印书馆1947年版，第125—128页。陈寅恪：《高鸿中明清和议条陈残本跋》，出处见前。汪兆铭著、日本青年外交協會研究部譯：《中國の諸問題とその解决　附：汪精衛略傳（湯良禮撰）》，日本青年外交協會出版部1939年版，183—184页。据称译自汪精卫《中国之问题及其解决办法》（上海1934年版）。参见约翰·亨特·博伊尔《中日战争时期的通敌内幕，1937—1945》，陈体芳、乐刻等译，商务印书馆1978年版，第47—48页。系译自 John Hunter Boyle, *China and Japan at War 1937—1945: The Politics of Collaboration*, Stanford: Stanford University Press, 1972。

③ 滿文老檔研究會譯註：《滿文老檔》太宗，第2—5、16—32页。

和的，天启皇帝要他"无为逊言所愚"，不懈备战。① 八月老皇帝去世，崇祯帝即位，皇太极又想趁这个机会遣使讲和。《满文老档》天聪二年（1628）正月初二日条：

> 派先前在战斗中抓到的银住（Yen Ju），叫拿着信送到宁远（中略）。银住送的信中说："（前略）我们想太平，开辟两国（juwe gurun）间的道路，因趁着替老皇帝（fe Han）烧纸、新皇帝（ice Han）即位之礼，拟派官员陪着白喇嘛前去；但看了来信，有问吊者是谁，讲和者是谁等语，因而把将派的停止，而派先前抓到的哨探（karun）银住跟着来人，去告诉［你们］：虽至现在，如果说前去致礼是好的话，仍将前去。"②

这次派遣行动，本拟以白喇嘛为使者，致礼兼议和，但未成行。

袁崇焕一度罢职，崇祯元年（1628）夏复出辽东。在崇祯二年，即天聪三年（己巳年，1629）正月十三日，后金由"秀才郑伸、百总任得良持送的，因用印而被退回的信"③ 说：

> 后金汗奉书袁老大人（Yuwan amba niyalma）阁下：前差方巾纳（Fanggina，方吉纳）等，往返讲和之际，我兵东伐朝鲜，以致南朝说我何为伐之，遂罢讲和，督兵前进；我闻之去迎，于是使乃绝矣。且我谓南朝大国之人，精通古今，既明且哲，我伐朝鲜，原与南朝两不相干，况非朝鲜无罪，妄举贪利之兵也。原我两国，无有嫌隙，至己亥年，我兵东收属国而回，朝鲜出兵截杀，一也；又己未年，出兵杀我兖儿哈失路（Warkasi golo），二也；又为全辽（Liyoo-dung）逋逃渊薮，三也；彼既三次杀害，我一为报复，有何不可？此不（必）④予言（mini hendure anggala，即使我不说），大人自知也。况我与朝鲜共弃前非，

---

① 沈国元：《两朝从信录》卷34（天启七年五月），第3207页。
② 满文老檔研究會譯註：《满文老檔》太宗，115頁。这里系笔者自译。这一小节自"替老皇帝烧纸……"以下，在同书第213页，天聪三年正月十二日记事下作为完整一条，前面划标志：〇。稽诸烧纸、登位、白喇嘛属后金人等史实，是错简。中国第一历史档案馆、中国社会科学院历史研究所译注：《满文老档》，中华书局1990年版第930页翻译那段错简时，译成"明遣白喇嘛"云云，明（=Daiming Gurun）字为东洋文库刊本老档原文所无，且令汉译文费解。
③ 满文老檔研究會譯註：《满文老檔》太宗，213—214頁。检《清实录》，没有这条记事。
④ 括号及"必"字，对照满文对应句子，可以不要。

已当天立誓,永结和好,若有违盟者,天必鉴之。自古邻国,好则相敬,恶则相报,自然之理,亦大人所知也。我欲罢兵,共享太平,意谓何因朝鲜之事,误我两国之和(juwe gurun i acara weile)。故于去年正月,差银住(Yen Jiyoo)执书去。不见回报。今闻大人复出关东,欲差人问候,因先绝使,故不差我这边人,乃遣秀才郑伸(šusai Jeng Sin)并百总(bazdung)任得良(žin De Liyang)持书奉候,乞赐回报,无吝是望。己巳年正月日。①

为求讲和,后金汗削自家年号以示诚。二月二十八日,郑伸与任得良又被派送信给明执政大臣。闰四月初二日偕明使者杜明忠返回,赍有袁崇焕信。袁崇焕信词意温和婉转,天聪汗以为讲和有望,遂写了内容切实的信,谈到关于和好的主要方面,于二十五日派白喇嘛为使者,携人前往宁远。②《满文老档》该日记事谓:

> (天聪三年)在闰四月二十五日,作为杜明忠持来的信的回复,差遣咱们的(musei)喇嘛(lama)送的信中说:
> "后金汗的信,奉于大明国的袁大人。大人的复信中,叫我思考议和办法(acara doro)。我想的(mini gunihangge),先前亲善生活的时节(sain banjiha fonde),边界(jase)内(dolo)全是汉人(Nikan,尼堪),边界以外(tule)则是诸申(Jušen)。虽不混杂,但因为连接而居,相互临近,偷偷越境犯罪,渐渐扩大,会变为战争。如今咱们议和的话,得远离边界;民离散,父子兄弟在这里在那里,很混乱。像先前那样接境居住,往来的奸细、逃人、盗贼横行,恐怕破坏和好的办法。真的要讲和的话,把大凌河(Dalingho)作为你们的边界,三岔河(San Ca Ho)作为我的边界,这中间的地方空出来,逃人、盗贼查的话容易,罪过不生,和好之道得以长远。又,关于印信(doron),'除了册封而给的(fungneme wasimbuhangge),乱用的话不行'云云,这样的话,就做个后金汗的印给我。再,作为和好的礼节给的财货,你们考虑。倘待我同察哈尔汗(Cahar Han)一样,那不行;跟他看作一样的话,我不接受(bi ojorakū)。我的想法是这样。这个呢,我愿意停止战争以享太平,诚心说了;你们也得真

---

① "中研院"历史语言研究所编:《明清史料》丙编第一本,第9a页。又见李光涛《清人入关前求款之始末》,《中央研究院历史语言研究所集刊》第9本,第302页。满文原文乃笔者摘自相应书信,见满文老档研究会译註:《满文老档》太宗,第214—215页。《清实录》没有这条记事。

② 满文老档研究会译註:《满文老档》太宗,217—220页。

诚直率地说话。咱们都是头顶着天，计谋不要用。"①

Musei lama 就是白喇嘛。

天聪汗这次遣使很郑重。当白喇嘛启程时与之约好：要是议和日久，得先派人回来报信，免生疑虑。但至六月二十日使者尚无信音，于是天聪汗写信付明朝哨探转交袁氏，问使者情况，见《满文老档》六月二十日条：

> 在六月二十日，作为使者出行的喇嘛被久留云云（elcin genehe Lama be goidaha seme），遣 Turusi，"交给边境的墩台上的人，使送到那边"云云的信中的话："后金的汗的信，奉给大明国的袁大人。我想的话，战争吗，乃天之所起；然而，又说天也生一切东西。总而言之，战争有什么好啊，太平有什么坏啊。愿停止战争，以得和平，先前曾两次差遣郑秀才等，后来大人派杜明忠持信回复。因之我以为是诚心讲和吧（dere seme），就把白喇嘛派去。派的时候，对喇嘛说：'你们要是议和日久，先派一人来告信儿'等等。约期已经超过，恐怕陷入哪个闲人诽谤之言，而耽搁停留，以此送上这封信；七月初五前，我们的人还没来音信的话，必定真的逮捕了。"

二十七日又发信去问。②

当使者杳无音信的六月十二日，皇太极对诸贝勒、大臣说道：

> 战争者生民之危事，太平者国家之祯祥。从前遣白喇嘛向明议和，明之君臣若听朕言，克成和好，共享太平，则我国满汉蒙古人等，当采参开矿，与之交易；若彼不愿太平，而乐于用兵，不与我国议和，以通交易，则我国所少者，不过缎帛等物耳。我国果竭力耕织，以裕衣食之源，即不得缎帛等物，亦何伤哉！

> 我屡欲议和，而彼不从，我岂可坐待？定当整旅西征；师行时，勿似先日以我兵独往，当令蒙古科尔沁、喀尔喀（Qalqa）、扎鲁特（Jarud）、敖汉（Aoqan）、奈曼（Nayiman）诸国合师并举。③

---

① 满文老档研究会译注：《满文老档》太宗，218—220 页。
② 同上书，第 220—222 页。
③ 《清实录》第 2 册，中华书局 1985 年影印本，第 72a 页。

七月初三日白喇嘛、郑伸回到盛京。《满文老档》记：

> 我们派遣的白喇嘛、郑秀才等回来。彼方的使者没来。带来信两封。①

袁崇焕信中态度一反从前。盖因袁氏的议和云云只是计策，以赢得时间而已。

因袁崇焕出海，白喇嘛等在宁远羁留日久；后来见袁崇焕两次，但未获得成果。白喇嘛回来以后，又有两次书信往返，但未派白喇嘛，并且也没有成功。

败议之后，天聪汗又写信给袁氏并明朝官民；于十月初二日率兵进攻关内，打到北京城外而返。其时仍派巴克式达海（大海榜式）散发议和之信。②

把白喇嘛议和的事跟明代蒙古与明交涉事例对照，可以发现后金汗是仿照蒙古，把本国最大的喇嘛派作议和的首要人物。

17世纪上半叶，辽东蒙古、后金与明、朝鲜争战不已，同时也互派使者。后金、蒙古、明之间常以喇嘛出使、议和、退兵、盟誓、贸易等。当时蒙古方面，喇嘛是他们言听计从的导师。后金辖区满族等人民对喇嘛信仰程度虽然稍减，但受蒙古感染，也顶礼膜拜；明朝北部边境的汉人因受蒙古、后金熏习，也尊敬喇嘛，朝廷则与乌斯藏、蒙古的喇嘛有经常的往来，好几位皇帝沉溺喇嘛密教。③后金领袖以喇嘛为使者的理由，还包括喇嘛系方外之人，深通佛法，以为能公正、中立地办事；④喇嘛受各方面重视，办事确实较有功效。而明朝也因为满蒙诸族虔信喇嘛，故在北部边疆运用喇嘛为自己谋利益，如王喇嘛退蒙古察哈尔（Čaqar）兵之事即是例子。《明实录》崇祯元年（天聪二年）五月（辛酉朔）丁亥（1628年6月28日）条说：

---

① 滿文老檔研究會譯註：《滿文老檔》太宗，222、229页。
② 同上书，229—277、274—275页。这次军事行动规模大且持久，并智杀了袁崇焕。其始末，看李光涛《论崇祯二年"己巳之变"》，《中央研究院历史语言研究所集刊》第18本，商务印书馆1948年版，第449—484页。
③ 杨启樵：《明代诸帝之崇尚方术及其影响》（1962），载吴智和主编《明史研究论丛》第1辑，大立出版社1982年版，第373—469页；王崇武：《明成祖与佛教》（1949），载吴智和主编《明史研究论丛》第2辑，大立出版社1984年版，第89—103页。
④ 滿文老檔研究會譯註：《滿文老檔》太宗，29—32页参见。

插汉（Čaqar）贵英哈（Güyeng Kiy-a）为虎墩兔憨（Qutuγtu Qaγan，林丹汗）婿，狡猾善用兵，既死新平堡，其妻兀浪哈大（Uran Qatun，"巧夫人"）率众自得胜路入犯，自洪赐、镇川等堡折（拆）墙入，忽报插汉至孤店三十里，初不传烽，以王喇嘛（Wang Bla-ma Sangs-rgyas Pa-sangs,？—1622—29—？）①止战也。急收保，倚北关为营，遂围大同。虎墩兔屯海子滩，代王同士民力守。乃分屯四营，流略浑源、怀仁、桑乾河、玉龙洞二百余里，遣人至总督张晓所胁赏。晓遣西僧王哈（喇）嘛往谕，时苦旱乏水草，援兵渐集，乃退。②

一个月以后，六月（庚寅朔）丙辰（1628 年 7 月 27 日）《明实录》又记：

> 兵部尚书王在晋曰："大同燹掠，宜以按臣勘报，不烦旗尉。"上曰："疆事仗一哈（喇）嘛僧讲款，不将轻我中国哉？"刘鸿训曰："讲款，权也。"③

此事可见喇嘛在当时北边疆场的巨大威信跟能力。而喇嘛见闻广博，会多种语言，又是方外之人，广受尊敬，其角色正好胜任这类双方敌对不相信任而需求助第三者的工作。以白喇嘛为议和使者，其意义可借此了解。

六 三官庙的"统战"工作

天聪五年（1631）九月，大凌河之役明朝失败，监军张春（1565—1641）等官员被俘，带至盛京。张春该杀而未杀，清太宗十一月丙戌十七日说：

> 监军道张春不肯薙发，令与白喇嘛同居三官庙。④

---

① 关于王喇嘛的研究，参见李勤璞《明末辽东边务喇嘛》，《中央研究院历史语言研究所集刊》2000 年第 71 本第 3 分。
② 黄彰健校勘：《明实录》第 88 册崇祯实录卷 1，第 22 页。顾祖成等编：《明实录藏族史料》第 2 集，西藏人民出版社 1982 年版，第 1260 页参见。
③ 同上书，第 29 页。顾祖成等编：《明实录藏族史料》第 2 集，第 1260—1261 页参见。
④ 《清实录》第 2 册，第 145b 页。

沈阳三官庙是清朝兴起时代国家重要祠庙，不同凡常，在如今盛京故宫旁太庙所在位置。最初为"三官庙，明时创建，万历丙戌年（十四年，1586）重修，有碑。国初崇德六年（1641）敕选道士在庙焚修，七年给人役、园地，道士给衣粮。顺治九年奉旨重修，十四年增道士，置钟磬，立碑。康熙十年驾幸庙，赐银一千两，令道士酌量修补，二十一年驾临幸，御书昭格二字，扁于大殿，二十一年（1682）正月奉旨，赐名景佑宫"。① 乾隆四十三年（1778）就其地创建太庙，其后迄今未变。② 白喇嘛居住时期易为佛寺，有神佛的像供在前后殿。③

白喇嘛何时驻进三官庙？张春1637年撰《祭白喇嘛文》说：

> 今自辛未（崇祯四年、天聪五年）之十一月十七日至沈阳，即主［白］喇嘛僧舍。④

王四服《张公合葬墓志铭》叙张春被俘以后，皇太极"竟弗忍杀也，出居白喇嘛寺中"。可见张春至盛京以前，白喇嘛已经在三官庙卓锡，具体的日期，恐怕在后金迁都沈阳的天命十年（1625）三月，身为该国最为重要的喇嘛，随汗迁于禁城之侧，既示敬崇，又备驱使。在张春进驻三官庙以后，说服、关照张春是后金汗派给白喇嘛的首要工作。

张春被俘，在后金、明朝及朝鲜的君臣百姓之间，其举动被密切注意，言行有很大影响。例如后金一侧，高仕俊的奏文说："今我国不养窦总兵、张参将、张道理（张春），此三人不为我用，其实不如一平人；在彼国则声价最高；或择此一人持一本，彼边臣岂敢隐此？"⑤ 李栖凤的奏文也说："如永平张道（春）在这边不过一老人耳，在彼处亦为有谋略

---

① 康熙朝《盛京通志》卷20，祠祀志，第1b—2a页。顺治十四年御制碑文已录于前一篇"附记"内。

② 佟悦：《清盛京太庙述略》，《沈阳故宫博物馆文集》，沈阳故宫博物馆研究室1985年编辑出版，第47页。

③ 张春：《祭白喇嘛文》收入张春《不二歌集》（两卷），陕西通志馆编辑刊行《关中丛书》第8集，西安1936年铅印线装本。

④ 张春：《祭白喇嘛文》。此外张弨《总记张公并淑人翟氏、子伸节孝事略》、王四服《张公合葬墓志铭》、左懋泰《张公传》俱刊于张春《不二歌集》。

⑤ 罗振玉编：《天聪朝臣工奏议》，《清入关前史料选辑》第2辑，第24页。

者。以臣愚见，我汗虚心隆礼，如文王之待太公，建以衙门，赐以轿伞，与以侍从，彼肯有心为我效谋，诚为莫大之喜；即不肯为我出谋，而礼遇之隆，其心虽坚如金石，亦将为我溶化，南朝皇帝闻知，必轻薄文臣矣。"① 足见张春的向背在人心上的意义。

朝鲜方面也十分关切张春的动向。仁祖九年（辛未崇祯四年，1631）闰十一月壬戌《李朝实录》记：

> 上曰："张春之被掳明白耶？"［秋信使朴］簪曰："设宴之时，每令张春出坐，形体短小，年可五十许。朱之蕃之弟亦被执，终始不屈。张、朱两人，不为剃头，城外有长兴寺，张、朱着汉服居于寺中云。"上曰："此可嘉矣。"②

七年后仁祖又问张春情况，戊寅崇祯十一年（1638）八月甲午《李朝实录》记载：

> 上曰："张春之为人何如？"［宾客朴］簪曰："年过七十，而精彩动人。正朝贺礼时，世子适过其所寓，而入见之，则张春言：'我不东向坐久矣。'其谈论琅琅可听，虏中亦极尊敬，比之于苏武矣。"③

这样一位重要的俘虏交给白喇嘛看管，可能由于白喇嘛乃是出家人，

---

① 罗振玉编：《天聪朝臣工奏议》，第27—28页。
② 池内宏编：《明代满蒙史料·李朝实录抄》，文海出版社1975年影印，第14册，第251页。这"长兴寺"一名，比照前引清《太宗实录》"三官庙"的说法，应该是错的。另外《沈馆录》卷1，《辽海丛书》本，第9页，戊寅年（崇德三年，1638）正月一日的记事中，称张椿（春）所居此处为"关王庙"（参见《沈阳日记》，满蒙丛书刊行会1921年版，第87—88页），可能是三官庙旧名或俗称。又崇祯六年（1633）七月自后金逃回的明人季勋供白："及审原任永平道张春，［季勋］供称：尚在沈阳北门观音庵内，与白喇嘛同住，从未去见奴酋，奴酋亦不令他见，与掳去将官，每日柴米酒肉拨兵供给"（《兵部行御批宁锦监视高起潜稿》，中研院历史语言研究所编《明清史料》乙编第2本，第110b页），也是不正确。按顺治五年（1648）流放盛京、奉旨焚修于盛京慈恩寺的南方和尚函可（1612—1660）有诗《三官庙（张公旧住处）》提及"宫阙崔嵬近大罗"，参见函可著、今羞编次《千山诗集》卷17，香港南海何氏至乐楼1974年影印广州海幢寺道光刻本，第19页，大罗即道教最高一重天大罗天。这诗题跟第一句显明张春是住在官阙前边的三官庙，与《清实录》相印证。
③ 池内宏编：《明代满蒙史料·李朝实录抄》第14册，第414页。

角色中立，容易被刚烈的张春接受。同时显示出白喇嘛深受皇帝信任重用。

张春于崇祯四年（天聪五年）十一月十七日解至盛京，即安置于三官庙给白喇嘛照看，迄白喇嘛去世的崇祯十年（崇德二年，1637）正月初三日。他们"主客"间相处总共六年光阴。"寓必择主"，张春深感白喇嘛是位"贤主"，倏而永别，情不能堪，故以老病之躯，当白喇嘛圆寂"头七"为文祭之，即《祭白喇嘛文》。使张春铭感的有这么几件：第一，乍入白喇嘛僧舍时，白喇嘛以"生平风马牛不相及"之人，却热情迎接，"倾肝胆而慰"。白喇嘛洞察张春愿意活命以促成明与后金讲和的心愿，慰渠"以生胜于死之事；未尝有片语不忠于余者"。白喇嘛的识微见大，令张春一见倾心。第二，"晨昏定省，交友无之；出告反面，交友无之；过加于余。日三餐必不先食，有送鲜或甘美，必不先尝。主家于寓客，原未曾有，况六年如一日乎？"抑己尊人，这是白喇嘛的谦逊美德。第三，处处为患难中的张春着想，"每诫庖丁茶酒人诸伺候者，恳恳以余为说；即尊贵人、即亲厚人，或有余前语不合，或背语余不投者，此何足芥蒂，喇嘛必面驳之"，使逆境中的张春"得恶声不接于耳"。第四，大凌河一役，张春可能像从前那样，由本乡"率子若孙，及旧练义勇"① 参战。这些人有的被俘虏，白喇嘛"为余一人而思及余乡在难之数十人，不惜财不惜力，又礼貌之，使诸在难之乡亲无主而有主、无家而有家。此主家于寓客都未曾有"。第五，张春不肯投降后金，坚持其忠孝信念，白喇嘛始终能谅解无间："恒情之交好者，曰同声相应、同气相求。余身在沈阳，心在天朝；喇嘛身之所在即其心之所在。余儒门，喇嘛佛门，心不同、道不同；道不同易分畛域、宜生水火。谁能联异为同、前后一辙乎？"白喇嘛却能这样。

张春妻翟氏在张春被俘后自尽。张弭《总记张公（春）并淑人翟氏、子伸节孝事略》记：

> 始公（张春）之被擒也，家人闻难，不辩（辨）生死，淑人翟氏雉经以殉。氏素有烈女风，[张春]宰堂邑（县名）时，曾脱簪珥以佐赈。公被召东援，仓

---

① 张弭：《总记张公并淑人翟氏、子伸节孝事略》。参见张廷玉等《明史·张春传》，中华书局1974年版，第7463页。

皇北上，氏谓家人曰："东焰方炽，文武中观望者多，为国者少；老爷孤忠自矢，不能成功，必死王事，我将同死。"时少子伸始生六月，淑人曰："此呱呱者徒乱人意。"遂以永诀嘱乳母，竟乘肩舆抵永平，又抵京师。迨公凶报至，淑人曰："夫能为国家死，我岂不能为夫死！"遂不食，断指血疏；又有上部臣书，无非陈公忠贞为国家之意。诸子率家人环守、谏淑人，［淑人］曰："汝父素不为小人所容，今虽为国死难，吾家终不免祸。我死，一可以全名节，一可以保家眷，不然家无噍类矣。"诸子益跪泣，昼夜不敢离；一夕稍懈，淑人遂投缳死矣。

时果有全躯保妻子之臣，凤恨公（春）抗直，至是媒蘖其短，乞朝廷以丧师辱国之罪治之。上犹豫未决。家人诣阙陈淑人血《疏》，遂免议。

而在后金一侧，白喇嘛为翟夫人荐亡。张弨接写：

我太宗皇帝闻之，召白喇嘛使语公曰：可对张道理说，他夫人为他死节，难为他一家都是好人，你可替他作法事，问他肯否。喇嘛以告，公亦悼淑人之死，从之。因荐亡文非明帝年号，竟怫然止之。喇嘛以闻，太宗皇帝笑曰：就依他。于是终其事。

依当时局势看，清太宗优待张春，一是希望在舆论、心理方面对明、朝鲜君臣以及后金的汉人官兵发生作用；二是希望深孚众望的张春为明与后金和议出力，最后还希望张春回心转意，成为后金的臣子。于是日常照看张春这样有气节有谋略的大员，使其慢慢改变，为后金服务，就成为有难度和极有价值的工作。白喇嘛的工作当然受到清太宗的周详指示和关切协助，并以持久不变的热情与谦卑打动了张春。张春虽未臣服于后金，但数年之间也为议和出了力。①

---

① 中国第一历史档案馆编：《清崇德三年汉文档案选编》，《历史档案》1982年第2期。参见其中《张春为与明王朝议和奏言》（崇德三年四月十四日）、《张春为与明朝议和事开款直言》（崇德三年五月六日）、《张福宏为清派员赴明议和事本》（崇德三年五月二十六日）各件。各件名称乃编选者拟订。又，世人均谓清太宗称赞张春忠节，其实他对张春也失望。崇德七年（1642）五月（己巳朔）癸酉日接见明朝新降总督洪承畴时，他曾引以为戒："昔阵前所获张春，亦曾养之，彼不能为明死节，又不能效力事朕，一无所成而死。尔慎勿如彼之所为也。"《清实录》第2册，第823页。

七　其他事务

在后金创立时代，急需人力物力，一人从事多样工作是平常的事。白喇嘛除宗教与和议事务外，其事迹记载只有两件，应该是记载不全。

第一件是崇德元年（1636）六月，都察院奏，刑部官郎位（Lang Wei）贪财奸淫（ulin de doosi, hehe de hayan），拟死以闻。本案在查处过程中提及白喇嘛曾由孙得功告知郎位犯罪之事，据《满文老档》记：

> Sun De Gung ni weile be, Enduringge Han i hesei K'odo de fonji sere jakade, K'odo de fonjici, Lang Wei menggun gaimbi seme, *Be Lama*, Boo Janggin, G'ao Janggin de Sun De Gung alaha yargiyan ofi…①
>
> 奉神圣皇帝的旨意，关于孙得功的罪，要询问 K'odo。问 K'odo 的话，说"郎位收了银钱"，孙得功把这告诉了白喇嘛、鲍章京（鲍承先）、高章京是事实。

第二件是白喇嘛家众被选入皇帝派往喀尔喀蒙古的使者团。崇德元年十一月初九日喀尔喀蒙古马哈撒嘛谛汗（Monggo i kalka i maha samadi han）来议和、朝见、送贡物的使者及商人一百五十六人来到盛京，这个使团是以喇嘛 Weijeng Lama 为领袖的。他们在二十六日受到赏赐，以后几日返回本处。为此皇帝派一个同样以喇嘛为领队，由后金政教各方面大员的代表组成的使团一道前往。并于次月初五日回到盛京。② 这位领队就是著名的察汉喇嘛（Cagan Lama）。使团组成是这样：

Cagan Lama 本人及其七名仆从。

Baihū 的两人；Utege 的两人；Ibal 的四人；Weijeng Nangsu 的四人；Daicing Nangsu 的三人。这些可能都是喇嘛，特别是后面两位。

Kitat Tabunang 的三人；Doronggo cin wang（礼亲王），Ujen cin wang（郑亲王），Mergen cin wang（睿亲王，多尔衮），Erke cin wang（豫亲王），Adali giyūn wang（Adali 郡王），Bayan beile（饶余贝勒），Hooge

---

① 滿文老檔研究會譯註：《滿文老檔》太宗，1144 頁。
② 同上书，1434—1438、1450—1459 頁。

beile（豪格贝勒）的使者和仆从。这都是政治人物的代表。

Gunggerincin, G'omang Corji, Yug'adzari Lama, *Be Lama*, Biliktu, Bingtu Lama 的使者。这些是喇嘛。其中白喇嘛的使者二名。

Babung Taiji, Donoi, Tusiyetu cin wang（土谢图亲王），Dureng giyūn wang（杜棱郡王），Desen, Sonom Yelmi 的使者。① 这些仍是政治人物。

详列使团组成情况，意在表明它是由高级政教人物的代表组成的。② 白喇嘛徒众二名得列其中，一说明白喇嘛与清朝蒙古事务的关系，二说明他处于当时清朝政教事务权力的核心。

八　圆寂及窆地

崇德二年（1637）正月初三日，清太宗正率大军在朝鲜作战、受降。③ 在盛京，白喇嘛夜间于三官庙无疾而终。《祭白喇嘛文》详记其圆寂之情：

> 自元旦至初三日，喇嘛礼佛毕，余尚未起，就余榻下顶礼。及相会时，问：六年来未有如是之礼，何倐而为此？喇嘛谓：六年前缺礼云云。又未曾有言及传衣钵事，倐而之，谓言之有意云云。岂先知大灭度而然耶？抑其神为之兆几之先动，即喇嘛亦莫知其然而然耶？
>
> 日暮就卧，夜未艾而大归，使家众惊号嗷嗷，如失林之鸟。

白喇嘛的寿域建在何地？现存史料未见直接记载。笔者推测，是在辽阳斡禄打儿罕囊素喇嘛舍利塔园内，理由如下。

---

① 滿文老檔研究會譯註：《滿文老檔》太宗，1458—1459 頁。

② Cagan Lama, = Čayan Lama, 即察罕呼图克图喇嘛的第一代（前有注）。Nangsu, < 藏语 Nang-so, 喇嘛的一种身份或职务。因此说 Weijeng, Daicing 两位 Nangsu 是喇嘛。Gunggerincin, < 藏语 Kun-dgav Rin-cin; G'omang Corji, < 藏语 Sgo-mang (Grwa-tshang) Chos-rje, Sgo-mang 是拉萨哲蚌寺（Vbras-spungs）一个札仓（Grwa-tshang）。Chos-rje, 法主、法王。可见这位喇嘛地位的崇高。Yug'adzari 是梵文 *yogācarya*, "瑜伽行"。Biliktu, < 蒙古语 biligtü: 聪明。此人大致是毕力兔朗苏。这些是当时盛京重要的喇嘛。Tabunang（塔不囊）乃成吉思汗黄金氏族女婿的尊称。

③ 张存武：《清代中韩关系论文集》，台湾：商务印书馆 1987 年版，第 17—26 页。

首先，囊素喇嘛是白喇嘛同门师长，交情很好，他圆寂以后，白喇嘛受托奉祀其舍利，几年后又奏请皇太极建立舍利宝塔，并满汉二体碑文；做了囊素喇嘛寺的堪布。有这些因缘，舍利塔园又是现成的所在，白喇嘛葬于此地十分合宜。

其次，张春崇德五年（1640）腊月十三日以不食殁于三官庙，赐葬于囊素喇嘛塔园。① 左懋泰记：

> 春死，以礼葬于辽阳之南，为建石塔表其墓，使后世知有张春云。②

张春与囊素喇嘛了无关系，为什么赐葬于此处？因为白喇嘛先已葬在此地，张春跟白喇嘛有深的交情，生前可能要求随葬于此。只有这么理解才是合理。

最后，《顺治年间档》揭示白喇嘛去世后，公派十名和尚守其坟墓，就是常设十名庙祝。原文说（/表示原来的分行处）：

> dorgi baita be uheri kadalara yamun i bithe,, Antamu, Butasi de/jasiha,, *Be Lama*-i giran be tuwakiyara juwan hūwašan de,, da araha *Miyooi* ini beye be sakda eniye be uji seme | dorolon jurgan i dashūwan,, jurgan de bithe unggifi nakabuha seme jihe bihe,, be *Miyoo i* be gamame dorolon/jurgan de fonjinaci jurgan i ambasa yaya sarku [saraku],, dangse be tuwaci *Miyoo i* gebu hūwaša sai feniyen de bi,, /suwe dashūwan de angga acabume fonjifi dashūwan sarkū,, ini cisui holtoho ohode,, imbe tantafi/ dasame hūwašan obu,, dashūwan same nakabuci amasi bithe arafi jasi,,（中略）/ijishūn dasan i duici aniya,, sunja biyai orin emu de Dungg'oju, Lioba gajiha,,③

> 总管内务府的信件，寄给 Antamu 和 Butasi：看守白喇嘛舍利的十名和尚，为首者 Miyoo-i 说他自己因为要奉养老母，由礼部左翼送信到部，已经革退云云。我们把 Miyoo i 带至礼部询问，诸凡部里大臣都不知道。看档案，Miyoo i 的名字仍在和尚堆里。在你们左翼核实，若左翼不晓得，则是他自己撒谎的话，就打他，叫重做和尚。左翼知道革退的话，则写了信来（中略）。顺治四年

---

① 张弨：《总记张公并淑人翟氏子伸节孝事略》；王四服：《张公合葬墓志铭》，左懋泰：《张公传》。
② 左懋泰：《张公传》。
③ 《顺治年间档》，第 10 页行 11—第 11 页行 5、行 11。礼部左翼应系"礼部左司"。

(1647) 五月二十一日 Dungg'oju 和 Lioba 带来（这封信）。

这是当时发自北京总管内务府的公文。看守白喇嘛坟的十名和尚，显然是定额。与前文所言囊素喇嘛塔十名庙祝数量一致，而且其头头（da）的名字：Miyoo i，正与那十名侍奉香火看莲僧（庙祝）中的"妙意"这名字音声符合，应是同一人。那么这两个"十名"（庙祝）乃是同一班人。也就说明他们不过是囊素喇嘛塔园的庙祝。而白喇嘛过世晚，更知名，这些庙祝被看成白喇嘛的看坟人，说明白喇嘛是葬于囊素喇嘛塔园。这几位重要人物入葬此园，使得它对于入关以前的清朝，变成一个特殊的地方。

从这封信还了解到，顺治初年白喇嘛坟墓的庙祝属于盛京镶黄旗（左翼旗）管辖，又总制于北京的总管内务府。可以想见囊素喇嘛塔园原有拖克索（Tokso）的从属情形也同样。这一点对于了解盛京皇庄、官庄的分布也是有益的。

《顺治年间档》还有一条关于那看守白喇嘛坟和尚的信件，亦可窥见这些庙祝与盛京社会关系的一斑，这里一并摘抄及译出：

[ijishūn dasan i sunjaci aniya] anagan i duin biyai juwan ninggun de,, dorgi baita be uheri kadalara/yamun i bithe,, Atamu (Antamu),, Butasi de jasiha,,（中略）Be/La-ma i giran tuwagiyaha hūwašan be suweni juwe nirui haha ekiyehūn be tuwame gaifi kubun forobu,,（中略）ijishūn dasan i sunjaci aniya,, anagan i duin biya i orin uyun de Siteku, gajiha,,①

[顺治五年] 闰四月十六日，总管内务府的信件，寄给 Antamu 和 Butasi：（中略）看守白喇嘛舍利的和尚，看你们两牛录人丁不足，可带[他们]来命他们纺棉花（中略）。顺治五年闰四月二十九日，Siteku 带来[这封信]。

九　总结

白喇嘛（Ba lama, ? —1637）在乌斯藏出生，仅知其蒙古名字，叫

---

① 《顺治年间档》，第28页，行5—6、9—10；第29页，行8。

Baγ-a Ba lama，意思是"小的 Ba 喇嘛"。生年不可考，其年寿、僧腊、早年经历等均不可得知。他是后金藏传佛教开山祖师斡禄打儿罕囊素喇嘛 Örlüg Darhan Nangsu Lama（？—1621）的同门法弟，约于1621年，随后者自东部蒙古科尔沁投奔后金，他们是最早来到后金的两位乌斯藏大喇嘛，一起开创了后金和清朝的藏传佛教。1630年甚至稍后，白喇嘛是囊素喇嘛圆寂以后后金最重要的喇嘛。他的事迹，除了建立供奉囊素喇嘛的寺塔，都是一般世俗的、政治的，这情况一方面因为如今所据文献都重在记政治；另一方面，应是局势使后金那些有能力的出家人原本就尽力在非佛教的国家事务上。在剧变的时代以及其他特殊景况中，稍有地位跟影响力的方外之人又怎能脱离政治、世俗事情的干系呢？

清代对广大帝国可以说有几种统治方式。① 其中汉文化地区的治理是郡县制和儒家思想，蒙古、西藏则因地制宜地操以藏传佛教以及辖众喇嘛制（札萨克喇嘛制、教政合一制）或者封建制等。这个情况在当时，尤其清末直到今天，仍在显示其巨大影响。白喇嘛等人的清朝藏传佛教草创情形及与清朝政教的关系，有助于满洲人认识并运用藏传佛教，确立其在清朝的地位和角色。

西藏地区的佛教是在 10 世纪开始的所谓后弘期（Bstan-pa Phyi-dar）形成特点而被后人称为藏传佛教的。20 世纪 50 年代以前，它由西藏（Dbus Gtsang，乌斯藏）向外传布共有两次：第一次是1240年（宋嘉熙四年，蒙古窝阔台汗十二年）开始的，第二次是 16 世纪 70 年代开始的。两次都是：蒙古人进军征服，而请回来上师（Bla-ma）顶礼膜拜。② 这个事实意味深长。16 世纪前半叶西藏地区各宗派互相倾轧，争夺势力范围，一旦蒙古人倾心皈依，喇嘛们就纷纷前往，弘法传教，征集布施，寻求檀越，欲把本地宗派斗争（几乎全是追求扩大自家的世俗势力）的胜负在

---

① 参见凌纯声《中国边政之政教制度史》，《中国边疆民族与环太平洋文化——凌纯声先生论文集》，联经出版事业公司1979年版，第161页；凌纯声：《清代之治藏制度》，出处同上，第263—272页；吕士朋：《清代的理藩院——兼论清代对蒙藏回诸族的统治》；中华文化复兴运动推行委员会主编：《中国史学论文选集》第3辑，幼狮文化事业公司1983年版，第623—700页；林恩显：《清朝在新疆的汉回隔离政策》，台湾：商务印书馆1988年版，第14页。

② 札奇斯钦：《蒙古与西藏历史关系之研究》，正中书局1992年版，第30—31页。

蒙古战场上决出。大体上，1570—1640年蒙古地区是喇嘛穿梭、各派纷纭。由于包括满族在内的通古斯人跟蒙古地缘相接、文化混同，自然亦倾心新鲜炫目的藏传佛教教法，喇嘛们自然也要涉足其间，争取信徒。同时后金对于身旁的蒙古部落——这关系生存的可能的敌人或朋友——的宗教方面也密切注意。所以清朝开创时代（努尔哈赤、皇太极）藏传佛教的情形或应主要从后金政治、文化的"蒙古性"或"蒙古色彩"及其地缘政治，还有乌斯藏内部佛教各宗派间的竞争局势来理解。① 当然，明朝对喇嘛的封赐也是重要因由。

从有关囊素喇嘛、白喇嘛的事情上观察，后金藏传佛教有这样的特征：

第一，喇嘛、喇嘛寺由国家供养、建设和管理。从"蒙古的"背景来看，这是自然的，无特殊之处，是后金汗及人民崇敬喇嘛与佛教的行为；而不应与文庙一体看待，文庙虽是官建官奉的国家体制，但仅是政治礼仪的，与民间信仰脱离。

第二，大喇嘛受尊敬重用；主要活动往往是出使、领兵打仗、办理后金汗交付的各种事务，俨然是皇帝导师、高级侍从、高级官员，但对于后金汗并不称臣，并不在官，而被待以客礼。奉佛之事只是其工作的一部分，特别仅仅是其日常的行为。这也是在蒙古的喇嘛们的特点。同时代的明朝边务喇嘛往往没有这样的地位，在辽东军政体制下，他们往往形同臣工。②

第三，喇嘛、和尚泾渭不分。像辽阳大金喇嘛塔寺的庙祝由和尚充当。这显示了后金政教方面对于两者的理解。同时也看到，跟在蒙古诸部一样，当时喇嘛地位较和尚高得多，是顶礼膜拜的对象。③

综上所述，囊素喇嘛、白喇嘛等在后金的藏传佛教开创工作，对于铸就清代藏传佛教的地位、形态、功能，乃至藏蒙地区政教体制具有一定的作用。囊素喇嘛自科尔沁蒙古来后金，乍着锡就圆寂，没有参与政治活

---

① 参见李勤璞《斡禄打儿罕囊素：清朝藏传佛教开山考》，《蒙古学信息》2002—2003年第88—91期。

② 参见李勤璞《明末辽东边务喇嘛》，《中央研究院历史语言研究所集刊》2000年第71本第3分。

③ 冯瑗：《开原图说》，《玄览堂丛书》影印本卷下，第17b—18a页："各房近皆敬佛，每□□□□□建寺起楼供佛，其砖瓦木石皆所掳中国匠役为之。造作寺观，有甚华丽者。亦有僧，多内地人，皆与酋首抗客礼；有番僧（Bla-ma）至，则酋首罗拜。谓之楼子（leose）。"

动,但他因为在东部蒙古和后金久有尊名,其去留本身就是强烈的政治行动,在蒙古、满洲深具影响力,当时满洲皇帝视其投奔行动是"天命所归"的征象。① 白喇嘛则以喇嘛的身份,承担各种重要政治社会事务多年。他的身份、他的宗教通过他所做各种事情得到认可,受到显扬和尊敬,藏传佛教也就这样被信受而传播。另一面,他成功扮演各种社会角色,表明藏传佛教在辽东各类人民及各政治集团之间已经广被尊信。这应该看成是藏传佛教播迁历程(这个历程现今并未终止)重要一页。

附录

张春:《祭白喇嘛文》②

明原任太仆寺少卿张春致祭于主僧白喇嘛之灵曰:

释子涅槃之说,不生不灭之理也。虽然,余以主客交好,不忍离别云尔。呜呼痛哉!痛哉!寓必择主,先民重之,久而敬之,吾夫子称善,况遭难居处之际乎?得贤主于难得之时,爱敬施于六年之久,倏而生死分别,不得片言永诀,堪乎不堪乎!痛乎不痛乎!

今自辛未(崇祯四年,天聪五年,1631)之十一月十七日至沈阳,即主喇嘛僧舍。虽乡井之人乎,生平风马牛不相及,何乃一闻余门外足音,便倒屣而迎,倾肝胆而慰,礼遇便过隆,不止怜余之患难也,若不知余之在患难也。尔时蹑足附耳者数数,喇嘛能早见余心,慰余以生胜于死之事,未尝有片语不忠于余者。此其识微见大之不忍别者一也。晨昏定省,交友无之;出告反面,交友无之;过加于余。日三餐,必不先食;有送鲜或甘美,必不先尝;主家于寓客,原未曾有,况六年如一日乎。抑己尊人,此谦逊之不忍别者又一也。每诫庖丁茶酒人诸伺候者,恳恳以余为说;即尊贵人即亲厚人,或有余前语不合,或背语余不投者,此何足芥蒂,喇嘛必面驳之。余六年居何地何时,得恶声不接于耳者,谁之力也。此欲以一心一众心,不忍别者又其一也。为余一人而思及余乡在难之数十

---

① 参见李勤璞《斡禄打儿罕囊素:清朝藏传佛教开山考》,《蒙古学信息》2000—2003年第88—91期。

② 明崇祯十年、清崇德二年(1637)在沈阳写,原载张春《不二歌集》。注意未用明朝年号。

人，不惜财不惜力，又礼貌之，使诸在难之乡亲，无主而有主，无家而有家，此主家于寓客都未曾有，不又其不忍别者乎。恒情之交好者，曰同声相应、同气相求，余身在沈阳，心在天朝；喇嘛身之所在即其心之所在；余儒门，喇嘛佛门，心不同，道不同，道不同易分畛域，宜生水火；谁能联异为同、前后一辙乎。余忠告逆耳，数之又数，所以报也；又谁能谅余无他不之疏乎。酒中言，稍有失，何足介介，旋即忏悔，又谁能反己迁善如是之明决乎，不尤其不忍别者乎。尤奇异者，六载来只是余晨起栉沐，差人候之，使者回报，先出门立候；及余前后殿谒神，倚立檐下；岁时固让余受礼而已。自元旦至初三日，喇嘛礼佛毕，余尚未起，就余榻下顶礼；及相会时，问：六年来未有如是之礼，何倏而为此？喇嘛谓六年前缺礼云云。又未曾有言及传衣钵事，倏而及之，谓言之有意云云。岂先知大灭度而然耶，抑其神为之兆几之先动、即喇嘛亦莫知其然而然耶。日暮就卧，夜未艾而大归，使家众惊号嗷嗷，如失林之鸟。

喇嘛前病伤寒，死而复生，向余泣曰：尔时方知人死不难，止是服事不到头，心不了耳。前余不食欲死，喇嘛一闻之跪倒，泣如雨注，至欲以不食先余而死；又慰余以忠孝之大。噫，一死一生乃见交情，痛哉痛哉不忍言也。喇嘛生平自有月旦，无事余言；正谓关切余者余哭之，譬如凿井得水，水不专在是，善饮者一滴知大海味；又何庸余饶舌哉。余恨死迟，悲喇嘛去早。喇嘛乐净土，余哭嫌俗。初一哭病倒，兹首七不能哭，而不忍不哭。噫，余无炙鸡，余无絮酒，并哭亦不能，痛哉痛哉！

图3　辽阳喇嘛园全景

图 4　辽阳喇嘛园之喇嘛塔

图 5　辽阳喇嘛园内的喇嘛舍利塔

图6 辽阳莲花寺山门

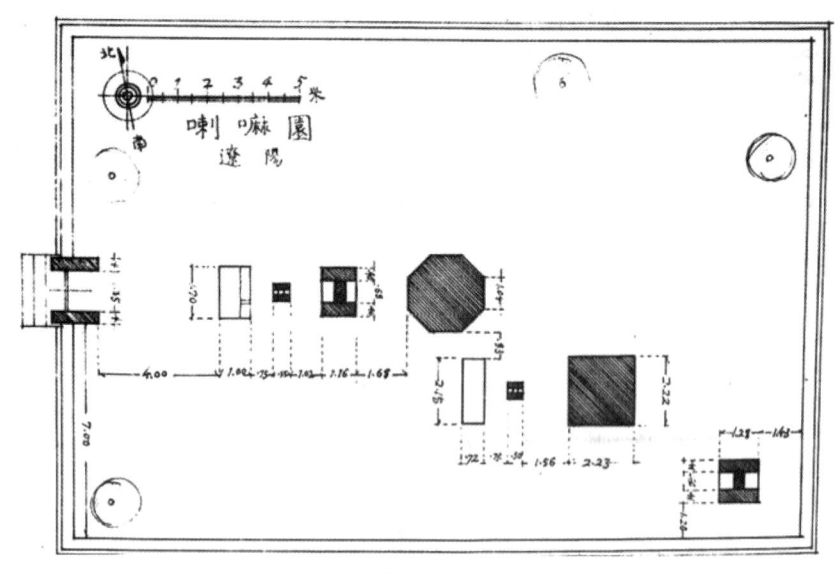

图7 辽阳喇嘛园平面图

资料来源：

村田治郎《滿洲に於ける清初の喇嘛教建築》（1930）。喇嘛园门向西，平面图内的四个圆圈表示四棵树的位置。

毕力兔朗苏：清初藏传佛教的显扬者

一 引言

天聪十年（明崇祯九年，1636）四月，皇太极在盛京即皇帝（Hūwangdi）位（soorin），另建国号曰"大清—Daicing"，改元"崇德—Wesihun erdemungge"。这一年的七月，敕命在盛京城外的西方建立寺庙（fucihi soorin），满（Manju）、汉（Nikan）文寺名叫"šu-ilhai soorin i yargiyan etehe fucihi soorin—莲华①净土实胜寺"，藏文名字叫 Pad-ma rg-yas-pavi yul-gyi rnam-par rgyal-bavi lha-khang，还有蒙古名称，意义近于藏文的。这样建了两年，崇德三年孟秋七月告成，后世通称实胜寺或皇寺、黄寺。这是清朝敕建的在当时政治和宗教上居最重要位置的藏传佛教大寺。寺中四天王殿到大殿之间的院落，平地上一左一右、面南对称地各立一碑，东边的石碑正面镌满文碑文，背面镌汉文碑文；西面的石碑，正面镌蒙古文碑文，背面刻"西域文"即藏文碑文。四体而一意，志建寺缘起。碑文末尾有记设计施工诸事人员的段落，其中头一行写道：

满　文　fucihi beye be arara nirure fucihi bodisug se be faidame ilibume uhereme
　　　　佛　身　把　造作　绘画了　佛　菩萨　们把　布局　建立　总起来

---

① 李学智先生谓"然细按满语'莲花'之 šu-il-ha 一名，其首音之 šu 在满语中单独并不释为'莲'，故必须与'花'之 il-ha 连读、连写，始可曰'莲花'，若只曰'莲'亦谓：šu-il-ha，绝不能单曰 šu"。载氏著：《金史语解正误初稿》第10a页，"苏尼"条。张其昀监修：《金史》第2册，阳明山："国防"研究院1970年版，意思是说 šu ilha 是一个单纯词，不是合成词。

```
            jorime tacibuha biliktu nangsu„
              指示  教导   毕力兔 朗苏
汉 文   指使塑画毕力兔朗苏。
蒙古文  burqad un bey-e yi eküsegekü i jiruqui kiged, burqan bodisong nar i jergelen
        佛们  的身体 把   建立     绘画   和    佛    菩萨   们把 排列
        bayiγulqu büküde yi jiγaču surγaγsan bilig-tü nangsu„
         建立    全体   把 指教   教导的   毕力兔 朗苏
藏 文   sangs-rgyas kyis sku bzhengs-pa dang ri-mo dang sangs-rgyas byang-sems
          佛      把  身   建立    和  图画  和    佛       菩萨
        rnams kun rim-bzhin bzhengs-pavi slob-mkhan pi-lig-thu nang-so,
         们  一切 依次     建立的      指导者    毕力兔   朗苏
```

在此可注意到，毕力兔朗苏（？—1657）这个人物在当时清朝藏传佛教事务上颇为重要。

实胜寺树立了满汉蒙藏四体碑文，其后在"天眷盛京"（蒙古文 Tngri yin Örösiyegesen Mügden）敕建寺庙中树立四种文字对照碑文的，唯有于盛京城四面创建的四座藏传佛教寺塔了。

按皇太极崇德八年（1643）八月初九日去世，同月二十六日福临[①]嗣位于盛京笃恭殿，明年即"顺治—Ijishūn dasan"元年（甲申，1644）五月初二日清军进入燕京，八月二十日福临自盛京启行，迁都燕京，九月十九日自正阳门入宫，十月初一日在燕京重行祭告天地，即中华皇帝位，开始着手整个中国和内陆亚洲的事务。

当皇太极尚在世，清人定鼎中原、一括九州的前夕，他命令在盛京城外的四面各建属于藏传佛教的庄严宝寺一座，每寺树立一座白色的尊胜宝塔（藏文 Rnam-rgyal Mchod-rten）。四寺在崇德八年二月动工，至顺治二年（1645）五月竣工。从其创建时机、诸般设施与汉语寺名看，政治意图最为明显。举其各寺碑上满汉名字是：[②]

---

① Fulin（1638—1661），这是汉语名字。其后清朝皇帝一概起汉语名字。崇德八年福临六岁。

② 本稿引用盛京四体碑文，均据大连图书馆藏拓本。又，悉不遮，藏语 shes-bya，"所知"，意思是知识。八思巴书名《彰所知论》的"所知"藏文就是这个字。

表 12　　　　　　　　盛京四郊四座寺塔名称

所在盛京城方位	寺庙满语名字	寺庙汉文名字
东	unenggi eldembuhe fucihi soorin	敕建护国永光寺
南	amba gosin i fucihi soorin	敕建护国广慈寺
西	Enteheme jalafun fucihi soorin	敕建护国延寿寺
北	forgon be ejelehe fucihi soorin	敕建护国法轮寺

这四座寓意鸿远的喇嘛大寺，设计者也是毕力兔朗苏。因碑文中说：

满　文　jurgan de hese wasimbufi, sibca corji lama, biliktu nangsu, juwe nofi jorime…
　　　　部　对　谕旨　降旨　悉不遮朝儿吉喇嘛 毕力兔朗苏　二　个　指教

汉　文　特敕工部，遴委剌麻悉不遮朝儿吉、毕力兔朗苏相度（鸠工于盛京四面）……

蒙古文　yabudal un tüsimed tür jarliɣ baɣulɣaču ❖šibča ˇcorji lam-a kiged,,
　　　　部　的 大臣们 对　谕旨 使下降　悉不遮 朝儿吉喇嘛　和
bilig-tü nangsu qoyar jiɣaču,, …
毕力—兔 朗苏　二　指教

藏　文　las-blon rnams la bkav bskos nas, chos-rje bla-ma shes-bya dang pi-lig-thu
　　　　工部大臣们　对谕旨　作　因　法主　喇嘛悉-不遮(所知) 和 毕力兔
nang-so gnyis kyi bkod-pa mdzad nas…
朗苏　二 (人)的　安排　做　由

满文 jorime、蒙古文 jiɣaču 都是指示、指教的意思，藏文 bkod-pa 为安排、设计之意。联系汉文碑文"相度"一词来理解，表示上述两位——法主上师悉不遮跟毕力兔朗苏——为体现建寺旨趣而观察风水地形，确立建寺方位，选择塑立何种所依圣物（藏文的 rten-chas）及装饰。

四寺碑文又载：

满　文　duin soorin i fucihi pusa beye subargan be arara nirure, faidame ilibume
　　　　四　座位 的 佛　菩萨 身躯　塔　把 造作 描绘　布局　建造
uhereme jorime tacibuha biliktu nangsu,,
总管　指示　教导者　毕力兔　朗苏

汉　文　佛、菩萨塔寺彩画督指示毕力兔朗苏。

蒙古文　dörben süme yin burqan bodisong yin bey-e suburɣan i kemjiye üliger bayital
　　　　四　寺庙的 佛　菩萨 把 身躯　塔　把 丈量　范例　形象

jiruqu büküde yi jiyaču biligtü nangsu,,
　　图画　全部地　把　指示者毕力兔　朗苏

藏文　lha-khang bzhi yi sangs-rgyas byang-sems rnams dang mchod-rten gyi
　　　寺庙　四　的　佛　　菩萨　　们　和　塔　的
chag-tshad bzhengs tshul ri-mo rnams kyi bgod-pa byed cing bzo-mkhan
　量度　　建造　法则　图画　们　的　设计　做　并且　作者
bi-lig-thu nang-so,
　毕力兔　　朗苏

可见毕力兔朗苏在建造盛京四寺所任之责，跟在实胜寺相同。

后世实胜寺分出实胜寺、嘛哈噶喇楼这样两个单位，但入关以前只称实胜寺，并无"Mahākāla 庙"之称。迄伪满时代，一直作为盛京地区诸藏传佛教寺庙的首要道场。在整个清代，盛京这六座（此外又有长宁寺，合计七座）喇嘛寺一直是皇家管理与供奉的。这些喇嘛寺庙是满族人在其历史转折（大金→大清，盛京→北京；1636，1644）时刻建立，用意不仅仅崇佛，而是要以国家宗教行为达致政治的目标，也就是信仰、崇奉、保护佛教给蒙古、西藏人看，同时作为清朝统治蒙古诸部的正当性的标志。那么，这些重要道场佛教方面的设计、建造者毕力兔朗苏，是什么样的人、生平行事如何呢？迄今尚无人研究。在佛教，虽说是：世间一切，如镜花水月，并无自性与自在；但还是让我们暂时地究心这镜花水月，追寻清朝兴起潮流中这位博学多彩的上师的生涯。

二　名字和在西藏蒙古时的职务

毕力兔朗苏，名字原语 Bilig-tü Nangsu。bilig，意思是"禀赋，才干，智慧"。加后缀"-tü"，意思是"有智慧的"，可解作"聪明"，常见蒙古人名。Bilig, bilig-tü 是蒙古语，nang-so 则是藏语词汇，进入蒙古语的时候，后者根据自己的元音和谐规则，读作 nangsu，由此再进入满语，仍是 nangsu。

在《旧满洲档》，毕力兔朗苏名字写作 biliktu langsu，或是记当时口音。到《满文老档》，就写为 biliktu nangsu，在史实上是正确的。

关于 nang-so 的意义，这里作粗略查考，以了解毕力兔朗苏生平的某些方面。乾隆朝《钦定外藩蒙古回部王公表传》"西藏部总传"有对 nang-su 的最初的解说（括号内藏文引者加）：

> 贡道由西宁入。达赖喇嘛、班禅喇嘛使，称"堪布"（mkhan-po）；噶卜伦（bkav blon）使，称"囊素"（nang-so）。①

《表传》记事下限在乾隆五十七年（1792），而噶布伦的设立亦在乾隆晚年。

1903 年藏文写的《塔尔寺志》，其中"塔尔寺对立功者奖励的概况"论 nang-so 名义，说那是塔尔寺颁赐给僧人的名号：

> 又所谓"郎索"（nang-so，含意为侦察内情或负责巡视的职位）是往昔由蒙古王所颁赐的一种所得名位。后来依照由兰州（lan-gru 音译）对蒙、藏两种人士所颁赐那样是由诸宰官对于出家僧人（grwa-ba）所颁赐的一种名位。以后由于有需要的意义，依任命文书（bkav-shog）而命名为"却杰郎索"（chos-rje nang-so，法王"郎索"）。据说此种颁赐之规是从塔尔寺堪布（gdam-savi mkhan-po）觉勒（co-ne，通译卓尼）·格桑登真嘉措（bskal-bzang bstan-vdzin rgya-mtho，贤劫持教海）在位时而有的。可是现今（著者当时）对于土工（sa las）石工（rdo las）的传话领班（kha-mgo byed tshad-po）也命名为内情计量，此种名位已成为土幢幡（sa-dar rdo-dar）去了。（言已不尊重）②

塔尔寺于明万历五年（1577）建立，觉勒·格桑登真嘉措的生平年次是 1847—1925 年，自光绪二十九年（1903）任赤钦，③ 这远晚于 nang-so 出现的时间，故寺志此说不可信。

根敦琼培（Dge-vdun Chos-vphel, 1903-1951）在藏文名著《白史》

---

① 包文汉、奇·朝克图整理：《（钦定外藩）蒙古回部王公表传》第 1 辑，内蒙古大学出版社 1998 年版，卷 91，第 607 页。

② 色多·罗桑崔臣嘉措：《塔尔寺志》（1903），郭和卿译，青海人民出版社 1986 年版，第 196 页。引文括号内藏文引者加；汉文为原有，译者所加。这一段的藏文原文在：Gser-tog blo-bzang tshul-khrims rgya-mtsho, *Sku-vbum byams-pa gling-gi gdan-rabs don-ldan tshangs-pavi dbyangs-snyan* (Zi-ling: Mtsho sngon mi-rigs dpe-skrun khang, 1983), shog grangs 244.

③ 色多·罗桑崔臣嘉措：《塔尔寺志》，郭和卿译，第 82—83 页。

中说，古时吐蕃"于边界设置镇守巡逻的将官，分为侦察敌情的'外察'（phyi so）与侦察内情的'内察'（nang so）两种官职，后者迄今仍当作职务的名称，此类名为'梭伦'（so blon，侦察官）的词汇在碑文中也可见到"。①

杜齐（Giuseppe Tucci, 1894—1984）论述元代吐蕃行政机构时，以为 Nang-so 是江孜领邑最高官员，萨迦的 nang-chen 不过是大 nang-so 而已（nang-so chen-po; chen 意思是"大的"）。他还说 nang-so 主持司法行政，国王或法王的命令由他执行。杜齐进一步认为 nang-so 这样的职位可以追溯至古代赞普之宫廷长 nang blon：

> 根据这件江孜的文告，领邑最高的官员是囊索（nang-so）这一职位在江孜行政组织中，确是仿效萨迦政府的组织设立的，江孜贵族几代都在萨迦宫廷任囊勤（nang chen）即大囊索之职。从几代达赖的传记中看到其他的领邑也有这个职位，实际上这个职位是古代的传统的延续。囊索主持司法行政，相当于一种首相职位。国王或法王的命令由他执行，他仍然是国王的第一参议大臣。
>
> 与囊索并列的是其索（phyi so），意即主持外部事务的官员。很清楚：囊索、其索都模仿吐蕃赞普的行政系统，因古代赞普有"囊论"与"其论"的协助而治理庶政，这两个名称虽然符合于现代用法，但却不能译为"内相"和"外相"：因囊论可以说是宫廷长，按照专制制度的习惯，协助国王处理政务，而其论则是行政机器的首脑，国家行政的监督者。②

陈庆英 1986 年、1990 年两次讨论元代西藏的行政体制时顺便论及 nang-so：

> 囊索亦译囊苏，为西藏佛教教主派往皈依于他的部落负责教务及征集布施

---

① 《白史》，收录于格桑曲批译《更敦群培文集精要》，中国藏学出版社 1996 年版，第 133—134 页。藏文原文在：*Mkhas-dbang dge-vdun chos-vphel gyi gsung-rtsom phyogs-sgrig* (Khren-tu: Si-khron mi-rigs dpe-skrun khang, 1989), shog grangs 44—45.

② 杜齐：《西藏中世纪史》，李有义、邓锐龄译，中国社会科学院民族研究所 1980 年版，第 60—61 页。系译自杜齐 *Tibetan Painted Scrolls* 一书。引者将引文内藏文的拉丁字转写改为现行方式。

的人，往往成为该部落的实权人物。①

帝师、白兰王、萨迦法王合起来构成萨迦政权的首领，本钦（dpon chen）是在他们之下的行政负责人，执行他们的各项命令，类似于吐蕃时代的大论（blon chen）和后来西藏地方政权的第巴（sde-pa）。八思巴设立的拉章（lha-brang）一方面是萨迦首领的侍从机构，另一方面也行使一部分行政职能，萨迦还设有一个朗索（nang-so）主持人为朗钦（nang chen），负责管理萨迦的庄园和属民，征集贡赋，摊派差役。②

陈得芝经仔细比较，以为在元代囊索是萨思迦"教主的内务官"，且引《元史》卷22武宗本纪至大元年十月甲辰条"从帝师请，以释教都总管朵儿只八兼领囊八（nang-pa）地产钱物，为都总管府达鲁花赤，总其财赋"云，谓此"囊八地产钱物"当与藏文《汉藏史集》（*Rgya bod yig tshang chen-mo*, 1434）载 nang-so 管辖的庄园相同，是帝师私属的领地和财产。③

日本军人编写、1933年出版的《蒙古语大辞典》"nangsu"条释文："使节。'全西藏ノ政務ヲ行フ高官'"④（总领全西藏政务的高官）。这是根据《王公表传》做的错误发挥。《藏汉大词典》（1986）mkhan-nang 条释文说："原西藏地方政府派往边境负责守望的僧俗官吏。僧官称'堪布'（mkhan-po），俗官称'囊索'（nang-so）。"⑤ 这是把《王公表传》和《白史》两种冲突的说法糅合一起。

以上各说都以为 nang-so 是一种职务或身份，但有的说是僧人担任，有的说是俗人担任。在元代大致是世间政治的一个职务，究竟是僧人或俗人担任，或者都可以？有待考究。看来 Nang-so 一职有着长久的历史，又有时代、地域、性质的差别，因资料贫乏，了解起来很复杂，特别又到了不兴文字的蒙古地区。先悬置以上各种研究或看法，看看17世纪前几十

---

① 陈庆英译：《汉藏史集》，西藏人民出版社1986年版，第170页，译者注2。
② 陈庆英：《元代萨迦本钦辨析》，《藏学研究论丛》第2辑，西藏人民出版社1990年版，第130—131页。
③ 陈得芝：《再论乌思藏"本钦"》（2001），载氏著《蒙元史研究丛稿》，人民出版社2005年版，第289页。
④ 陸軍省编：《蒙古語大辭典》，東京：偕行社1933年版，465頁。
⑤ 张怡荪主编：《藏汉大辞典》，民族出版社1986年版，第296页。藏语 so-pa 意思是监视者、侦察者。

年的一些例子，这切近本稿主题。第五世达赖喇嘛（1617—1682）自传：

  O-rod dgav-ldan hung-thavi-jivi mi sna yuvi-ching dar-khan nang-so…①
  额鲁特部噶尔丹洪台吉的人 Yuvi-ching Darqan Nang-so。

  噶尔丹及其部众信奉格鲁派，那么这是一位格鲁派的囊素。
  又《旧满洲档》天命六年（1621）六月一日条：

  korcin i hatan baturu beile i langsu lamai juwe bandi, jai emu niyalma sunja morin gajime ukame jihe,,②
  科尔沁部 hatan baturu 贝勒之 nangsu lama 的两位班第和一个［俗］人，带五匹马逃来了。

  这位囊素喇嘛是斡禄打儿罕囊素。这都表明囊素身份的人是喇嘛。从记载看囊素多是寺中僧侣，五世达赖喇嘛自传：

  Se-chen zhabs-drung gi grwa-pa davi-chin nang-so.③
  Sečen 阁下的僧徒 daicing nang-so。
  Dbang-rtul dad-pavi rjes-su vbrangs-pa dbon-po nang-sor grags-pavi sog ban…④
  具有钝根但随信而行的，叫做完卜囊索的蒙古僧人。

  名字叫某某囊素，却不能判为僧人的，第五世达赖喇嘛自传中有很多，不备举。
  再看更早的。*Rgya bod yig tshang chen-mo*（1434）有如下句子追述萨迦寺史事：

---

 ① Ngag-dbang blo-bzang rgya-mtsho, *Ngag-dbang blo-bzang rgya-mtshovi rnam-thar* 1 (Lha-sa: Bod-ljongs mi-dmangs dpe-skrun khang, 1989), shog grangs 431。
 ② 《旧满洲档》，台北"故宫博物院"1969年影印版，第2册，第689页。参见满文老档研究會譯註《滿文老檔》太祖，東洋文庫1955—1963年版，337頁。
 ③ Ngag-dbang blo-bzang rgya-mtsho, *Ngag-dbang blo-bzang rgya-mtshovi rnam-thar* 2 (Lha-sa: Bod-ljongs mi-dmangs dpe-skrun khang, 1991), shog grangs 422。
 ④ Ngag-dbang blo-bzang rgya-mtsho, *Ngag-dbang blo-bzang rgya-mtshovirRnam-thar* 1, shog grangs 352。

A）［rab-brtan Kun-bzang Vphags-pa］gcung-po *sa-skya nang-chen* gyi gog-sar skyal (bskyal) //①

Rab-brtan kun-bzang vphags-pa 把弟弟送到萨迦担任萨迦朗钦。

随后又写道：

B）gcung-po che-pa/nang-chen/rab-vbyor vphags-pas kyang/sa-skya nang-sor phebs nas/ti-shri chen-po theg-chen chos-kyi rgyal-po nas thog drangs, gdung-brgyud *khu-dbon-pa* vi zhabs-la gtugs//gang-la gang dgos-kyi zhabs tog dang//nang-sovi vdzin lugs lugs mthun mdzad/…phyi nang gyis stod cing smon-povi gnas-su gyur to//②

这一节讲述 Rab-brtan Kun-bzang Vphags-pa 的弟弟在萨迦朗钦任上的情况。两相对照：

A	关系	B
sa-skya nang chen	=	sa-skya nang-so
nang chen	=	nang-so

在这里 Nang-so"囊素"意思与 nang chen"朗钦"同。

我们知道，sa-skya nang chen 在元代是萨迦的大管家（内务官），主管物资钱粮收支、税租征收、差役摊派。由上面 {nang chen ~ nang-so} 交替用例，可知 nang-so 的职务可能主要也是这些。从清代以来萨迦的机构 Gnyer-tshang las-khungs 情形③更可推知 nang-so 一职的职司是要适时下到领地征收税租，或者派驻于领地做管理官。在萨迦寺，nang-chen 一般是僧职；在第五世达赖喇嘛自传里面，名字上有"nang-so"的几乎全是僧侣；即使没有交代其为僧人，也都跟寺庙直

---

① Dpal-vbyor bsang-po, *Rgya bod yig-tshang chen-mo* (Khren-tu: Si-khrun mi-rigs dpe-skrun khang, 1985), shog grangs 395. gog-sa 是 go-sa 之误。

② Dpal-vbyor bsang-po, *Rgya bod yig-tshang chen-mo*, shog grangs 398.

③ Bod rang-skyong ljongs srid-gros lo-rgyus rig-gnas dpyad-gzhivi rgyu-cha u-yon lhan khang, *Bod-kyi lo-rgyus rig-gnas dpyad-gzhivi rgyu-cha bdams-bsgrigs* spyivi vdon thengs 13 pa (Pe-cin: Mi-rigs dpe-skrun khang, 1991), shog grangs 178-181.

接有关，或住于寺庙。① 这样在明清之际，囊素或许是寺庙中僧人的一种职务，负责钱粮的征收、财富的管理，属于管家之类；而且各派都有，像 stag-lung nang-so 属噶举派。

因此 nang-so 是毕力兔朗苏自西藏出使蒙古时的职分，至蒙古以后得名 Bilig-tü，而其藏语本名遂没有流行。似可推想，他前往蒙古地区的任务是发展本派或本寺信徒、赢得布施（财富），给自己和本寺带来财富和声望，其实这是喇嘛们前往信徒那里去的一般初衷，自古如此。

三 乡里和宗派

设计实胜寺和盛京城外四座塔寺的伽蓝与塑画，足以体现毕力兔朗苏原本博学多才，岂止会念经，乃是一位值得纪念的人物。但对于他的出身乡里、早年情形，却没有记载。

顺治九年（1652）第五世达赖喇嘛往北京朝见皇帝，藏历十二月十七日始驻锡于专门为他新建的北京黄寺（lha-khang ser-po, gzim-khang ser-po; šir-a süm-e; hong-se），其后隔一天，他的《自传》记载：十九日，科尔沁左翼前旗冰图郡王等百余人来到黄寺，向达赖喇嘛布施了金盘和十匹丝绸等物，这些人中间有一位 Kha ran tu 台吉和几位翰林院学士。带领着他们前来的，是毕力兔朗苏云云。他说：

ngor-pa shar-pavi grwa-pa ban-log bi lig thu nang-sor grags-pa rgya bod hor gsum-gyi yig-ris-la vdris shing chos nyams che-ba…②
Ngor 寺住持的如今已经还俗的以 Bi-lig-thu Nang-so 闻名的僧人，娴熟汉、藏、蒙古三种文字，法态照人。

按，Ngor-pa 寺，正式名称 E-wam Chos-sde，"本初佛道场"，萨迦派

---

① Ngag-dbang blo-bzang rgya-mtsho, *Ngag-dbang blo-bzang rgya-mtshovi rnam-thar* 1, shog grangs 368, 370, 376, 427 等处。

② Ngag-dbang blo-bzang rgya-mtsho, *Ngag-dbang blo-bzang rgya-mtshovi rnam-thar* 1, shog grangs 394-395.

密教大寺，① 是衮噶桑波（ngor-chen Kun-dgav Bzangs-po, 1382—1456）在宣德四年（1429）创建，位于后藏纳唐寺（Snar-thang Dgon-pa）西行约半日程的 Ngor 地（此地又称"E-wam ri-khrod"，或者是建寺以后，因寺得的名字），在如今的曲布雄乡，由此传承的号称 Ngor-pa，"Ngor 派"，乃萨迦派弘扬密宗的两大根本道场之一。创建祖师跟萨迦东院（bla-brang shar）关系密切，故法规主要是萨迦东院的，② 住持 Ngor-chen，亦称 Shar-chen、shar-pa，后者也是萨迦东院住持的称呼。③

四 到达后金及过世的年次

毕力兔朗苏的生年不可考，唯卒年有记录。《清世祖实录》顺治十五年（1658）秋七月丁酉（初二日）条：

> 遣官致祭三等阿思哈尼哈番（满文 ashan i hafan）毕立克图郎苏，立碑如例。④

蒙古文本《实录》这条记事如下：

---

① Thuvu-bkvan blo-bzang chos-kyi nyi-ma, *Thuvu-bkwan grub-mthar* (Lan-khruvu: Kan-suvu mi-rigs dpe-skrun khang, 1984), shog grangs 190；汉译本：土观·罗桑却季尼玛：《土观宗派源流》，刘立千译注，西藏人民出版社1984年版，第103页及相应注解；Mkhyen-brtse Dbang-po (1820-1892), *Dbus gtsang gnas-yig ngo-mtshar lung-ston me-long* (Zi-ling: Mtsho-sngon mi-rigs dpe-skrun khang, 1993), shog grangs 31-31；汉译本：钦则旺布著，刘立千译注：《卫藏道场胜迹志》，西藏人民出版社1987年版，第37页及相应注解；民族文化宫图书馆编：《藏文典籍目录（文集类子目上）》，四川民族出版社1984年版，第367—370页。此寺的现况，看巴桑潘多《后藏古刹鄂尔寺》，《雪域文化》（拉萨）1993年秋季号，第51页。关于 E-wam 的意义，参见张怡荪《藏汉大辞典》，第3141—3141页该条目。

② 王森：《西藏佛教发展史略》，中国社会科学出版社1987年版，第88页；法尊：《萨嘉派》，载中国佛教协会编《中国佛教》第1册，知识出版社1980年版，第373—374页。

③ 拉萨雪康·德庆多吉先生1994年3月18日惠函说，Ngor 寺住持曾当过萨迦东院住持，因之得名 shar-pa。

④ 《清世祖实录》卷119，台湾华文书局1969年版，第1409页。

tüšimel ilegejü, γurbaduγar jerge yin asqan u qafan biligtü, langsu dur takiγad qaoli
官员　　派遣　　　第三　　等级　　的 asqan 的 qafan 毕力兔　朗苏　对　祭祀　定例
yosoγar köšiy-e čilaγun bayiγulbai„①
依照　　碑　石头　　　树立了

派遣官员祭祀三等阿思哈尼哈番毕力兔朗苏，其后依照定例建立了碑石。

按清代高官大吏去世之后朝廷遣官致祭立碑，要经过呈报、审核、批准等手续，时间上并不跟去世同时。例如盛京实胜寺汉语碑记的译者（原文满文）去世时任湖广四川总督、兵部右侍郎、都察院右都御使的罗绣锦，顺治九年七月己丑日卒，② 而如例祭葬立碑则在次年五月壬午日，③ 赠其兵部尚书名衔、荫一子入监念书在同月甲午日，中间又隔了十二天。这样由去世到依例立碑，中间隔了十四个月。由此推断，毕力兔朗苏的卒年应该是顺治十四年（1657）。

毕力兔朗苏是什么时候来到后金的呢？按《世祖实录》顺治六年（1649）二月（庚寅朔）辛亥条说：

> 以毕里克图囊素于喀喇沁、土默特部落未归之先投诚，有功，授为一等阿达哈哈番。④

阿达哈哈番，即满文 adaha hafan。按蒙古文本《实录》相应文字如下：

biligtü nangsu yi qaračin tümed ün irekü yin urida oroju irebe kemen terigün jerge yin
毕力兔　朗苏　把　喀喇沁　土默特 的　来　的　预先　加入　来　云云　第一　等级的

---

① *Dayičing Ulus un Maγad Qaoli*, doloduγar emkidgel, *Šidzu keikülügsen quwangdi yin maγad* (dörbe) (Qayilar: Öbör mongγol-un soyol-un keblel-ün qoriy-a, 1991), nigen jaγ un arban jisüdüger debter, niγur 272a.
② 《清世祖实录》卷 66，第 774 页。
③ 《清世祖实录》卷 75，第 893 页。
④ 《清世祖实录》卷 42，第 498 页。

adaqa qafan bolγaba„①
adaha　hafan　使成为

毕力兔朗苏，在喀喇沁、土默特来投之先来归，使做一等阿达哈哈番。

循文意，一是毕力兔朗苏是自喀喇沁部或土默特部来后金的；二是他来后金的时间是在这两个部落来归之前；三是这两个部落归顺后金，大体是同时的。

关于喀喇沁、土默特这两个部落的投奔后金，《旧满洲档》天聪二年（1628）二月二十四日条有记载：

tere inenggi, sure（空一格表尊敬）han i joo bithe jafabufi karacin i ūlhei beise/
那　日　聪明　　　　　　　　　　　汗的诏书　使执持 Qaračin 的 ūlhe 的诺颜们
tabunang se de„ elcin takūraha„ suweni unggihe bithe de„ cahari han i ehe/banjire
塔不囊们对　使者　派遣了　你们的　发送了书信在　Čaqar　汗的恶　将滋生
be„ jai　doroi turgun de acahabi„ te
把，以又政治的事情对已和好　今
bicibe doro be akdulame gisureki/seci juwe tabunang ujulafi, ūlhei beise burtei elcin
虽然　政治把　保证　若说　若说　二　塔不囊　带头了 Ūlhe 的诺颜们全　使者
unggi„ tere elcin jihe/manggi„ ai ai gisun be tede gisureki seme unggihe„②
派遣　那　使者来了　以后　样样言语　把那个　若说　说　派遣

是日，拿着天聪汗的诏书，被派往喀喇沁部 Ūlhe 诸诺颜、诸塔不囊的使者。诏书说："你们送来的信，说察哈尔汗作恶，又政治上要和好；今既这样，就要说出政治上保证的话（盟誓），二位塔不囊带头，Ūlhe 诸诺颜全体派来使者；那使者来了以后，把种种的话说了（面议）就行"。

这条记事是一封书翰的已经修饰过后的抄录。比照蒙古文原件，ūlhe 系音写蒙古语的 ölke，意思是"山阳"；"Karacin i ūlhe"蒙古文

---

① *Dayičing Ulus un Maγad Qaoli*, tabuduγar emkidgel, *Šidzu keikülügsen quwangdi yin maγad qaoli* (qoyar) (Qayilar: Öbör mongγol un soyol un keblel ün qoriy-a, 1991), döč in qoyaduγar debter, niγur 142b.

② 《旧满洲档》第6册，第2805—2806页。满文老檔研究會譯註：《満文老檔》太宗，124—125 頁參照。

原件写作 ölke,① 即指喀喇沁部，称"山阳万户"。所谓山即兴安岭。

同年七月十九日条又记载：

○juwan uyun de„ karacin i (空一格表尊敬) han i elcin duin lama sunja tanggū
　十　九　在　Qaračin 的　　　　　　　汗的使者　四　喇嘛　五　百
gūsin/niyalma jimbi seme„ alanjiha…②
　三十人　　来了　云云　来告诉

十九日。据报说，喀喇沁汗的使者四位喇嘛，偕五百三十人来到。

同年八月初三日条：

○jakūn biyai ice ilan de„ karacin i gurun i emgi doro acarai jalinde, /abka na de
　八　月的初　三　在　Qaračin 的 部落的 一同 政治和好的 因为于　天　地 对
akdulame gashūha…③
　保证　　发誓了

在八月初三日，因为与喀喇沁部一同政治上和好，对着天地盟誓。

再有《钦定王公表传》卷23"喀喇沁部总传"：

> 天聪二年二月，恩克曾孙苏布地以察哈尔林丹汗虐其部，偕弟万丹伟徵等内附。表奏：察哈尔不道，喀喇沁被虐，因偕土默特、鄂尔多斯、阿巴噶、喀尔喀诸部兵，赴土默特之赵城（Juu Qota），击察哈尔兵四万，还，值赴明请赏兵三千，复殱之。察哈尔根本动摇，机可乘，皇帝倘兴师进剿，喀喇沁当先诸部至。谕遣使面议。
>
> 七月，遣喇嘛偕五百三十人来朝，命贝勒阿济格、硕托迎宴，刑白马、乌牛誓。

---

① Dumdadu ulus un teüke yin nigedüger arkiw neyitelekülbe, *Arban doloduγar jaγun u emün-e qaγas tu qolboγdaqu mongγol üsüg ün bičig debter* (Begejing: Mongγol un baγač ud keüked ün qoriy-a, 1997), qorin tabun, qaγudasu 81.

② 《旧满洲档》第6册，第2827页。满文老档研究會譯註：《滿文老檔》太宗，138 頁參照。

③ 同上书，第2829页。满文老档研究會譯註：《滿文老檔》太宗，138—139 頁參照。

> 九月，上亲征察哈尔，苏布地等迎会于绰洛郭勒，锡赉甚厚。①

合起来看，那次誓告天地就是《清实录》所言喀喇沁部归顺后金的事件，时间在天聪二年（1628）七、八月间，魏弥贤考订具体日期是阳历 8 月 31 日。②

看行文，所说土默特部（Mongγoljin，满官瞋）是当时在喀喇沁万户内的该部，一般称东土默特（因为先前驻牧地在归化城地区）。至其何时来归，《老档》未见记载，依《钦定王公表传》是在天聪三年，其"土默特总传"说：

> 天聪三年，善巴（Šamba，单巴）、鄂木布楚琥尔（Ombu Čükür）各率部来归。③

又其下"扎萨克固山贝子固穆列传"：

> 本朝天聪二年，［鄂木布楚琥尔］偕苏布地上书乞援。三年六月，遣台吉卓尔毕泰入贡，寻率属来朝。九月，上亲征察哈尔，鄂木布楚琥尔从。④

这样看来，作为喇嘛毕力兔朗苏至迟应在天聪元年（1627）或稍前自喀喇沁或土默特部落来到后金。而何时从西藏出发，不复知晓。

---

① 包文汉、奇·朝克图整理：《［钦定外藩］蒙古回部王公表传》第 1 辑，第 183 页。此节标点有更动。
② M. Weiers, "Zum Mandschu-Kharatsin Bund des Jahres 1628", *Zentralasiatische Studien* 26, 1996, S. 90. 参见 M. Weiers, "Randbemerkungen zum Mandschu-Kharatsin Bund des Jahres 1628",《蒙古史研究》第 6 辑，内蒙古大学出版社 2000 年版，S. 173—178；"1628 on u manju-qaračin u qolboγan u tuqai nökübüri čoγolta",《Arkiws ba mongyol teüke sudulul 明清档案与蒙古史研究》第 1 辑，内蒙古人民出版社 2000 年版，qaγudasu 1—10。
③ 包文汉、奇·朝克图整理：《［钦定外藩］蒙古回部王公表传》，第 198 页。参见敖登的讨论《东西土默特关系述略》，载氏著《蒙古史文集》，内蒙古教育出版社 1992 年版，第 132—136 页。
④ 包文汉、奇·朝克图整理：《［钦定外藩］蒙古回部王公表传》，第 202 页。东土默特归附后金的时日，看乌云毕力格《喀喇沁万户研究》，内蒙古人民出版社 2005 年版，第 119—122 页。

自天聪元年至顺治十五年，毕力兔朗苏在后金、大清弘法及任事三十余年（1627—1658），终老未能还乡。

五　在燕京的职务

毕力兔朗苏来时是喇嘛，后来还俗在朝廷任官，《清实录》仅记其官位级别，那他具体职司是什么呢？第五世达赖喇嘛在北京时与他见过面，后来又有通信，所以对他在朝中情形的了解应该准确。我们就看看达赖喇嘛《自传》有关文字。顺治十三年藏历十一月，五世达赖喇嘛致信毕力兔朗苏，标题是（书信全文见下）：

> gong gi yig-rigs kyi byed-po vbi-lig-thu nang-sovi vphrin-lan bzhin-ras vchar-bavi
> 皇帝的　文件　的作者　毕力兔　朗苏的　回信　面容　升起的
> me-long//
> 明镜

皇帝文件的起草者毕力兔朗苏的复信——面容升起明镜。

信中又说到毕力兔朗苏是

> gnam savi dbang-phyug gong-ma chen-povi drung-du yig-rigs sna-tshogs kyi sor-movi
> 天　地的 大自在天　皇帝　大的　陛下在　文件　种种　的 手指的
> zlos-gar sgyur-ba
> 舞蹈　变化

在天地的主宰（大自在天神）大皇帝座前种种文件的手指的舞蹈者……

可知在北京，毕力兔朗苏是诏敕文的起草者。联系第五世达赖喇嘛在北京见面时，记毕力兔朗苏会汉、蒙、藏三种文字，又带领内院诸学士、蒙古诸王拜见达赖喇嘛，可见他是在内阁蒙古房，或者在理藩院[①]的机构

---

① 刘学铫：《蒙藏委员会简史续篇——附历任委员长简历》，蒙藏委员会1996年版，第5页。参见"前内阁掌典籍事诰敕撰文中书舍人加一级"叶凤毛著《内阁小志》（自序于乾隆三十年［1765］仲夏），收录于罗振玉编印《玉简斋丛书》，第5a页："蒙古房：侍读学士二员，侍读二员，中书舍人十四员。司外藩蒙古章奏翻清进呈，不用汉字。有诏敕下西番，则召喇嘛僧入翻写（西番文以上下为行，笔用竹片，如梓人墨斗。由清字翻出蒙古字，又翻出西番字，所谓重译也）。"

任职，拟写藏文诏敕，或将满文、汉文诏敕翻译为藏文乃至蒙古文。还在盛京时代，他就不像著名的察汉喇嘛（Čaγan Lam-a, Cha-gan Dar-khan Chos-rje Bla-ma, ？—1636—1661）那样以出使见称，可能也是在内院从事文字工作。那么崇德八年清太宗致书西藏诸僧俗领袖，其藏文本或许也是毕力兔朗苏经手译写的吧。

六　第五世达赖喇嘛致书

顺治十年（1653）藏历三月十五日，第五世达赖喇嘛自北京返回拉萨途中，在今呼和浩特东南凉城县岱海旁名字叫代噶的地方寺庙停歇，① 未久朝廷来人颁赐皇帝册封其名号的金册及礼物。② 此前三月二十八日，作为对皇帝招请来京的感谢和离别存问，达赖喇嘛派人给顺治皇帝送上诗体奏章和礼物，同时一并捎去给毕力兔朗苏的信，这封信是用饰物装饰起来的。③ 给毕力兔朗苏的诗体信原文转写对译如下：

sbi-lig-thu nang-so la springs-pa sgo-ngavi sbubs nas vkhro-bavi skad snyan//
毕力兔　朗苏　对　寄出的　蛋的　壳　从　奏乐的　妙声
/ /zung-vjug sku-bzhivi bdag-nyid-bde-ba-che//mtshan-dpevi lang-tsho rgyas-pavi
双运　四身的　大圣人　年华正胜的　大的
gar-mkhan-can//thub-dbang devi gsung-chos dang slob-mar bcas//skyabs-mchog bslu-ba
自在　能仁王　他的　佛法　而　学生以　是　救主　欺诈
med-pas khyod la srungs//skye-bar goms-pavi legs-byas sa-bon mchog//rab-smin
没有以　您　于　保护　生长　惯于的　好事　种子　殊胜　极熟
dal-bavi rten bzang tsan-dan ljon//blang dang dor-byavi dri-bsung sbro bzhin-du//

---

① 藏文 Tavi-ga，来自蒙文 Dayiγ-a，后者亦可读 dayiqa，来自汉语"岱海"，即汉语"大海"（daihai）。目前岱海是庞大的水域，有芦苇、水鸟。2006 年夏，呼和浩特市博物馆孙利中先生曾带领笔者观览。

② 《清世祖实录》卷 74，第 879—880 页；王森：《西藏佛教发展史略》，第 185—188 页；邓锐龄：《关于一六五二—一六五三年第五辈达赖喇嘛晋京的两个问题》（1995），载《邓锐龄藏族史论文译文集》，中国藏学出版社 2004 年版，第 258 页。

③ Ngag-dbang blo-bzang rgya-mtsho, *Ngag-dbang blo-bzang rgya-mtshovi rnam-thar* 1, shog grangs 408.

有暇的 所依 善妙 旃檀 树 取 和 舍的 气味 甘美 像
bde-bavi lo-vdab gyur-du-za las ci//dam-pavi chos kyi blo-gros zla-bavi gzugs//
喜乐的 叶-瓣 熟透 从 圣的 法 的 智慧 月亮的 身
dri med rnam-dpyod rdzing-bur legs shar-bas//dal-vbyor vdab gshog rgyas-pavi
无垢 智慧 池沼在 美善 升起因 暇满 瓣 翅 增长的
ngang-pa khyod//dge-sbyor mgrin-pavi rnga dbyangs sgrog vdi mchar//khyim gzugs
雁鹅 您 善行 嗓子的 鼓 声 高诵 这 美丽 室 形
sgo-ngavi sbubs rgya-ma grol-bar//yang-dag skad-snyan vbyin-pa khyod mthong
蛋壳的 密封 信笺 松开因 纯正 言语 发出 您 听
tshe//mu-cor sgra yis rna-ba gtser byed-pavi//vtshams sprin gos-can phal-cher
时 妄语因 声 以 耳朵 刺 使 相称 云彩 旃檀 大概
ngur-pavi khyu//cal-sgrog ri-dwags rjes-su mi snyeg-par//bla-med theg-pa mchog nas
猪哼的 杂声 妄语 野兽 在后面 不 追-赶 无上 法乘 圣 从
vdul-bavi bar//vkhrul-med nyams-len gnad kyi si-ta-ma//rnam-par skyongs-shig
调伏的 之间 无错 实践 要点的 游戏女 最上以 保佑
blo-ldan dgav-byed-lha//slad-mar mi bskyud vphros-vos gtam kyi chu//chad-med
具心 作喜天 今后于 不 忘 凡属可告 话语 的 水 不断
ganggavi rjes-su vgro bzhin-du//rnyed-dkar bse-ru lta-buvi dal-bavi rten//yun-du
恒河的 跟着 走 像 难得 鹿 如同 有-暇的所依 长时间
vtsho-zhing-skyong-bavi thabs vbad gces//mi-mthun rgud-pavi mun-tshogs vjoms
养育,抚养的 方法 勤奋 珍惜 不相同 衰-黯 灭除
byed-pa//dam-rdzas byin-rlabs *kun-vdus ril-bu* dang//srung-ba sra-mkhregs *rdo-rjevi*
做 圣物 神力加持 全聚 丸 等 保护 坚-实 金刚的
mdud-pa la//vtshams sprin rtags kyi lang-tshos vkhyud nas song// //①
结 从 合意 云彩 形状 的 年龄以 正当令 因 完成

翻成汉语（总译）:②

寄给毕力兔朗苏的信，从蛋壳里演奏出的妙声

---

① Rgyal-dbang lnga-pa ngag-dbang blo-bzang rgya-mtsho, *Rgya bod hor sog-gi mchog dman bar-pa rnams la vphrin-yig snyan-ngag-tu bkod-pa rab-snyan rgyud mang zhes bya-ba bzhugs-so* (Zi-ling: Mtsho sngon mi-rigs dpe-skrun khang, 1993), shog grangs 143—144.

② 这以下两封信，总译是请额尔敦白音先生（Erdenibayar，内蒙古大学蒙文系教授，文学博士）惠予翻译，再加编订；又参照额先生这里的翻译校订了对译文字。谨此申谢。

双运四身的自性胜乐,
年华正茂的大自在天,
能王教法的学习者,
救星无欺保护您。
(额尔敦白音先生按语[下同]:本节是吉祥颂词,祝愿佛法等保护毕力兔朗苏)
习于生长善行的胜种子,
极熟有暇的妙依旃檀树;
如是芳芬取舍的之美味,
其实安乐枝叶熟透因。
(本节赞扬毕力兔朗苏,说他积累了善因,得到了好的果报)
圣法智慧月亮的身色,
无垢智慧河中妙升起;
暇满羽翼增长的雁鹅您,
善行嗓子的鼓声最美丽。
(这节表示收到来信,见信如见面的意思)
当揭开如蛋壳般密封的信,
一向发出纯净言语的您听时,
妄言妄语以声刺您耳,
像是合意云衣大致如猪哼。
(这节表示自己的信没有写好,水平拙劣)
妄语野兽不随后追赶,
由无上法乘得调伏;
无误修行要点的游戏女,
最上护佑具心的能喜天。
(祝愿今生平安)
今后毋忘话语之水,
像无断恒河流相接;
难得如鹿有暇依,
珍惜长时养育和勤奋。
(写信者表示自己的意愿)
灭除差异与衰黯,
诵咒加持圣物汇聚丸,
能祐坚实金刚结等,
包成瑞云之形寄上祝年轻。

(写明附带礼物)

　　信中推许毕力兔朗苏一番，并希望日后多多关照；是些华词丽句，虽没有什么具体事情，但显示作者的文采。在彼时喇嘛阶层，这种修辞繁复的文体有联络感情、增进关系的作用。

　　其后顺治十三年（1656）藏历十一月十五日在拉萨，第五世达赖喇嘛发出两封信，一是给松潘格西赤烈写的碑铭题文，用于五台山新建某寺的碑刻；一是给"在内地毕力兔朗苏"的复信。[①] 给毕力兔朗苏的信原文转写对译如下：

gong gi yig-rigs kyi byed-po *vbi-lig-thu nang-so*vi vphrin-lan bzhin-ras vchar-bavi me-long//
皇帝的　文件　的　作者　　毕力兔　朗苏的　　回信　　面容　升起的　明镜
//vbi-lig-thu nang-sovi yi-ge gser-zho bcu ja-ko *khra* dang bcas bsrings-pa vbyor/mi
　毕力兔　朗苏的　信笺　金子　十　茶包茶　而　等　发出又收到　不
ring-bavi char yang tshe-rabs mang-por bsags-pavi legs-byas kyi vbras-buvi gzugs-phung
　长久的　雨　即使　世代　　多因　造作的　善行　的　果实的　色蕴
la mi-mthun nad-gdon gyi vtshe-ba med cin/gnam savi dbang-phyug　gong-ma
在　不调　病魔　的　伤害　没有又　天　地的大自在天（主宰）皇帝
chen-povi drung-du yig-rigs sna-tshogs kyi sor-movi zlos-gar sgyur-bar dnas-pa spro/
　大的　　在身旁　文件　各种　的　手指的　舞蹈　做在　有　高兴
ngos kyang sems-can rnams kyi don gyi ched-du zab-mo rdo-rjevi rnal-vbyor dang
　我　等　有情　诸　的　事情的　为了　甚深　金刚的　瑜伽　和
vchad-rtsod rtsom-pa sogs rnam-dkar gyi bya-ba-la btson-par gnas/slad-nas kyang
　　讲辩著作　　等　白业　的　所作对　努力于　处所　为此　又
dpyod-ldan khyod kyis ting-nge-vdzin bzlas-rjod gsol-vdebs bnyen-gnas yan-lag
　聪明人　　您　以　禅-定　　念诵　　祈祷　　斋戒　　支分
brgyad-pavi khrims sogs dge-tshogs la nan-tan byed-pa dang/byams-pas dam-bcas-pavi
　八个的　　法　等　善资粮　对　切实　作　和　弥勒对　　誓约的
gzungs vdi ngag tu brjod-pa dang thos-pa thams-cad vdzam-buci-gling du mgon-po
　咒语　这语言于　讲论　和　听闻　一切　　世界　　在　保护者
byams-pas mchog-gi sprul-skuvi mdzad-pa ston-pavi dus-su vkhor-du skyes nas rjes-su
　弥勒以　神圣的　化身的　事业　讲说-的　时候于　近处　出生　从　然后

[①] Ngag-dbang blo-bzang rgya-mtsho, *Ngag-dbang blo-bzang rgya-mtshovi rnam-thar* 1, shog grangs 503.

vdzin-par mdo las thos-pas mi slu-bavi yid-brtan rnyed nas bskur yod/srung-bavi
　　执持在　经　从　听闻以　不 引诱的　坚信　得　因而交付 在　保护的
vkhor-lo nas mi vdor-ba yid la vgrogs-pa byed/vphros-vos kyang chu-bovi rgyun ltar
　　轮　由　不 舍弃　意在 亲近　做　可-告　之　河的　水流　如
gyis/rten srung-mdud dad [dang] rten snam dkar bzhi dang bcas/me sprel mgos
以　所依　护身结　　　[和]　所依　氆氇　白　四　等-等　火 猴年年初之月
nya-bavi phyogs-snga-mavi rgyal-ba gsum-pavi tshes la dpal-ldan vbras-spungs
　圆满的　　上弦月的　　　胜日　　第三的　日 在　吉祥　　哲蚌
chos-kyi-sde chen-po phyogs thams-cad las rnam-par rgyal-bavi gling nas bris////①
　道场　　大的　方角　一切　从　极其地　　胜的　洲　由 写了

翻成汉语：

> 给皇上起草文书者毕力兔朗苏的复信"浮现面容的明镜"
> 　毕力兔朗苏信件、十块金子、成包的茶等收到。像短暂的小雨，在即使依靠世世代代积累的善行所结果实之色蕴上，也不会有不调和病魔的伤害。得知您在天地的主宰（大自在天神）大皇帝座前做种种诏敕的手指的舞蹈，非常高兴。我每天都在为六道众生而修行甚深瑜伽和勤于讲、辩、著等善事。相信将来贤者您更会为禅定、念诵、祈祷、斋戒、八分律等善资粮而认真去做。对弥勒佛的誓言陀罗尼总持咒在口头，所有听闻在赡部洲保护者弥勒的化身事业（圆满）时，近生然后执持。这些是大乘经里讲的，不要受引诱，得坚信。保护的轮不抛弃，亲近于心，愿今后赐教的河水长流。跟信一起寄去所依护身结，信心所依白氆氇四幅等物。火猴年（顺治十三年，1656）年头之月（十一月）圆满上弦月的第三胜日（十三日），在吉祥哲蚌大道场十方尊胜洲写了。

这封信除了记互赠礼物之事，大意是由佛教立场通报自己的近况，回答收信人关于 bi warta 弥勒誓约咒的修法。这是宗教导师的惯常事务。

七　编年事迹

现将毕力兔朗苏见于记载的事迹按年时叙述，以窥其生涯。

---

① Rgyal-dbang lnga-pa ngag-dbang blo-bzang rgya-mtsho, *Rgya bod hor sog-gi mchog dman bar-pa rnams la vphrin-yig snyan-ngag-tu bkod-pa rab-snyan rgyud mang zhes bya-ba bzhugs-so*, shog grangs 179—180.

天聪元年（明天启七年，1627）以前不久

西藏喇嘛毕力兔朗苏自喀喇沁部落或者土默特部落来到盛京，为后金汗服务（考证见于前节）。

天聪五年（明崇祯四年，1631）沈阳

九月初九日，"是日，和伯克泰擒获大凌河城北三十里外一台刘禾步行蒙古人二名，执之解来，即付毕里克图朗素喇嘛"。① 看来毕力兔朗苏喇嘛当时就有属下人。

天聪六年（崇祯五年，1632）沈阳

十二月十日，清太宗率领诸贝勒出猎，自沈阳（Simiyan i hoton）起行，至 Okjiha omo（菖蒲湖）驻跸。这一天有随从猎卒八人，擅取堆积在抚顺南河岸的稷草，被各打二十七鞭子。猎卒之一即毕力兔朗苏喇嘛属下。原文说：

　　biligtu *langsu* lamai emu niyalma,, …②
　　毕力兔　朗苏　喇嘛的　一个　人　　…
　　毕力兔朗苏喇嘛属下的一个人。

可知此时毕力兔朗苏仍是一位喇嘛，尚未还俗，有一定数量的徒众。这些人或自蒙古携来，或是后金汗赠给。

天聪八年（崇祯七年，1634）盛京

十二月（癸未朔）丁酉十五日，著名的金身嘛哈噶喇护法神像，在林丹汗败亡以后归于后金，毕力兔朗苏受命迎接。

> 是日。蒙古大元国世祖呼必烈汗时，有帕克斯巴喇嘛用金铸嘛哈噶喇佛像（gür maq-a kala, = 藏文 gur mgon），奉祀于五台山（u tai šan aγula），后请移于萨思遐（saskiy-a）地方。又有沙尔巴胡图克图喇嘛（šarba qutuγ-tu blam-a）复移于大元国裔蒙古察哈尔国（Čaqar ulus）祀之。奉天承运满洲国天聪汗威德遐敷，征服察哈尔国，旌旗西指，察哈尔汗不战自逃，其部众尽来归。于是，墨尔根喇嘛（mergen blam-a）载嘛哈噶喇佛像来归。天聪汗遣必礼克图囊苏

---

① 中国第一历史档案馆（关孝廉编译）：《天聪五年八旗值月档》（三），《历史档案》2001年第2期，第11页。

② 《旧满洲档》第8册，第3896页，行8。

（biligtü nangsu）喇嘛往迎之。天聪八年甲戌年季冬月十五日丁酉，必礼克图囊苏喇嘛携墨尔根喇嘛至盛京城。①

天聪十年即崇德元年（丙子，崇祯九年，1636）盛京

四月十一日后金汗受宽温仁圣皇帝（gosin onco hūwaliyasun enduringge han）尊号，建国号大清（Daicing Gurun），改元崇德元年。满洲、蒙古、汉人官员纷纷祝贺并进献礼物。四月二十日，毕力兔朗苏进金子二钱八分。《旧满洲档》：

orin de, asidargan nakcu feijin emu minggan afaha,, biliktu *langsu* aisin juwe jiha
二十 在 Asidarhan 舅舅 飞金 一 千 张 毕力兔 朗苏 金子 二 钱
jakūn fun benjihe,②
八 分 送来了

二十日。Asidarhan舅舅金箔一千张、毕力兔朗苏金子二钱八分送来了。

崇德元年八月十七日，盛京迤北（今法库县）法库山喇嘛曼殊师利呼图克图过世，宽温仁圣皇帝派遣察汗喇嘛同毕力兔朗苏二人前去祭吊，同月二十七日返回。《旧满洲档》八月十七日：

juwan nadan de fako gebungge alin de fucihi jukteme tehe manjusiri kotuktu lama
十 七 在 法库 叫做的 山在 佛 祭祀 住 Manjusri Qutuɣtu 剌麻
beterehe be,, enduringge（此处空一格表尊敬）han donjifi, cagan lama, biliktu
去世 把 神圣的 皇帝 听说了 Čaɣan 喇嘛 毕力兔
langsu be tuwanabume unggihe,,③

---

① 中国第一历史档案馆：《清初内国史院满文档案译编》，光明日报出版社1989年版，上册，第126—127页。参见汉文《清太宗实录》卷21，第388页，十二月（癸未朔）丁酉条；蒙古文本：*Dayičing Ulus un Maɣad Qaoli* qoyaduɣar emkigel, *Tayidzong gegegen uqaɣ-a tu quwangdi yin maɣad qaoli* (nige) (Qayilar: Öbör mongɣol un soyol un keblel ün qoriy-a, 1990), qorin nigedüger debter, niɣur 622。引文括号内的蒙古文摘自蒙古文本《实录》相应记事。

② 《舊滿洲檔》第10册，第4759页。满文老檔研究會譯註：《滿文老檔》太宗，1014頁參照。

③ 《舊滿洲檔》第10册，第5030页。满文老檔研究會譯註：《滿文老檔》太宗，1237頁參看。

朗苏　把　　使去看　　遣送了

十七日。神圣皇帝知闻住在名字叫法库的山供佛的满朱习礼胡土克图喇嘛去世了，把察汉喇嘛、毕力兔朗苏派去探望。

又八月二十七日：

ineku orin nadan de fako de tehe kotuktu lama i bederehe be tuwanabuha cagan lama,
　同　　二十七　在法库在　住　Quturγtu 喇嘛的　去世　把　使看的　Čaγan 喇嘛
biliktu langsu isinjiha,,①
毕力兔　朗苏　回来了

同二十七日。因为住在法库的胡土克图喇嘛去世而派去探望的察汉喇嘛、毕力兔朗苏回来了。

按，法库（fakū）山②喇嘛是自蒙古某部投奔来的西藏高僧，据称是土默特俺答与后来被追认为第三世达赖喇嘛的格鲁派领袖锁南坚错之间的联络人，在蒙古闻名的 Asing Lama。后来他被追认为内蒙古东部的库伦喇嘛游牧（现今通辽市库伦旗）的第一代扎萨克喇嘛。

崇德三年（1638）盛京

正月十三日，皇太极跟毕力兔朗苏有一次谈话：

上对毕力克图郎苏曰：曾命宁塔海之兄子满辟勿随处闲走，令其学习。然宁塔海擅自遣其步猎，故将宁塔海坐以应得之罪。③

崇德三年三月九日：

是日，八家各出银三百两，共二千四百两，又每家所派贸易人六名，自携

---

① 《舊滿洲檔》第 10 册，第 5038 頁。满文老档研究会译注：《滿文老檔》太宗，1243 頁参看。

② 关于法库山名称、地理位置与心理图景，看李勤璞《法库》，《蒙古史研究》第 8 辑，内蒙古大学出版社 2005 年版，第 309—333 页。一篇人文地理学的研究。

③ 季永海、刘景宪：《崇德三年满文档案译编》，辽沈书社 1988 年版，第 20 页。该译文误作两人："毕力克图、郎苏。"中国第一历史档案馆：《清初内国史院满文档案译编》上册，第 266 页参照。

银一千四十两,汉官、大章京各出银二百两,梅勒章京各出银一百两,计共五千五百八十两。又毕里克图囊苏银一百两,率之前往之诺木图(Nom-tu)银五十两,尼堪(Nikan)银五十两,共银九千二百二十两,又外库人参一百斤,命诺木图、尼堪率之往俄木布楚乎尔处①贸易。②

崇德元年起工的莲华净土实胜寺,至本年八月初一日建成。毕力兔朗苏是其佛像、彩画的设计者。

八月十二日"圣上欲与各部诸王贝勒叩佛",这包括外藩蒙古诸王贝勒,明朝归顺孔有德等三王,满洲、蒙古、汉亲王、贝勒、贝子、文武各官。出怀远门,往叩实胜寺。看情形,这应该是实胜寺佛像开光之日,所以仪式庄严盛大。

> 十二日。宽温仁圣汗征蒙古察哈尔部落(gurun)。察哈尔汗惧威,遁往土伯特部落时,卒(akū)于希喇塔拉(šir-a tal-a)地方,其部众咸来归。时有墨尔根喇嘛(mergen lama),载古帕克斯巴喇嘛所供嘛哈噶喇佛(mahagala)至。圣汗命部于盛京城(mukden hecen)西三里(ilan ba)外,建寺供之,三年告成,赐名"实胜寺"(yargiyan etehe fucihi soorin seme)。寺之东西两侧建石碑二。东侧一碑,前镌满洲字(nikan bithe),后镌汉字,西侧一碑,前镌蒙古字,后镌土伯特字(tubed gurun i bithe)(勤璞按:碑文略)。
>
> 圣汗欲率外藩诸王(geren goloi wang)、贝勒(beilese),共叩拜佛,遂召察哈尔和硕亲王、固伦额驸鄂哲依(gurun i edfu ejei)、科尔沁和硕亲王土谢图巴达礼(badari)、和硕亲王卓礼克图吴克善(ukšan)、多罗郡王扎萨克图(jiyun wang ni)子海赖(hairai)、冰图王(bingtu wang)孔果尔、札鲁特部落内齐(jarud neici)、翁牛特部落达尔汉戴青董(daihan daicing dong)、巴林部落满珠习礼、乌喇特部落杜拜、喀喇沁部落扎萨衮杜稜、古鲁斯夏布、土墨特部落查萨衮达尔汉沙木巴(šamba)、俄木布楚虎尔(ombo cuhur)、乌珠穆沁部落多尔济塞臣济农、归顺三王:恭顺王孔有德、怀顺王耿仲明、智顺王尚可喜等等至。
>
> 崇德三年戊寅岁八月十二日,圣汗率内外诸和硕亲王、多罗郡王、多罗贝勒、固山贝子、文武众官,出盛京城(mukden hecen)怀远门,幸实胜寺。
>
> 时寺前悬挂各色缎绣,寺院四隅,立杆四,垂吊九色缎绣,寺门至于殿,

---

① 即土默特部,当今辽宁省朝阳、北票、阜新等县一带,离盛京很近。
② 中国第一历史档案馆:《清初内国史院满文档案译编》上册,第283页。

路两侧皆铺白缎。圣汗将至寺,喇嘛及僧(lam-a hūwašan se)击钟鼓作乐。上(han)入门,率众排齐,佛位前设案四,众喇嘛(lama se)以百果食物及奶子酒一壶,供置于案上毕,毕礼克图囊苏喇嘛(biliktu nangsu lama),引汗(han)至佛位前,以祭用金曼陀罗(aisin i mandal)授上(han),上(endurengge han)以双手恭受,置于佛前祭案上,众喇嘛作乐诵经(jing),圣汗率众免冠至大佛前,行三跪九叩头礼。行礼毕,众喇嘛引上绕观佛位,由西向东,自阶下,至西殿,献嘛哈噶喇以物,亦行三跪九叩头礼。叩行礼毕,备牲肉三九之数,设宴于外门庭内。

宴毕,发内库银一千六十两,蟒缎三匹,缎五匹,三等黑貂皮端罩一件,二等雕鞍辔一具赐建寺人役。归顺恭顺王、怀顺王、智顺王各献银三十两、缎二匹,朝鲜国王二子各献银三十两、纸一千五百张,① 归服外藩土谢图亲王献马四匹,卓礼克图献马四匹、银五十两,扎萨克图郡王子海赖献貂皮十张、马一匹,冰图王献马一匹,札鲁特部落内齐献貂皮十张、玉壶一个、银杯盘一对、闪缎巾四条、马一匹,桑噶赖献马两匹,四子部落巴拜献马两匹,翁牛特部落达尔汉戴青献马两匹,巴林部落满珠习礼(barin i manjusiri)献马两匹,乌喇特部落图拜献马两匹,喀喇沁部落扎萨衮杜稜献马两匹,万丹献马一匹,色楞献马一匹,土默特部落扎萨衮达尔汉献马一匹、驼一只,俄木布楚虎尔献马一匹,乌珠穆沁部落多尔济塞臣济农献马一匹,希勒图绰尔济喇嘛献马二匹,古门绰尔济献马一匹,桑噶尔寨侍卫献貂皮十张,侍卫都喇尔达尔汉献貂皮十张。共银一千二百六十两、蟒缎三匹、缎十一匹、貂皮三十二张、玉壶一个、貂皮端罩一件、雕鞍辔一具、纸三千张、驼两只、马三十一匹。

汗阅视毕,建寺监工及匠役人等,分别等级行赏:

一等(uju jergi):必礼克图囊苏(bilktu nangsu)马两匹、驼一只(temen emke)、三等黑貂皮(ilaci jergi sahalca)端罩一件、银一百两;尼堪喇嘛(nikan lama)马二匹、驼一只、二等雕鞍辔一具、银一百两,

二等(jei jergi):钟诺依(jongnoi)、达特巴喇嘛(dadba lama)、吴巴希(ubasi)、毛堂(mootang)、拜星(baising)、李塑匠(li sujan)、姚塑匠(yuo hūwajan,姚画匠)等七人各马一匹、银六十两、缎一匹,

三等:吴兰班弟(uyan bandi)、古鲁斯希布(gurushib)、绰莫斯替特(comostid)、李茂芳(li moo fang)、杨文魁等五人各马一匹、银三十两,

---

① 朝鲜侧记录:"十二日。清主率诸王以下,露顶拜佛于实胜寺(在西门外,即清主所建也)。诸王争施金帛、驼马。世子大君亦随而往返,送金两、纸地于寺(拜佛时我国上下独免脱帽露顶)。"见《沈馆录》,辽海丛书本,卷1,第13b页(戊寅八月条)。

四等：什布察（sirbca, <藏语 shes-bya）喇嘛、嘎布楚（gabcu）喇嘛、托音喇嘛、希雅喇嘛（hiya lama, 夏喇嘛、侍卫喇嘛）、诺莫浑喇嘛（nomhon lama）等五人各蟒缎一匹、银十两，

五等：画匠谭代（tandei hūwajan）、马画匠（ma hūwajan）、高画匠、王画匠、森特和、张画匠、毛画匠等七人各银十五两，冰图喇嘛、朱喇齐班弟（juraci bandi）、色楞高宗（sereng godziug, <藏语 tshe-ring dge-tshul, 次仁沙弥）、达喇图、孙珠、高山、李泽、姚光新、张画匠、刘画匠、古古礼、王画匠、孟画匠、李达、福来、新达礼、色木肯、刚画匠、杨达、尤画匠、隆画匠、董阿礼、萨努虎、刘青、张亮、杨画匠、王画匠、韦画匠、海杜、勒伯礼等三十人各银十二两、貂皮一张、纸一百张，

六等：木匠赵木匠、高木匠、王木匠、阔木匠、张木匠、陈木匠、劳木匠、白木匠、陈木匠、方木匠、黄木匠；铁匠张铁匠、张铁匠、贺铁匠、浩铁匠、浩铁匠、杨铁匠、劳铁匠、佟铁匠、吴铁匠、贾铁匠、王铁匠、赵铁匠、周铁匠、马铁匠、孙铁匠、贺勒塑匠、庞铁匠、张铁匠、吴铁匠、刘铁匠、抽铁（sele）丝匠方铁学、韦铁匠、朱泥水匠（ju misuijang）、抽铁丝匠赵泰（joo tai）、吴泥水匠（u misuijang）、霍铁匠（sele faksi ho）及各色小匠役十八人，各赏（šangnaha）银六两。

是日。大清国实胜寺钟，吉日铸成，重千斤（○ineku juwan juwe de,, daicing gurun i yargiyan etehe/fucihi soorin i jung be,, sain inenggi hungkerehe,, ujan emu minggan gin,,）

又十六日："是日。外藩人等还。"①

看这段记述，毕力兔朗苏乃是开光喇嘛（藏文 rab-gnas mkhan-po），循例应也是此寺住持。

皇帝赏赐建寺人员。外藩蒙古的人们，朝鲜国王的两个儿子，孔有德等归降的汉人三王，纷纷敬献礼物。其后"上览之，分等赏筑守人员、建寺工匠"，毕力兔朗苏及佛、菩萨的像的建造者尼康喇嘛（Nikan Lama, 喇嘛名字）列为一等。毕力兔朗苏得马二匹、驼一头、三等黑貂皮裘一

---

① 中国第一历史档案馆：《清初内国史院满文档案译编》上册，第354—358页。另译参见季永海、刘景宪《崇德三年满文档案译编》，第183—184页；中国藏学研究中心等合编：《元以来西藏地方与中央政府关系档案史料汇编》，中国藏学出版社1994年版，第2册，第215—218页。括号内满文取自档案原文胶片复印本。因为这个复印本字迹不全清楚，其中重要字眼未能找出原文，也就无法对整个记录做讨论。

件、银子一百两,赏赐最重。

又实胜寺四体碑文中的藏文碑文,最末一行是"pi-lig-thu bris-pa-vo/",译言"毕力兔写了"。这位书丹者或许也是毕力兔朗苏。

崇德四年(1639)盛京

礼部衙门记事:

> 正月初三日。圣汗以新年礼,率和硕亲王以下宗室公以上,幸实胜寺拜佛礼:圣汗下马,夏喇嘛(Hiya Lama)、① 毕礼克图囊苏各捧香炉迎。夏喇嘛、毕礼克图囊苏捧香炉引圣汗至佛位前,夏喇嘛、毕礼克图囊苏将香炉置佛位前毕,分立两侧。圣汗及众人免冠行九跪九叩头礼。礼毕,圣汗于东侧就坐顷刻,至嘛哈噶喇佛前,率众人免冠行九跪九叩头礼。令厄鲁特部格隆寨桑、厄尔赫布希等入观毕,圣汗出,坐于门东阶。噶布楚喇嘛(Dkav-bcu bla-ma)献马八匹、蟒缎一匹、妆缎二匹、倭缎一匹,俱却之。于是,宰牛一头、羊四只赐宴。宴毕,圣汗还清宁宫。国主福晋、东大福晋、西大福晋、西侧福晋等入拜实胜寺佛,免冠行九跪九叩头礼。②

崇德七年(1642)盛京

秋七月初三(辛未),皇帝来到牧马所,召锦州松山之役投降的祖大寿等人,赐宴;又命内臣、侍卫及新附各官较射。其后赏赐众贝勒、文武官员、喇嘛等。毕礼克图朗苏同察汉喇嘛等,各被赏骆驼一只。这是上述战役胜利后庆祝活动的一部分。③

七月二十六日又在跑马所赛马。八月初一日户部满文赏单记载,郎苏喇嘛"花马八等"、毕里克图郎苏喇嘛"黑鬃黄马二十等",看马主人的名单,有重出的,如和硕睿亲王有三匹马参赛,所以郎苏喇嘛可能是毕里克图郎苏喇嘛简称,有两匹马参赛。他跟察汉(察哈)喇嘛一起,列名于满洲蒙古诸王、贝子中间,可见其地位不凡。今整理为

---

① 即希雅喇嘛、侍卫喇嘛。满语 hiya,蒙语 kiy-a,意思是侍卫。这是他的名字。
② 中国第一历史档案馆:《盛京吏户礼兵四部文》"礼部文,祭实胜寺宴赏来朝各官"(满文汉译),《清代档案史料丛刊》第 14 辑,中华书局 1990 年版,第 119—121 页。
③ 《清太宗实录》卷 61,第 1020 页。参见蒙古文本:*Dayičing Ulus un Maγad Qaoli*, γurbaduγar emkigel, *Tayidzong gegegen uqaγ-a tu quwangdi yin maγad qaoli* (qoyar) (Qayilar: Öbör mongγol un soyol un keblel ün qoriy-a, 1990), jiran nigedüger debter, niγur 744—745.

表，以资观览。①

表13　　　　　　　　　　赛马赏单

马　主	马	等第	奖　品
多罗豫郡王	红马	头等	蟒襕缎一匹，圆彭缎一匹，银杯一只，毛青布十匹，绿斜皮三张、腰刀一把、角一对
尼堪贝子	黑鬃马	二等	dabisiko一把，䌷一匹，毛青布十匹，绿斜皮三张，腰刀一把，角一对
和硕睿亲王	白马	三等	妆缎一匹，䌷一匹，毛青布十匹，绿斜皮二张，腰刀一把，角一对
诺木齐塔布囊	青马	四等	妆缎一匹，䌷一匹，毛青布九匹，绿斜皮二张，腰刀一把，角一对
多罗罗洛宏贝勒	红马	五等	倭缎一匹，毛青布九匹，绿斜皮二张，腰刀一把，角一对
牧群	枣骝马	六等	倭缎一匹，毛青布把匹，绿斜皮二张，腰刀一把，角一对
和硕肃亲王	黑鬃黄马	七等	大缎一匹，毛青布七匹，绿斜皮二张，腰刀一把，角一对
郎苏喇嘛	花马	八等	大缎一匹，毛青布六匹，绿斜皮二张，腰刀一把，角一对
扎珠辉	乾草黄马	九等	青素缎一匹，毛青布五匹，绿斜皮二张，腰刀一把，角一对
和硕睿亲王	枣骝马	十等	青素缎一匹，毛青布五匹，绿斜皮二张，腰刀一把，角一对

---

① 奉宽：《清理红本记》（丁丑［1937年］自序，桥川时雄《馀园丛刊》第三种），卷1，第4a—6a页。奉宽（1876—1943）汉姓鲍，字仲严，号远鹤，八旗蒙古，居北京，清末民国任职北京、北平，博学，会满、蒙、八思巴、兰札字等多种文字，有专深的撰述存世。其子鲍育万也是学者。

续表

马　主	马	等第	奖　品
牧群	黑鬃黄马	十一等	帽缎一匹，毛青布五匹，绿斜皮一张，腰刀一把，角一对
昂浑杜棱	枣骝	十二等	帽缎一匹，毛青布五匹，绿斜皮一张，腰刀一把，角一对
和硕礼亲王	黑马	十三等	彭缎一匹，毛青布五匹，顺刀一把，角一对
多罗罗洛宏贝勒	青马	十四等	彭缎一匹，毛青布五匹，顺刀一把，角一对
阿里玛	红马	十五等	彭缎一匹，毛青布五匹，绿斜皮一张，顺刀一把
察哈喇嘛	枣骝	十六等	彭缎一匹，毛青布五匹，绿斜皮一张，顺刀一把
博洛贝子	枣骝	十七等	彭缎一匹，毛青布四匹，绿斜皮一张，顺刀一把
和硕睿亲王	青马	十八等	彭缎一匹，毛青布四匹，绿斜皮一张，腰刀一把
达云	银鬃马	十九等	彭缎一匹，毛青布三匹，绿斜皮一张
毕里克图郎苏喇嘛	黑鬃黄马	二十等	彭缎一匹，毛青布三匹，绿斜皮一张

崇德八年至顺治二年（1643—1645）盛京

八年二月，盛京四面敕建四座护国喇嘛寺塔开始建造。卜地者乃毕力兔朗苏与悉不遮喇嘛法主。佛像、彩画等的设计者仍由毕力兔朗苏担任。顺治二年五月完成。其时大清朝已经定鼎燕京，[①] 盛京不再是京师。寺塔

[①] 顺治二年四月二十五日清军攻破扬州城，至五月五日，掳掠、屠杀、奸淫。这就是"扬州十日"。见王秀楚《扬州十日记》。后又有"嘉定三屠"，在七月三次对嘉定人民掳掠、屠杀、奸淫。见朱子素《嘉定屠城纪略》。二书俱收录于中国历史研究社编《扬州十日记》，上海书店1982年版。

各立两碑，镌刻满、汉、蒙古和藏文四体碑文，记建立缘起。如今北塔和东塔仍保存着完整的石碑，寺则仅存北塔的法轮寺。

崇德八年八月九日皇太极去世，二十四日（乙酉）蒙古部落诺颜及其满族夫人等均行吊唁，其中有"大小头目喇嘛，各上大行皇帝香，献驼马、金银、缎匹、貂皮、鞍辔、甲胄、衣帽等物，酌纳之"。① 毕力兔朗苏或许厕身其内。

塔在顺治元年六月（丁巳朔）甲戌十八日先完成，参与者受赏，《世祖实录》记：

> 盛京四郊塔工成，赐诸喇嘛宴，及鞍马、币帛、器皿等物有差。②

这一条《实录》蒙古文本相应文字如下：

> mügden ü dörben tekürge dür suburγan üiledčü daγusuγsan yosoγar, blam-a nar
> 盛京 的 四个   郊外 在 佛塔   造作   完结   依照   喇嘛们
> i qurimlaju morin, emegel, torγ-a saba un jerge yin yaγum-a šangnaba,, ③
> 把 设宴   马   马鞍子 缎子 器皿 的 级别 的 东西   赏给了
>
> 盛京四郊的佛塔建造完成，因此给喇嘛们设宴，并分等赏给马、马鞍子、缎匹、器皿等物。

满文档案把此事详记于次日：

> 十九日。庆贺北塔竣工，开光。塔之南搭蒙古包，锡卜扎喇卜占巴喇嘛自身，众喇嘛、鄂木布（ombu）、班第（bande）等念经于内，毕。喇嘛出，诣蒙古包前凉棚坐床，面北向塔。钦命摄政和硕郑亲王、多罗饶余郡王、硕塞阿哥、内大臣、侍卫、梅勒章京以上诸员朝服至塔。诸王、众人皆摘凉帽，向锡卜扎喇卜占巴喇嘛行三跪三叩头礼。诸王以下首辅大臣，逐一献衣里④于喇嘛，退回，行三跪三叩头礼。由郎苏喇嘛前引，绕塔三周。毕，行三跪三叩头礼。退

---

① 《清世祖实录》卷1，台湾华文书局1969年版，第8页。
② 《清世祖实录》卷5，第60页。
③ *Dayičing Ulus un Maγad Qaoli*, dörbedüger emkidgel, *Šidzu keyikülügsen quwangdi yin maγad qaoli* (nige), tabuduγar debter, niγur 129b.
④ 衣里为"礼"的正体字的误排。

回，王等坐西厢凉棚，先进茶，所治之桌、牛羊肉，俾监修章京、工匠、力夫均匀食之。

献于喇嘛之物品数目：

内库雕鞍马一匹、空马一匹、驼一峰、盔甲、玲珑撒袋插带弓箭、银五十两、豹皮一张、虎皮一张、海獭皮一张，此一九；

银茶桶一个、茶酒壶一只、玉盅一只、琥珀盅一只、银盅一只，此一九；

蟒缎一匹、妆缎一匹、片金一匹、锦缎一匹、倭缎一匹、金钱花缎一匹、黄缎一匹、红缎一匹，此一九；共为三九。

此宴也，携御桌二十张、酒十瓶、馅饼三百个，礼部奶酒三瓶，户部之牛一只，羊二十六只，共宰三九之畜，八家之茶各二桶，以宴之。

二十二日东塔，二十五日南塔，二十八日西塔，于此三处之塔，摄政和硕郑亲王以下梅勒章京以上前往向喇嘛、塔叩头之礼、所治之桌、所宰牛羊，俱如北塔。献于喇嘛之物品数目，亦如北塔。①

顺治六年（1649）北京。二月辛亥，毕力兔朗苏在北京受官。《清世祖实录》：

> 以毕里克图囊素于喀喇沁土默特部落未归之先投诚，有功，授为一等阿达哈哈番。②

交代了毕力兔朗苏由蒙古转徙于后金的年次。

依《实录》，顺治四年十二月议定世职甲喇章京（jalan i janggin）改为阿达哈哈番。③ 阿达哈哈番系满语 adaha hafan 音译，字面意思是陪伴官。④ 按照顺治三年规定，世职一等甲喇章京俸禄一百一十两，无世职五

---

① 出自中国第一历史档案馆藏满文《内国史院档》，转引自赵志强《北塔法轮寺与蒙古族满族锡伯族关系述论》，《满族研究》1991年第24期，第81—82页。参照中国第一历史档案馆《清初内国史院满文档案译编》中册，第27—28页译文（多有舛错）。锡卜扎喇卜占巴喇嘛即藏文 shes-bya rab-vbyams-pa bla-ma，亦即悉不遮朝儿吉（chos-rje bla-ma shes-bya）。

② 《清世祖实录》卷42，第498页。

③ 《清世祖实录》卷35，第413—414页。

④ 照《清世祖实录》卷57（第664页）所记顺治八年五月所定世职汉名品级，一等阿达哈哈番为正三品，汉名"外卫指挥副使"。

十两。①

顺治七年（1650）北京。十二月二十四日，参与议处喇嘛违制事件。

> 是日，侍卫喇嘛（Hiya Bla-ma, 夏喇嘛）出使喀尔喀（Qalq-a, Kalka），受喀尔喀土谢图汗（Tüšiyetü Qaɣan）、思丹津喇嘛（Bstan-vdzin Bla-ma）所赐"达尔汉绰尔济（Darqan Chos-rje）"封号。故察干喇嘛（Čaɣan Bla-ma）、固锡阿木布（Gu-shri Dbon-po）、必利科图囊苏、侍郎沙济达喇、席达礼、启心郎奈格等人审理曰：侍卫喇嘛，尔乃大国汗使臣，受小国赐号者，非也。念尔为喇嘛，免死，籍没家产，驱逐。嗣后永不任用。审毕，启皇父摄政王，奉父王旨：勿籍没喇嘛家产，停每年所发俸禄。因系自身（bai niyalma）喇嘛，日后禁入皇上御门、皇父摄政王之门、众王贝勒等之门。钦此。又，侍卫喇嘛与喀尔喀汗、贝子等商议会盟，将一同前去之伊勒都齐赶出，独自商议；又以因系众台吉前去等缘由，未遵旨带回巴林（Baɣarin）布、畜；并声言：我作喀尔喀人会议，作我朝之人会议等语。此三罪经察干喇嘛、固锡阿木布、必利科图囊苏、理藩院大臣等审理得：因系喇嘛，免死，家产籍没，只身驱往锡呼图库伦。审毕，启皇父摄政王。奉父王旨：勿籍没喇嘛家产，夺此次所得马、驼。钦此。②

顺治九年（1652）北京

藏历十二月十九日，在北京。毕力兔朗苏引导诸王、台吉、内院学士等一百多位贵人前往黄寺，朝拜第五世达赖喇嘛（1617—1682）。后者应皇帝多次敦请来到金色的北京。五世达赖喇嘛自传中说：

> 十九日，冰图王（宾图王，＜ Bing-thu Dbang）③ 等一百余人来到黄寺，向

---

① 《清世祖实录》卷23，顺治三年正月丁丑（二十九日）条。上田裕之：《八旗俸禄制度の成立過程》，《滿族史研究》，東京：滿族史研究會，2003年第2號参照。

② 中国第一历史档案馆：《清初内国史院满文档案译编》下册，第156页。这件事涉及跟 Qalq-a 部的关系，看《世祖实录》同年十一月（庚寅朔）辛未日上谕，即卷51，第594a—595a页。锡呼图库伦即 Siregetü Küriy-e，前述库伦扎萨克喇嘛游牧，当盛京迤北，今内蒙古库伦旗。

③ 即科尔沁左翼前旗扎萨克多罗冰图郡王，名额森（Esen），洪果尔（崇德六年卒）长子，顺治三年袭封，康熙四年卒。见包文汉等整理《［钦定外藩］蒙古回部王公表传》卷20，第165—166页；包文汉整理《清朝藩部要略稿本》，黑龙江教育出版社1997年版，第324页。

我布施了金盘和十匹缎子等物品。带领着来的是鄂尔寺住持的侍从僧人、现今已经还俗的叫做毕力兔朗苏的。他娴熟汉、藏、蒙古三种文字，法态照人。我向他和 Kha-ran-thu 台吉、几位内翰林院的学士（pho-brang-gi yig-mkhan）等传授了观世音主从三尊随许法。毕力兔［朗苏］向我布施一珍珠璎珞筛。①

拉萨布达拉宫壁画有一个画面记载这件事，不过未提及毕力兔朗苏。壁画上的说明文字抄在下面：

hor chen② bing-thu-wang sogs la thugs-rje chen-povi rjes-gnang stsal-ba/③
hor chen　　冰图王　　等　对　悲心　　大的　　加持　授予
对科尔沁冰图王等授予观世音加持。

顺治十年（1653）北京

藏历正月十四日，第五世达赖喇嘛在北京给毕力兔朗苏（Bi-lig-thu Nang-so）传授了上师瑜伽（bla-mavi rnal-vbyor）。④

同月十八日在北京，毕力兔朗苏请第五世达赖喇嘛为他作了乌仗那大师莲花生的赞颂文，用作日常念诵（"Bi-lig-thu Nang-sovi kha-ton-du 'O-rgyan Rin-po-chevi bstod-pa' rnams brtsams"）。⑤

二月十三日在北京，毕力兔朗苏同次丹王（Tshe-brtan Dbang，车布登）、察汉达尔汉法王（Cha-gan Dar-khan Chos-rje，察汉喇嘛）听受了第五世达赖喇嘛的七目白度母随许法（sgrol-dkar bdun-ma）。⑥

三月十五日，第五世达赖喇嘛返回拉萨中途，在名叫代噶的地方，派

---

① Ngag-dbang blo-bzang rgya-mtsho, *Ngag-dbang blo-bzang rgya-mtshovi rnam-thar* 1, shog grangs 394—395。

② 这两个字字面是"大（chen）蒙古（hor）"的意思；此处就史实言，它是蒙古语 qorčin（科尔沁）的音译。

③ 甲央、王明星主编：《宝藏——中国西藏历史文物》，朝华出版社 2000 年版，第 4 册清朝时期，图 5，画面上部中间的图。

④ Ngag-dbang blo-bzang rgya-mtsho, *Ngag-dbang blo-bzang rgya-mtshovi rnam-thar* 1, shog grangs 399。

⑤ 同上。

⑥ Ngag-dbang blo-bzang rgya-mtsho, *Ngag-dbang blo-bzang rgya-mtshovi rnam-thar* 1, shog grangs 403。

人给顺治皇帝送上诗体呈文和礼物，同时一并捎去一封用饰物装饰起来的信给毕力兔朗苏，信载书信集，内容已见前文。①

顺治十三年（1656）北京

藏历十一月十五日在拉萨，第五世达赖喇嘛发出两封信，一是给松潘格西赤烈写的碑铭题文，用于五台山新建某寺的碑刻。一是给在内地的毕力兔朗苏"的复信，②内容已见前文。

顺治十五年（1658）北京

七月丁酉，报道其去世。《清世祖实录》：

> 遣官致祭三等阿思哈尼哈番毕立克图郎苏，立碑如例。③

大致在上年，毕力兔朗苏在北京逝世。

按照《清世祖实录》卷57所记顺治八年五月所定世职汉名品级，三等阿思哈尼哈番是从二品，汉名外卫都指挥副同知。此职较毕力兔朗苏顺治六年的一等阿达哈哈番高两级。阿思哈尼哈番即满语 ashan i hafan 音写。所谓遣官致祭及立碑，按照顺治九年（1652）九月所定，阿思哈尼哈番去世的待遇是"自立碑，内院撰给碑文。照例给羊、纸，遣官读文、致祭一次"等。④近代中国屡遭劫难，三百年前所立石碑恐怕早就湮没无存了。这是最后一条关于他的记载。其后未见皇帝追赐名号，或其子弟袭职的文字。⑤

Biligtu nang-so, Biligtu nang-so bla-ma, 这两个名字都很长，而且 nang-so 是职位，所以有一次第五世达赖喇嘛称其为 Bi-lig-thu（见前顺治九年条），在盛京、北京朝廷会不会也有简称其为 Bi-lig-thu 的呢？今检太宗朝、世祖朝实录，尚有多条关乎毕力兔的记录，究竟是否为毕力兔朗苏，

---

① Ngag-dbang blo-bzang rgya-mtsho, *Ngag-dbang blo-bzang rgya-mtshovi rnam-thar* 1, shog grangs 408。

② Ngag-dbang blo-bzang rgya-mtsho, *Ngag-dbang blo-bzang rgya-mtshovi rnam-thar* 1, shog grangs 503。

③ 《清世祖实录》卷119，第1409页。

④ 《清世祖实录》卷68，第800页。

⑤ 翻检盛昱《雪履访碑录》（辽海丛书本），未见北京地区有毕力兔朗苏的碑记。

有待考定。这些条是：崇德四年十一月己未条，顺治四年正月戊辰条，八年正月庚申条，九年正月辛巳条，九年正月戊戌条，九年正月辛丑条，十一年庚戌条。

八　结论

17世纪前半叶，东亚和内陆亚洲逐渐卷入以辽东为中心的生存角逐，短促之间，铸成涵括长城内外、政教构造有鲜明特征的庞大帝国。所谓华夷变动，时人为之换颜。不同族类、身份、各怀动机的个人在这当中终尽其一生。这些人无疑地发生过作用，但在当代宏大规模的历史过程中，个人生涯未免显得虚幻轻飘，无从追寻其踪迹。毕力兔朗苏（Bilig-tü Nangsu, ?—1627—1657），萨迦密宗大寺Ngor寺出身，可能为了本寺本派使命，以囊素之职前往蒙古弘传法教，最后落脚喀喇沁土默特，风云际会，又前往后金效劳，1657年在北京过世，他就是其中的一个。身份是僧人，学问渊博，光彩照人；由喇嘛而还俗，设计庙宇，奉命出使，草拟蒙藏诏敕文，主持重大宗教仪式，参与国家喇嘛事务。往还的都是上层人物：皇帝、蒙古贵族、王公贝勒、内院学士、喇嘛高僧；与第五世达赖喇嘛颇有交情，一生修持佛教。他最显著的工作是在佛教领域：受敕命在盛京建造莲华净土实胜寺和四座敕建喇嘛寺院及其宝塔、塑像、彩画。这些壮丽严整的寺院的创立，对于清朝的国体（törü yoso, doro yoso），对于藏传佛教政教权力在清朝生根壮大，具有充分的象征与预示的意义。

土观活佛Blo-bzang Chos-kyi Nyi-ma嘉庆六年（1801）写成的著作有这么一段话：

> sngon-gyi dus-su hor dang rgyavi yul dang mdo-khams stod smad rnams su sa-skya-bavi bstan vdzin dam-pa dang dge-vdun cdus-pavi cho-kyi sde mang-du byung la/ deng-sang sde-dge lhun-grub-steng sogs dgon-sde vgav zhig yod cing/ngor-gyi mkhan-po rim-byon gyis skyong-bar byed-pa las/phyogs gzhan-du sa-skyavi chos-brgyud vdzin-

pavi grwa sgrub mi snang ngo//①

往昔，在蒙古、汉地及上下多康（mdo khams stod smad），萨迦派的持教大德及僧众聚集的道场很多。现在只有德格伦珠顶等寺院，由 Ngor 派的堪布（mkhan-po）相继护持。在其他地方，已没有持萨迦派经教的僧院和行者了。

或许如其所述，在明清时代，弘扬萨迦派教法的各地大德、法场凋零殆尽；但萨迦派的教法仍主要由 Ngor 寺进行传承，各地萨迦派学徒一般到 Ngor 寺求学。这位格鲁派优秀的上师、历史家、瑰丽诗篇的作者可能会感叹，全力扶持任用格鲁派佛法的东方清朝曼殊师利大皇帝——恰巧传说具吉祥萨迦氏族也是曼殊师利菩萨化身来的②——建国后三月兴建、三年圆成的当朝佛教根本道场莲华净土实胜寺，其佛像、彩画等的设计者和开光堪布竟是一位萨迦派出身的僧人，而土观一向认为，当初盛京喇嘛们是他本人所属格鲁派的。

如果想到下面这一点，人们对毕力兔朗苏就会更加景仰：正像从他的行事所看到的，无论在盛京在北京，他都有着崇高地位，发挥重要的作用，但那并不是因为他像崇德七年到盛京的伊拉古克三呼图克图（Ilaɣuɣsan Qutuɣtu）那样，后者是正行时的格鲁派班禅喇嘛、达赖喇嘛施主与徒弟、用武力控制了乌斯藏的蒙古和硕特部顾实汗的使者，乃强大政教势力的代表；毕力兔朗苏的受重用，全在他个人的能力、智慧，个人的独立工作精神。这一点最值得注意。这位才华横溢的萨迦 Ngor-pa 在盛京的工作，是对当时像旭日初升般的曼殊帝国的最相称的贡献，可能也是元朝之后萨迦教法史最有意思的一章。行文至此，不禁生起由衷的钦敬之情。

补记

Samuel M. Grupper 撰有入关以前藏传佛教传播情形及其与清朝政教关系的论文，是美国十几年来清史专著叙述这段史事的唯一依据，他的一

---

① Thuvu-bkvan blo-bzang chos-kyi nyi-ma, *Thuvu-bkwan grub-mthar*, shog grangs 193。参见汉译本：土观·罗桑却季尼玛著，刘立千译注《土观宗派源流》，第 105 页。

② Ngag-dbang kun-dgav bsod-nams, *Sa-skyavi gdung-rabs ngo-mtshar bang-mdzod* (1629) (Pe-cin: Mi-rigs dpe-skrun khang, 1986), shog grangs 6, 26.

些看法和推论成为美国清史研究者的"常识"。① 在博士论文（1979）中他主要谈论 Mahākāla 崇拜，未做多少史实重建的工作；在一篇书评论文（1984）中，他分别用三十二开本一页的篇幅讨论太祖时代的、用六页的篇幅讨论太宗时代的藏传佛教及其与清朝的关系。② 这里仅就关涉本书的几点稍加讨论。

（一）

Grupper 称 17 世纪 20—30 年代，清朝的藏传佛教是萨迦派。他的理由是夏儿把忽秃兔把 Mahākāla 金像携来察哈尔部，以及察哈尔林丹汗朝廷其他的喇嘛于 1634 年投奔后金。根据《蒙古源流》，成年后的林丹汗开始建立跟萨迦派的传统关系，其朝中应该是以萨迦派佛教和僧人为主，后来林丹汗败亡，很多喇嘛转至盛京，造成盛京特殊的佛教气候。

他假设第一位来后金的西藏喇嘛斡禄打儿罕囊素是萨迦派，推想白喇嘛名字 baga ba 是藏语 vphags-pa（八思巴）的音写，③ 并认为毕力兔朗苏也是属于萨迦派，因为名字上都有 nang-so 字样，④ 这样，清朝初创时代

---

① James L. Hevia, *Cherishing Men from Afar: Qing Guest Ritual and the Macartney Embassy of 1793* (London: Duke University Press, 1995), pp. 37—38; Evelyn S. Rawski, "Presidential Address: Reenvisioning the Qing," *The Journal of Asian Studies* 55.4 (1996), p. 835; *The Last Emperors: A Social History of Qing Imperial Institutions* (London: University of California Press, 1998), p. 252; Pamela Kyle Crossley, *A Translucent Mirror: History and Identity in Qing Imperial Ideology* (London: University of California Press, 1999), pp. 238—241; James A. Millward, Ruth W. Dunnell, Mark C. Elliott, Philippe Forêt, *New Qing Imperial History: The making of Inner Asian empire at Qing Chengde* (London: Routledge Curzon, 2004), p. 134.

② 1999 年 6 月 20 日，笔者在台北的汉学研究中心复印了 Grupper 的博士论文；2006 年 9 月 23 日史维东先生在沈阳惠赠 Grupper 书评论文。他的书评论文（目前网上有原刊杂志 PDF 格式全文）评论的书是《章嘉若白多吉传记》：Hans-Rainer Kämpfe, *Ñi ma'i 'od zer/Naran-u gerel: Die Biographie des 2. Pekinger Lčaṅ skya-Qutuqtu Rol pa'i rdo rje (1717—1786)* (Monumenta Tibetica Historica, Abt. II, Bd. 1, Wissenschaftsverlag, Sankt Augustin, 1976).

③ Grupper, "The Manchu Imperial Cult of the Early Qing Dynasty," Ph.D. Diss., Indiana University, 1979, pp. 172—173; "Manchu Patronage and Tibetan Buddhism during the First Half of Ch'ing Dynasty: A Review Article," *Journal of the Tibetan Society* 4 (1984), p. 62, 64.

④ Grupper, "Manchu Patronage and Tibetan Buddhism during the First Half of Ch'ing Dynasty: A Review Article," p. 63. 石濱裕美子：《清初勅建チベット仏教寺院の総合的研究》，《満族史研究》2007 年第 6 號，22 頁。

的藏传佛教僧人都是萨迦派的了。

在本书中，未能确定斡禄打儿罕囊素喇嘛属于藏传佛教哪个派别，因为没有证据；论证毕力兔朗苏原来属于萨迦派，是因为找到了第五世达赖喇嘛自传上的记录。

16 世纪末、17 世纪初，名字上有 nang-so 这个字样的喇嘛不少，但它不能成为辨认宗派的标志。在本书《开山考》文中，已经指明思达陇囊素是一位噶举派寺院达陇寺出身的喇嘛（此寺在今林周县，另一达陇寺在浪卡孜县，时属萨迦派）。噶尔丹强烈地忠于达赖班禅，具有宗派性，本书《毕力兔朗苏》文中的 Yuvi-ching Darqan Nang-so 则可能是黄帽派僧人。

某某 nang-so 属格鲁派，可再举例。*Asarayči neretü yin teüke* (1677) 记，土默特俺答汗（原文写作 gegen qaɣan）临去世（万历九年腊月，西元 1582 年初）时，身边有一位 sgömang nangsu。① Sgömang 来自藏语 sgo-mang，考其年代，系拉萨西方哲蚌寺（vbras-spungs）的 sgo-mang grwa-tshang，"果莽扎仓"，僧人来自甘青（a-mdo）与蒙古（sog-po）地区。

（二）

萨迦寺方面并不知道毕力兔朗苏；在《萨迦世系史》及其《续编》等书中②查不出夏儿把忽秃兔的名字；更且，当崇德年间清朝从盛京出发的喇嘛使者来到萨迦寺，萨迦寺的人们还以为清朝皇帝是蒙古阔端的后裔（mi-dbang *go-dan* gyi sdung-brgyud）呢！③ 显示当时的萨迦寺领袖人物早已不能谙解中国局势，变成没有眼光、脱离时代进程的地方首领。在入关前清朝服务的萨迦派喇嘛，仅仅是个人的行为，或者说是纯粹宗教的、教

---

① Baɣan-a kinejü baɣulɣaju tayilburilaba, *Asarayči neretü yin teüke* (Begejing: ündüsüden ü keblel ün qoriy-a, 1984), p. 127.

② Ngag-dbang kun-dgav bsod-nams, *Sa-skyavi gdung-rabs ngo-mtshar bang-mdzod* (1629); Kun-dgav blo-gros (1729-1783), *Sa-skyavi gdung-rabs ngo-mtshar mdzod-kyi kha-skong* (Pe-cin: Mi-rigs dpe-skrun khang, 1991). 藏文近著：Mu-po, *Lam-vbras Bla-ma brgyud-pavi Rnam-thar* (Pe-cin: Mi-rigs dpe-skrun khang, 2002).

③ Kun-dgav blo-gros, *Sa-skyavi gdung-rabs ngo-mtshar mdzod-kyi kha-skong*, shog grangs 366. 李勤璞：《蒙古之道：西藏佛教和太宗时代的清朝国家》，博士论文，内蒙古大学，2007 年，第 83—84 页。阔端与西藏的关系，见周清澍《库腾汗——蒙藏关系最早的沟通者》（1963），收录于同氏《元蒙史札》，内蒙古大学出版社 2001 年版，第 339—356 页。

化的行为了。他们仅是先前出身萨迦派寺院而已,游离了本派的权力网络,萨迦派也并无自己的权力网络。

这即使跟元朝的萨迦派比较,也全然不同,元代萨迦派门派上更具有包容性,座主们具有深广的印度学术的兴趣,翻译注解许多非佛教的印度文艺、学术、迷信等著作即是例证。

(三)

最后,Grupper 以为与喇嘛坟塔同时建立了莲花寺,后者是后金汗家给萨迦派僧侣的设施。① 目前没有史料表明截至康熙年间有这座寺庙,《顺治年间档》、顺治十五年三体碑文彼此吻合,都没有提到莲花寺;康熙朝《盛京通志》也未记录它,到乾隆四十四年钦定《盛京通志》卷97才有记录,说天聪四年敕建。②

---

① Grupper, "Manchu Patronage and Tibetan Buddhism during the First Half of Ch'ing Dynasty: A Review Article," pp. 51, 63—64.

② 笔者曾长期收集资料,预备写一篇喇嘛园的历史。目前可见村田治郎《滿洲に於ける清初の喇嘛教建築》,3—5 頁。

明末辽东边务喇嘛

一 前言

明帝国（Dayiming Ulus, 1368—1644）最大的敌人是蒙古。当其乍夺得汉地，退据北方草原的元朝皇统的存在，威胁朱氏对中国统治的合法性，与唯一正统地位的确立。为了彻底消灭这个"北朝"，除了宣传上做各种努力以外，洪武（1368—1398）、永乐（1403—1424）两位皇帝曾大力组织征服行动，但终于因为通信、给养的局限，以及汉人不习北地等原因而未能如愿。如是，为压制这草原上敌人的扩张，防卫大元政权卷土重来，明朝陆续自辽东往宁夏一线建立了九边总镇。这就是针对蒙古的长城线、北边防务。自东而西九边镇是：辽东镇、蓟州镇、宣府镇、大同镇、山西镇、延绥镇、陕西镇、宁夏镇、甘肃镇。看《明史》"鞑靼"等传，终明之世，紧张措置，严夷夏之防，而边警未绝，国力为之耗尽。可事情往往是鹬蚌相争，渔人得利。明与蒙古的斗争中，得到发展间隙的明辽东边民（"属夷"）女真（Jušen, Jürčid）奴儿哈赤部落[1]迅速壮大，[2] 兼并左右，最后消

---

[1] 李光涛：《论建州与流贼相因亡明》（1947），存萃学社编《清史论丛》第2集，收录于沈云龙主编《近代中国史料丛刊续辑》第633册，文海出版社出版，第305—306页参见。

[2] 明帝国在北边及东北实行的是消极的御边政策，目标不是开疆拓土而是捍卫华北。辽东方面，明政府最严重的错误有两项：其一是正统（1436—1449）以后从热河至鸭绿江慢慢修起象征性的边墙，使自己终其一朝未能重振永乐时代（1403—1424）的声威；其二是未能在辽东设行省，使辽东内地化，后果是后金的崛起，辽东军垦社会完全崩溃，帝国因以覆灭。特别是边墙的构筑，"为日后明帝国经营东北建立起难以超越的藩篱，也为女真族部的发展提供了承诺"。参见赵中孚《明清之际的辽东军垦社会》，载《近代中国初期历史研讨会论文集》，中研院近代史研究所1989年版，下册，第901—918页。另参见陈文石《明代前期辽东的边防（洪武四年—正统十四年）》，载氏著《明清政治社会史论》，学生书局1991年版，第177—265页。

灭林丹汗、臣服了蒙古。皇太极（Hongtaiji，1627—1643 年在位）被东南部蒙古人共戴为 Sečen Qaɣan（薛禅皇帝，=满语 Sure Han）[①]——咸

[①] Saγang Sečen, *Erdeni yin tobči* (1662) (Kökeqota: Öbör mongɣol un arad un keblel ün qoriy-a, 1980), niɣur 545—547; Jimbadorji jokiyaba, Liu Jin Süwe kinejü tayilborilaba, *Bolor toli* (1846—1849) (Begejing: ündüsüden ü keblel ün qoriy-a, 1984), niɣur 486—488，特别是 niɣur 486 第 11 行。参见［苏］符拉基米尔佐夫《蒙古社会制度史》，刘荣焌译，中国社会科学出版社 1980 年版，第 297—300 页。

Sečen Qaɣan（薛禅皇帝）是蒙古合罕世祖忽必烈（Qobilai, 1260 - 1294 年在位）的尊号。17 世纪初叶许多蒙古领袖、官人以 sečen, sečen qaɣan 为名字。例如蒙古可汗林丹汗尊号中有 sečen（也有 činggis）一字，见 1626 年林丹汗在巴林建立的佛塔碑文: tavi-ming se-chen ching-gis rgyal-po/daiming sečen činggis qaɣan（［俄］波兹德涅耶夫:《蒙古及蒙古人》第 2 卷，张梦玲等译，内蒙古人民出版社 1987 年版，第 442、455 页）。另见 Lobsangdanjin jokiyaba, Čoyiji tulɣan qaričaɣulju tayilborilaba, *Altan tobči* (Kökeqota: Öbör mongɣol un arad un keblel ün qoriy-a, 1983), niɣur 648; Dharm-a jokiyaba, Čoyiji tulɣan qaričaɣulju tayilborilaba, *Altan kürdün mingɣan gegesütü* (Kökeqota: Öbör mongɣol un arad un keblel ün qoriy-a, 1987), niɣur 148 - 149。外喀尔喀（Aru yin Qalq-a）的 Šoloi（1577—1652）自称: Maq-a Samadai Sečen Qaɣan，或者 Södü Boɣda Činggis Qaɣan u Altan uruɣ Maq-a Samadi Sečen Qaɣan; 乌珠穆沁（Ujumučin）部落领袖 Dorji 有 Sečen Jinong 称号。Li Boo Wen, Namka, "17 duɣar jaɣun u ekin dü qolboɣdaqu 43 qubi mongɣol bičig," *Öbör mongɣol un neyigem ün sinjilekü uqaɣan* 2 (1996), niɣur 99-102 du, No. 35, 36, 38, 40。参见齐木德道尔吉《外喀尔喀车臣汗硕垒的两封信及其流传》,《内蒙古大学学报》1994 年第 4 期。

满洲方面，齐木德道尔吉说奴儿哈赤被蒙古人称为 Kündülen Sečen Qaɣan（第 7 页）。蒙古领袖称呼努尔哈赤为 Kündülen Qaɣan 及自称 - 他称 Gegen Qaɣan，见于 Li Boo Wen, Namka, "17 duɣar jaɣun u ekin dü qolboɣdaqu 43 qubi mongɣol bičig", *Öbör mongɣol un neyigem ün sinjilekü uqaɣan* 1 (1996), niɣur 90, 87—88 du, No. 4。《老满文原档》称奴儿哈赤为 Sure Kundulen Han, Sure Han, Sure Amba Genggiyen Han, Sure Genggiyen Han 等名，参见广禄、李学智译注《清太祖朝老满文原档》，中研院历史语言研究所 1970—1971 年版，第 1 册索引第 39 页、第 2 册索引第 81 页。Kundulen, < 蒙古语 kündülen。另外三体满洲实录中 genggiyen qan 对应的蒙古表达是 gegen qaɣan，汉文表达是"英明皇帝"（当时应该叫英明汗，明君），见满蒙汉三体《大清满洲实录》，华文书局 1969 年影印本，第 184 页；Sure Beile ~ Sečen Noyan ~ 淑勒贝勒是《满洲实录》所记奴儿哈赤最初的称呼，见三体《大清满洲实录》第 18、19、32、36 页。这都是蒙古、满洲大小领袖们常见名字。作为名号，Sečen Qaɣan 在蒙古是表现了当时普遍的继往开来——上溯忽必烈薛禅可汗（乃至成吉思汗），立志复兴蒙古 yeke ulus——的历史意识（当然也使人看到部长林立、互不相能的多头蛇局面），参见珠荣嘎译注《阿勒坦汗传》附蒙古原文，内蒙古人民出版社 1991 年版，§§77, 111, 125, 144, 146; Lobsangdanjin jokiyaba, Čoyiji tul an qaričaɣulju tayilborilaba, *Altan tobči*, niɣur 644。在满洲领袖则意味着他的蒙古传统与蒙古情境。

认为蒙古国运已经转到女真。① 此后再灭大明，大清朝始得成立。关于这件空前的功业，17 世纪时蒙古人有这样的理解：

Saɣang Sečen, *Erdeni yin tobči*, niɣur 563—564：

<blockquote>
tetekü ey-e ber jasaɣči qaɣan nuu(sir-a)bars jildai,, doloɣan nasun iyan,, ge(köke)
那个 和睦 以 治理者 可汗 （黄）虎 年在 七 岁 上头 （青）
bačin jila kitad un dayiming qaɣan u altan siregen degere saɣuču,, eyeber jasaɣči
猴 年 汉家的 大明 可汗 之金 座位 上面 坐了 和睦以治理者
qaɣan kemekü bükü jüg üd tür altarsiɣad,, emüne nayan tümen kitad,, baraɣun edeged
可汗 叫做 全方向们在 闻名 前方 八十 万 汉人 西方 方面
adaɣ kam un qorin jirɣuɣan tümen töbed,, qoyina dörben tümed oirad,, jegün edeged
下 喀木的 二十 六 万 吐蕃 后面 四 万 卫拉特 东方 方面
ɣurban tümed čaɣan solongɣas,, tob un dörben muji mančo,, jirɣuɣan tümen mongɣol
三 万 白 高丽 正中的四个 省份 满洲 六 万 蒙古
kiged i erkeber iyen bolɣan,, yerünggei ulus, aimaɣ daki qad noyad,, tüsimed nuɣud
和 把 权力 以 作成 总的 国家 部落 在 汗们诺颜们 官员 们
da(tur),, wang beile, beise, gong ud kemekü terigüden čolan i ügčü,, tos büri kündü
（对） 王 贝勒 贝子 公 们 叫做 等等 名号把给予 这每个 重
könggen jergeber anu [yekede] qayiralaɣad,, kör yeke ulus i tulɣurčin jasaɣ,, qas
轻 号以 他的 [非常] 赐予 欢乐 大 国把 初创 治理 玉
yeke törö yi esen dadibing bolɣabai,,
大 国政把 平安 太平 作成了
</blockquote>

那顺治可汗呢，黄虎（戊寅）年（1638）出生，七岁上的青猴（甲申）年（1644），大明可汗的金座（御座）上头坐了，叫做"顺治可汗"，天下闻名。治理着南方八十万汉人，西方阿木多喀木（adaɣ kam）② 的二十六万吐蕃，北方四

---

① 可注意者，当时投降后金的汉人（Nikan, Kitad）也有一种看法，以为皇太极是堪与金世宗、元世祖比肩的人主，这种历史感令人回味。见鲍承先（Boo Ceng Hiyan）天聪九年（1635）正月二十七日的奏文，载東洋文庫清代史研究室譯註《舊滿洲檔·天聰九年》，東洋文庫 1972—1975 年版，46 頁："bi（此处有空格，表示尊敬）kan be duibuleme gūnici aisin i si dzung,, dai yowan i si dzu i/emu adali ejen kai,,"这件奏文的汉文原文收录于罗振玉编《天聪朝臣工奏议》，题《鲍承先请重名器奏（正月二十四日）》，说"臣窃视汗，乃前金世宗、元世祖并肩之主也"，载潘喆等编《清入关前史料选辑》第 2 辑，中国人民大学出版社 1989 年版，第 105—106 页。

② adaɣ kam，《蒙古源流》清朝译本作"阿木多喀木"。道润梯步（Dorun-a Tib）译为"阿达克·喀木"，见其《新译校注蒙古源流》，内蒙古人民出版社 1987 年版，第 474、470 页，不可取。adaɣ 是蒙古语"低、下，末尾"的意思；adaɣ kam 意即"下 kam"，乃对译藏文 smad kams；smad 意即"下"，kams 地区名，汉文作"康""康区"；smad kams 是 mdo kams 的别名，后者元代汉译"朵甘思"，就是清代"阿木多喀木"（a-mdo kams < mdo kams）。然而清代疆域不止于朵甘思；看其二十六万（《源流》清译本作二十六部落）之说，Saɣang Sečen 或者指的是整个吐蕃（Bod）。

万卫拉特,东方三万白高丽,中央四省满洲、六万蒙古。整个国家里面,各部落的汗、诺颜、官员,赐给王、贝勒、贝子、公等名爵;这每个,视其轻重,大大地赐予。把欢乐大国创建治理,把尊贵国政(大宝)作成太平。

这较能显示清朝国家的形成以及空前的格局和性质。

这些且按下不提,让我们往前追溯。且说藏传佛教的僧人(grwa-pa),也就是一般说的"喇嘛",在明朝与北方蒙古各部的关系中,一直是重要的活动因素;移至17世纪前40年的东北,后金、蒙古、明的交涉中,喇嘛与其藏传佛教,仍是特别的现实力量与感情联络的根源。无论议和盟誓、率领出使或抚赏贸易、带兵打仗等,都可以看到喇嘛的身影。在蒙古方面,尤以 Qutu γtu(忽秃兔)、Zhabs-drung、[①] Gu-shri(国师)、Chos-rje(法王)、Darqan(打儿罕)等头衔为多,在大汗、诸汗身边以备顾问。喇嘛们超越政治壁垒,为敌对各方服务,业绩、行动色彩纷呈;随着各势力集团间斗争交加激烈,喇嘛、藏传佛教正好扮演超然而有用的角色,在辽东社会被空前地依峙,无论蒙、后金、明,都曾把眼光投向喇嘛,尊敬他们,委托他们行动。

往后的清朝,在蒙古、西藏政治统治与意识形态方面,藏传佛教获得最大权威,展开了耳目一新的治理方式,对现代中国大有影响。追根究源,是肇自明、蒙与清交替之际藏传佛教的辽东传布,特别是在政治外交诸方面建立的功能角色。

作为研究清朝藏传佛教兴起情形,及其与国家特性关系的环节,本稿

---

① 林丹汗的"帝师"就是从乌思藏敦请的萨迦座主 Zhabs-drung Shar-pa。见李勤璞《盛京嘛哈噶喇考证》,《藏学研究论丛》第7辑,西藏人民出版社1995年版,第101、103—105页。札奇斯钦指出,沙不隆(<Zhabs-drung)是最低一级的转世喇嘛(sprul-sku,活佛),多是小寺寺主。见札奇斯钦《满洲统治下蒙古神权封建制度的建立》,《故宫文献》"故宫博物院"1970年第2卷第1期,第3页;同氏著《蒙古与西藏历史关系之研究》,正中书局1991年版,第678—679页。这大致是清朝康熙以后蒙古地区的情形。在本稿所论17世纪前四十年的蒙古以及整个17世纪的乌思藏,Zhabs-drung 经常是乌思藏某宗派座主的称谓。看第五世达赖喇嘛(1617—1682)书信集:Rgyal-dbang lnga-pa ngag-dbang blo-bzang rgya-mtsho, *Rgya bod hor sog-gi mchog-dman-bar-pa rnams-la vphrin-yig snyan-ngag-tu bkod-pa rab-snyan rgyud mang zhes-bya-ba Bzhugs-so* (Zi-ling: Mtsho-sngon mi-rigs dpe-skrun-khang, 1993), shogs grangs 1,8,46,68,86,96,103,109,117,118,124,128(仅举书信标题页次)等(更多不举)。

就明朝一侧在其末期对后金和蒙古交涉中喇嘛的活动加以记述，并说明其行为作用与社会地位。同时期蒙古、后金的喇嘛更众，活动更丰富璀璨，则让诸他篇。

二　王喇嘛三吉八藏

王三吉八藏以 Wang Lama 之名在《满文老档》中出现，而后金文献中以 Wang Lama/王喇嘛为名的，共有两人。① 先说不是本稿记述对象的一位。那是蒙古土默特（Tümed）部的一位塔不囊（Tabunang），最早出现在《满文老档》天聪五年（1631）正月十三日的记事上。这一天他们要由盛京返回本部，被赐予礼物。其后又在崇德元年（1636）七月十九日、九月初八日的《满文老档》及崇德五年（1640）三月（壬午朔）庚子、崇德六年（1641）九月（甲戌朔）乙亥、崇德七年八月（戊戌朔）癸丑日的清《太宗实录》中出现。作为土默特首领之一，王喇嘛多次参加了清朝对明的战争。《清实录》说他是在和硕睿亲王（Hošoi Mergen Cin Wang Dorgon，多尔衮，1612—1650）过北京、略山东（崇德四年三月）时迎往出边，击败山寨敌兵；而在崇德六年八月，随和硕睿亲王、和硕肃亲王（Hošoi Fafungga Cin Wang Hooge，豪格，1609—1648）第三次围锦州时，败洪承畴三营步兵于营外，自己也坠马身殁，被赐号达尔汉（Darhan, Darqan）。崇德七年（1642）八月癸丑，以其子单巴松（Bstan-pa Gsung?）袭号，并给敕书，谓"免供应马匹糗粮，所赐名号，仍准世袭"。《满文老档》六次记录"Wang Lama"之名，② 后五次都是说的这位蒙古塔不囊的行事。

本文所考明末辽东边务喇嘛王氏，是汉人（Nikan，尼堪），一般称其"王喇嘛"，法名三吉八藏（还有其他别写、别称，见后文），即藏文 Sangs-rgyas Pa-sangs，"佛·金曜"，今西藏音译为桑结巴桑，或者桑杰巴桑、桑吉巴桑。金曜是藏历中星期五的值日星，藏族人一向由喇嘛起名，有以生

---

① 满文老档研究会译注：《满文老档》太宗，东洋文库1955—1963年版，索引，70页，及中国第一历史档案馆、中国社会科学院历史研究所译注：《满文老档》，中华书局1990年版，索引第72页，在索引中均把这二人列为一条，后一书索引且标错了一个页码。

② 满文老档研究会译注：《满文老档》太宗，21、465、1195、1260（两次）、1273页。

日那天所值之星的名字作为人名一部分的习惯，所以"八藏"表示王喇嘛出生在金曜日（星期五）这一天，而其生卒年、僧腊等，已不可考。

当时汉人出家做喇嘛，一般在甘、青等藏、汉、蒙古诸族杂居之地（西番）；五台山因佛书上说是文殊菩萨道场，自古即成为汉、藏、蒙古等人民景仰圣地，更因元朝以来，该地皇家的佛教法事一直很盛行，故其四周农村也有前去出家做喇嘛者；北京是又一个喇嘛的中心，有许多喇嘛常年在此，时被派往乌思藏、西番或蒙古，或接待外来的喇嘛朝贡使团。由下文知道，来辽东之先，王喇嘛是在宣府镇服务，即此也可以想见他的乡贯可能在北京及其西北宣化大同一带。

明陆续设九边总镇于长城里边，自东趋西连一长长防线，前面说过，这是为扼制北方元朝复辟（或曰鞑靼南侵），没料到灭明的是其东北隅的"属夷"建州女真。王喇嘛转至辽东镇以前，是住在宣化镇，应该晓得蒙古语言，通蒙古事体，乃明朝北方防线上担任对蒙古事务的喇嘛之一，而当时蒙古方面是见喇嘛必拜，全心信仰其教的，① 边疆之事喇嘛不可或缺。

三吉八藏在来辽东之前的行事，文献未见记载。他是什么时候至辽东

---

① 萧大亨：《夷俗记》（万历二十二年自刻本），载《北京图书馆古籍珍本丛刊》第 11 册，书目文献出版社影印本，第 627a—628b 页。冯瑗：《开原图》（二卷，万历年间刊本），收录于郑振铎《玄览堂丛书》，玄览堂 1940 年影印，卷下，第 17b—18a 页记万历（1573—1620）时开原迤北蒙古佛教信仰状况，"楼子（leose）即巢穴也。缘各房近皆敬佛，每□□□□□□建寺起楼供佛，其砖瓦木石，皆所携中国匠役为之，造作寺观，有甚华丽者；亦有僧，多内地人，皆与酋首抗客礼；有番僧（bla-ma）至，则酋首罗拜，谓之楼子。房营帐多在楼子傍，左右前后三四十里，即其板升（Bayising）。板升者，夷人之佃户也；盖北房之族，虽曰逐水草，迁徙不常，然各酋长亦各择形势便利，据一方以为牙帐，即汉匈奴传所谓王庭"。
按，楼子，跟满文 leose 声音相应，而后者意思是"楼"。见《大清满洲实录》第 66 页，丁亥年（万历十五年）条；广禄、李学智译注：《清太祖朝老满文原档》第 1 册，第 20、23 页。今西春秋指出，leose 在《清文汇书》解作"城楼，楼"，是汉文"楼子"音写，而在《女真译语》，"楼"女真语发音是"楼子"，见其解题译注《Ubaliyambuha suhe gisun kamcibuha MANJU I YARGIYAN KOOLI 满和对译满洲实录》，伪日满文化协会 1938 年版，第 379 页，注记 57。女真文中有字，音"楼·子 lou-si"者，意思是"楼（供佛之所）"，见金启孮《女真文辞典》，文物出版社 1984 年版，第 166 页。《辽东志》《开原图说》所记蒙古领袖的楼子，和田清通通解作"喇嘛庙"，根源盖在此。见和田清《明代蒙古史论集》，潘世宪译，商务印书馆 1984 年版，第 500 页。其实看上举引文，以及和田清的《辽东志》与《开原图说》引文，楼子不都指"佛楼"，也有指一般的"层楼"者。《女真文辞典》女真文 leosi 的解释是："楼，楼子。供神之所，女真、蒙古、满洲皆称'楼子'"（第 298 页），亦是不准确。

的呢？天启四年（1624）三月孙承宗（1564—1638）的疏中说道：①

> 见今王喇嘛日在罗城，原为［兵部］尚书张经世从宣镇招来，而督臣（孙承宗自称）用之款虏。

款是抚赏等事，虏指蒙古。罗城是筑在山海关外缘最近的一道防御设施，天启元年六月建成。②

考兵部右侍郎张经世"巡阅山海关并催前调各兵星夜出关"，事在天启元年辛酉（后金天命六年，1621）三月二十日辽阳被后金攻占之后几日。③ 而这年六月王喇嘛已在王象乾（1546—1629）麾下从事工作，④ 则其来到辽东，是与张经世同时，或稍后一两月内。孙承宗行边，则在天启二年壬戌，彼六月二十六日入山海关城，⑤ 用王喇嘛当在此时以后；当时王喇嘛正在山海关上。

看来王喇嘛先前在宣镇时有款虏经验，在蒙古树立了威望，由于后金势力急剧扩张，当时明朝上下时有主张羁縻蒙古以对付后金，转而捡起对蒙古的抚赏措施。

---

① 王在晋编：《三朝辽事实录》卷13，江苏省立国学图书馆辛未（1931）年影印本，第26a页。沈国元编：《两朝从信录》卷21，台湾华文书局1969年影印抄本，第2222—2223页参见；该处不作"罗城"，作"关城"；不作"款虏"，作"款奢"。

② 黄彰健校勘：《明实录》，"中研院"历史语言研究所1962年影印写本，第66册（熹宗实录卷11），第554页：天启元年六月己卯，顺天巡抚李瑾的报告。关于罗城形势，还可看王在晋《三朝辽事实录》卷9（壬戌五月）兵科赖良佐题本，第31页，以及卷10（壬戌七月）孙承宗奏本，第32a页；孙铨辑，孙奇逢订正《高阳太傅孙（承宗）文正公年谱》卷2，师俭堂1741年据1642年初刊本补刊（家刻本），第32b页。

③ 黄彰健校勘：《明实录》第66册（熹宗实录卷8）第410页：天启元年三月（癸卯朔）戊辰，大学士刘一燝等言；参见《明实录》第66册（熹宗实录卷9）第422页，天启元年四月（壬申朔）癸酉条，大学士刘一燝等言。又张廷玉等《明史》，中华书局1974年版，卷257，《张鹤鸣传》，第6618页；王在晋编：《三朝辽事实录》卷4（辛酉年三月），第8b页。

④ 王象乾：《备陈抚款事宜疏》《奏报抚赏钱粮疏》，载陈子龙等《［皇］明经世文编》，中华书局1962年影印云间平露堂刊本，卷464，第5090a—5096a页。

⑤ 王在晋：《三朝辽事实录》卷10（壬戌七月）第32a页：大学士孙承宗行边复命疏。

关于王喇嘛三吉八藏的最早记载，是天启二年壬戌（1622）四月王在晋的报告。那时后金夺取广宁城，明朝在辽东屡屡失败，大大动摇了毗邻蒙古部落，哈喇嗔（Qaračin，喀喇沁）部落因而由宣府以北往宁前一带迁移，明朝以为他们要乘机进攻山海关。① 《三朝辽事实录》载王在晋的报告说：

> 王在晋题抚赏诸夷。其属夷（哈喇嗔）来守关外也，始于罕孛罗势之窥犯，一时声势甚大，塞上人心悚悚皇皇，若朝夕不能自保者。臣差加衔都司阎守信、通官王擒胡往谕；又差番僧喇嘛王三吉八藏（Sangs-rgyas Pa-sangs），游击、守备等官张定、王朝宗再往谕，宣布皇上威德。罕酋幡然醒悟，怀我好音，自云："我家祖父老把都（Bayasqal Kündele，1510—1572）、青把都（Čing Baɣatur；Kündülen Qaɣan, ?—1591）、白洪大（Baiqundai Tayiji）等受了天朝抚赏厚恩五十余年，② 今辽东欲剿杀奴儿哈赤，我愿出力报效，发帐房三百顶，传调朵颜狭晕大③等帐房一千顶，同去哨守山海关外"。此属夷守宁前之因也。④

王象乾《遵旨抚处属夷报竣事》疏讲得更详细：

> 河西沦陷之后，溃兵逃民，号呼昼夜，山鸣海沸，不忍见闻。西虏罕孛罗势，拥铁骑二万余压境而阵，自关以西，洶洶皇皇，都门昼闭，良贱易服，士民商贾，饬装南还者，络绎于道，此乾坤何等时也；臣身在危关，生死呼吸，不可复支矣。急遣都司阎守信、通官王擒胡持谕帖宣布朝廷威德；又遣游击张定、番僧王喇嘛从边外，假为使于虎墩兔而遇诸途者，从旁劝诱。仰藉我皇上

---

① 和田清：《明代蒙古史论集》，潘世宪译，第459—460页。

② 按隆庆五年（1571）俺答款贡成，此后右翼蒙古跟明朝基本保持和平。喀喇沁部落是从归化城地区慢慢东移至此，这里谓五十余年系指此说。

③ 即朵颜部的首领狭晕大。王鸿绪：《明史稿》，敬慎堂刊本，列传123，王象乾传，第2b页："朵颜长昂屡犯辽东（中略）。长昂死，子赖晕大、蟒金儿，愠结诸部……"又，赖晕大母亲可能是俺答弟昆都力的孙女，参见张廷玉《明史》，中华书局1974年版，卷222，吴兑传，第5849页。

④ 王在晋：《三朝辽事实录》卷8（天启二年壬戌四月），第52b—53a页。参见同书第36a—38b页王在晋题本、第55页的记事、卷10（壬戌七月）第27b—32a页王在晋题本。这段引文里的蒙古语采自［美］塞瑞斯《达延汗后裔世系表笺注》，余大均译，载《蒙古史研究参考资料》新编第16—17辑合刊，内蒙古大学蒙古史研究所1981年编印，第61—64页。

宠灵，酋罕闻谕感泣，怀我好音，自发夷帐三百顶，传令属夷发夷帐一千顶，来守关门；而后关门之阘者始开，卖柴卖米、互相贸易，胡越一家。据抚夷各官册报：诸夷为我运送过大小铳炮一百七十七位、红黄铜铅十万一千二百觔、救送难民男妇八千四百七十七名口、接送马骡牛驴四百二十二匹头只；我之出哨游骑，始及中前，渐而进于前屯，又渐而进于宁远广宁，而关外城堡，雉堞连云，泽鸿安堵，耕获盈野，橐装载途，遂使关外二百余里之河山，还我祖宗版图之旧，原其始，文吏谁纡一等、武弁谁发一矢？不有诸夷护关领哨，吾兵何能东向一步？两年以来尘靖烽消，不可谓非属夷力也；律以八议之法，其功岂可尽没。①

王象乾《诸虏协力助兵俯准量加犒赏疏》所说"先据番僧所报：罕孛罗势愿自出帐房三百顶，又传属夷共出帐房一千顶，为我哨守宁前一带地方，谓是皇爷肉边墙，语非虚也"② 云云，所叙乃同一件事。番僧即指王喇嘛三吉八藏。

这是三、四月间的事。③ 由于抚赏，化险为夷。

天启二年（天命七年，1622）六月蓟辽总督王象乾《备陈抚款事宜疏》④ 报告王喇嘛等人的"用间"工作：

---

① 陈子龙等：《明经世文编》卷464，第5096b—5097a页。同书卷464，王象乾《备陈抚款事宜疏》（第5090b页）、《条议款虏疏》（第5102b页）参见。河西，辽河以西。所谓"律以八议之法，其功岂可尽没"：八议，又称八辟，即议亲、议故、议贤、议能、议功、议贵、议勤、议宾；周代以降国家于亲故功贤人等有罪者，屈法以示优容的八方面条件，明代亦沿用。王象乾显然了解，故说属夷其"功"不可尽没云云。按《明律·八议·议功》条："谓能斩将夺旗摧锋万里，或率众来归、宁济一时，或开拓疆宇有大勋劳，铭功太常者。"参见沈家本《明律目笺》一，载氏著《历代刑法考》，中华书局1985年版，第1787—1791页。属夷的功应该是"率众来归、宁济一时，或开拓疆宇有大勋劳"这方面。

② 陈子龙等：《明经世文编》卷463，第5081b页。参见王在晋《三朝辽事实录》卷9（壬戌五月）王在晋报告，第17a—21a页。

③ 王在晋：《三朝辽事实录》卷9（壬戌五月），第20b—21a页。

④ 此疏写于天启二年（1622）六月以内，但在二十七日以后，参见王象乾《奏报抚赏钱粮疏》，《明经世文编》卷464，第5093b页；王象乾：《备陈抚款事宜疏》，《明经世文编》卷464，第5093a页。

先是喇麻僧土（王）三吉叭嘛及通官朱梅等，每言宰赛①必图报怨。职谓宰赛有子女在彼，安能撒脱。据云宰赛一子已逃回，有一子二女在奴中，赛常言："譬如死了，止出得一身汗。"因嘱番僧、通官，令诸部酋长挑其怒以激之。今两报不约而同，指为宰赛事。顾宰酋之力，未足以攻奴（Nurhaci）；所云占住金台石（Jin Taisi）、白羊骨（Buyanküü）旧寨，其言尚未可信也。然以夷攻夷之计，小试其端，而奴之役役（夷）以守镇江南卫，则职之累疏请兵请饷、接济毛文龙者，不为虚招矣。②

宰赛是内胯儿胯（Qalq-a, Kalka，喀尔喀）部最有力量的部落主。天命四年（1619）七月二十五日夜，宰赛及其他胯儿胯部首领约二十人，领兵万余，伏击刚刚占领铁岭的后金军，反而战败，自己并两个儿子，还有其他酋长多人被俘囚禁，③到天命六年（明天启元年，1621）八月初九日，胯儿胯部以牲畜一万赎宰赛，送其二子一女为人质，又令宰赛对天发誓，才允许他回本部落。④看来他并不愿意跟奴儿哈赤交好，又值广宁失陷（次年正月），明朝执事官员希望稳住局势，对蒙古诸部大行抚赏；与此同时，也"用谍行间"，拉拢蒙古。⑤王象乾上面这段报告，就是说的王喇嘛和通官朱梅设法叫胯儿胯诸部酋长掀起宰赛对奴儿哈赤的仇恨情绪。这"用间"工作成功，据王象乾这篇疏文，天启二年四月宰赛等部进抢沈阳后金人人畜；五月又入抢，"至浑沿一带将人畜抢去"。

---

① 冯瑗：《开原图说》卷下，第 9b 页：内喀尔喀宰赛"系兀班次男伯要儿之子；生三男：青台州、爪儿兔（Joriɣtu）、海来兔台州。部落一万余人，精兵五千骑。酋长（宰赛）年近四十岁，负性狡猾；领兵用事歹安儿他卜浓（Tabunong），往来上关伯赛、额孙（=Esen）、大伯户把气革儿等"。宰赛又作寨赛，介赛，Jayisai, Wayisai, Yayisai, Jayisang，后面三个写法，见于 Saɣang Sečen, *Erdeni yin tobči* niɣur 543—544。宰赛的事迹，见鸯淵一《喀爾喀の籾花と宰賽》（1943），《史林》1943 年第 28 卷第 2 號。

② 陈子龙等：《明经世文编》卷 464，第 5093 页。

③ 《清太祖武皇帝实录》卷 3，载潘喆等编《清入关前史料选辑》第 1 辑，中国人民大学出版社 1985 年版，第 354 页。不著撰人《辽事述》抄本影印，载《北京图书馆古籍珍本丛刊》第 11 册，第 665b 页："宰赛因建州陷铁岭，引兵争掠，被执。"

④ 《清太祖武皇帝实录》卷 3，第 371 页。Saɣang Sečen, *Erdeni yin tobči*, niɣur 542—544 参见。

⑤ 王象乾：《奏报抚赏钱粮疏》，载《明经世文编》卷 464，第 5093b—5096a 页；张廷玉等：《明史》卷 257，第 6618 页。

同一年（1622）的八月，王喇嘛又转到对蒙古大汗林丹虎墩兔汗（Legs-ldan Qutuγ-tu Qaγan，1592—1634）察哈尔部落的议和盟誓上来。而直接交涉的使臣，是林丹汗女婿贵英哈（Güyeng Kiy-a，？—1628）：

> 经略王在晋恭报虎酋（林丹汗）受款并陈塞外夷情、以严防范事（中略）。八月十三日令山海道阎鸣泰、关外道袁崇焕同抚夷官李增等出关，俾令钻刀插（歃）血，立有盟词：愿助兵灭奴，并力恢复天朝疆土；若奴兵到、憨兵不到，断革旧赏；倘奴酋通赂、背盟阴合，雁显罚。盖指天为证矣（中略）。是举也，副将王牧民先约朱梅、张定、喇嘛王桑吉叭嚇（Sangs-rgyas Pa-sangs）自为盟，而后与虏盟。所以通官无所刺谬于其间，而浮费绝，浮议亦绝（中略）。
>
> 奉圣旨：西虏受款，知卿控虏有方，其效劳文武各官，统候事竣录取。①

正像这段引文表明的，当时明朝沿边大的军事据点设有抚夷官，有抚夷衙门（抚夷厅），② 负责对蒙古的联络。抚夷官王牧民刚由正安堡游击升为抚夷副将，③ 朱梅是抚夷游击，④ 张定是游击，⑤ 显然这些人，还有王

---

① 王在晋：《三朝辽事实录》卷11（天启二年壬戌九月），第9b—11a、13a页。沈国元《两朝从信录》卷15（九月项），第1746—1752页参见。

② 冯瑗：《开原图说》卷上，第11b页"开原城图"。黄彰健校勘：《明实录》第66册（熹宗实录卷11）第554页，天启元年六月（辛未朔）己卯，顺天巡抚李瑾言："且领赏夷尝寝处［山海］关上，臣即发银为铁叶裹门，即与兵备杜诗商确，顺山势添修罗城一道、建楼台一座、抚夷厅三间；此后夷人不许入正关一步。其守备衙门亦即建于罗城内，以陑当关之要。"

③ 王在晋：《三朝辽事实录》卷4（辛酉［1621］四月），第26a页。参见同书卷16（丙寅［1626］四月）第19a页；沈国元：《两朝从信录》卷14，第1568页。

④ 王在晋：《三朝辽事实录》卷9（壬戌五月），第17a页。
朱梅（？—1637），一位当时所谓的"辽人"，经常参与对蒙古交涉，会蒙古语，了解蒙古事务，看王在晋《三朝辽事实录》卷9（壬戌六月）王在晋题本，第61a—62a页。辽东前屯卫（今辽宁省绥中县前卫）人，字海峰，以总兵官病殁。他的巨大墓园有华表、石狮、石坊、诸石像、石碑等很多石雕，在今绥中县李家乡石牌坊村北，1988年定为辽宁省文物保护单位。王荣国、王云刚《绥中明末蓟辽总兵朱梅墓园》附录明朝皇帝崇祯十年初祭文和崇祯十二年下葬祭文，收录于赵文考、杨瑞祥主编《葫芦岛文物》，葫芦岛市文化广播电视局、葫芦岛市文物管理委员会办公室1996年编印，第57—60页。参见辛发《朱梅墓》，辽宁省文物管理委员会办公室《辽宁文物古迹大观》，辽宁大学出版社1994年版，第267—269页；王云纲：《朱梅墓石刻》，《文史资料选编》第9辑，中国人民政治协商会议绥中县委员会宣传文教工作办公室1989年印，第62—66页。俱有照片。

⑤ 王在晋：《三朝辽事实录》卷9（壬戌五月），第21a页。

喇嘛，都是了解蒙古的事情与语言，有的还是起汉名的蒙古人、女真人，① 是专家。② 王在晋说的"通官刺谬其间"，应该是指通官于抚款"扣减""以意为增减"等行为。③ 这次王喇嘛跟抚夷官们先行盟誓，后再跟贵英哈盟誓，显然是要消除这类弊端。

天启三年癸亥（后金天命八年，1623），王喇嘛跟随孙承宗在山海关执行抚款：

---

① 王世忠是显著但非唯一的例子。孙铨辑，孙奇逢订正：《高阳太傅孙文正公年谱》卷3（天启三年癸亥）第6页："虎酋（Qutuγ-tu Qaγan）部主款者贵英哈狡狯多智，抚夷官阴导之为奸利，虎酋之妻中根儿（Jünggen，<中官），故北关（Yehe）之女，与南关之遗孽揭力库为中表。揭力库归汉，改名王世忠，乃用以为副总兵，主'译审馆'，以结虎酋。虎酋既服，八部皆不敢内讧，而主抚者妒而思败之矣。"又卷4，第20页（崇祯二年）参见。冯瑗：《开原图说》卷下，第4b页"海西夷南关枝派图"标出："猛骨孛罗（建州杀死）"子"革把库（投降广宁，名王世忠）。"再《三朝辽事实录》卷7（壬戌正月）第7a—b页："督师王之臣疏：（前略）译审总兵王世忠系北关金台什（Jin Tasi）之子，恨奴（Nurhaci）倾覆其巢宇，饮痛入骨，感天朝收录，一日未尝忘奴也；且世忠之甥女得宠于虎憨（Qutuγ-tu Qaγan），虎憨甚注意，已许助兵报仇，今鼓舞而联络之，贤于十万师矣（丙寅十二月［疏］）。"又沈国元《两朝从信录》卷32，第2968页参见。按王世忠是南关出身，说"北关"则误；可参见李我存（之藻）《山海关西房抚赏议》编者夹注，陈子龙等《明经世文编》卷484，第5336a页。

② 王在晋：《三朝辽事实录》卷9（壬戌五月），第20b—21a页，王在晋报告广宁失陷以后抚赏蒙古事："出塞各员役首犯房锋，如喇嘛僧王三吉八藏、加衔都司守备闫守信、通官王擒胡等；出入房庭，如游击张定、守备龚秉正、黄应节、武生郝兴宗、通官王朝宗、通事摆赛等；与抚夷府佐将领等官，随事效劳。"

其中摆赛（Baisai?）应该就是后金天聪四年（1630）在辽阳建立囊素喇嘛塔园所立敕建《大金喇嘛法师宝记》碑汉文碑阴题名中"喇嘛门徒"内的摆晒。见罗福颐校录《满洲金石志》，收录于《罗雪堂先生全集》续编，文华出版公司1969年影印，第10册，卷6，第4174页。出身满洲耶，蒙古耶？不能定；但他会满洲、蒙古语言，依违于明、满洲、蒙古之间，则是肯定的。

③ 见王象乾《备陈抚款事宜疏》，《明经世文编》卷464，第5091页。又王在晋《三朝辽事实录》卷10（壬戌七月）王在晋题本，第28b—30a页。参见李我存《山海关西房抚赏议》，《明经世文编》卷484，第5336a页："抚夷猾弁，私构近边小酋，巧立名色，多方恐愒，非惟内诳督府，抑且外诳憨酋；我费其什，憨（Legs-ldan Qaγan）不得其一者也。"

> 余子章者，锦（锦州）右间一小堡也。① 河西陷，曹恭诚、扬文贵将少年数十守之，敌攻之旬日，以为水竭必降。恭诚度城外水所直，引其水眼。敌伪渴索水，城中扬水以示之，而与之酒，敌惊而解去。
>
> 王喇嘛自西部还，[扬]文贵以蜡书归款，公（孙承宗）手谕之，曰："为尔喜，再为尔哭，恨未即日率大军为尔援。"输之粟以驻哨丁，余子章遂为我守。②

这里记述了王喇嘛在辽西的行事。

17世纪时，明朝君主臣子不一德一心，各执一端以自私，往往误事，王喇嘛即在这样的环境中。有一则谣言是关于他的。孙承宗天启四年（1624）三月的疏说：

> 臣于视部时，曾见捕获奸细纷然见告（中略），即如近日，刑部咨称：臣（孙承宗）传称将要杀王喇嘛，奸细董成俊从罗城密放喇嘛逃走。见今王喇嘛日在罗城，原为尚书张经世从宣镇招来，而督臣（孙承宗自称）用之款眷，每见臣时有赏慰，何曾要杀，何曾在逃。③

既然谣言惊动刑部送下咨文，可见王喇嘛确是重要人物。

次年，王喇嘛受到皇帝的嘉奖。《明实录》天启五年（1625）二月（庚辰朔）丁未条说：

> 遣兵部郎中董象恒赍敕命图书，颁给西僧喇嘛王桑吉叭嚎等。④

天启六年（后金天命十一年，1626）正月，后金举兵攻宁远城，被袁崇焕等以西洋炮击退，《清实录》记：

> 戊辰，我兵执盾薄城下，将毁城进攻，时天寒土冻，凿穿数处，城不堕，军士奋勇攻击间，明总兵满桂、宁远道袁崇焕、参将祖大寿，婴城固守，火器

---

① 孙铨辑，孙奇逢订正：《高阳太傅孙文正公年谱》卷5，第10b页参见。
② 孙铨辑，孙奇逢订正：《高阳太傅孙文正公年谱》卷3，第5a页。
③ 沈国元：《两朝从信录》卷21，第2222—2223页。王在晋：《三朝辽事实录》卷13，第25b—26a页参见。
④ 黄彰健校勘：《明实录》第69册（熹宗实录卷56），第2592页。

炮石齐下，死战不退。我兵不能攻，且退；翼日再攻，又不能克而退。计二日攻城，伤我游击二人，备御官二人，兵五百人。①

明朝得胜。《明实录》天启六年四月（癸酉朔）辛卯十九日条：

> 兵部覆叙宁前功次。先是，巡关御史洪如钟题：据袁崇焕报，"（中略）是役也，守城力战之功，满桂提督四面、功宜首叙；左辅独当西面，功次之；朱梅当北面，而应援西北角，次之；祖大寿当南面，而应援西南角，次之；徐敷奏又次之。正面亦有陈兆兰枪手功，又次之；萧昇功又次；张邦才功又次之；邓茂林功又次之；刘邦功又次之。窦承功率援兵五百名在城下，至午时方调之上城，功又次之；吕应蛟、李永培、萧昇之所属，功又次之；其都司以下官守中，千把百如孙绍祖等，各有可见之劳者也。
> 通判金启倧派城内士民，供守兵饭食，手自击贼，至火伤而死，此为文职首功；程维楧次之；经历孙正气、刘应鹤，训导张大观又次之；而掌印屯捕卫所官生商民人，如裴国珍等，各有可见之劳者也。
> 西夷（Monggo）不抚，奴（Jušen）势不孤。王牧民与朱梅、祖大寿、孙怀忠、王世忠、王喇嘛、李喇嘛：② 此抚夷有功者也（中略）。"
> 至是，尚书王永光议奏："恢边胜算、以宁远为第一功，而灭奴要会以叙宁远为第一务；文武将吏从此立脚，富贵功名从此发轫"（下略）。
> 得旨："（前略）各抚夷大小武职官，各赏六两。刘定邦、吕应蛟、李永培、张邦才准复原官。王喇嘛给副总兵廪给，增其徒从。③ 余俱依拟。"④

王喇嘛的奖赏是给副总兵的待遇，增加他的徒众仆从。

同月壬辰二十日，蓟辽总督阎鸣泰上疏，缕谈防卫蒙古、后金进攻事：

---

① 《清实录》第1册，中华书局1986年影印本，第134页。
② 李喇嘛锁南木座，见下文。
③ 沈国元：《两朝从信录》卷30（天启六年四月），第2771页有"叙宁前功次"条这一句作"王嚇（喇）嘛给副总兵廪给（按，这儿原有一字空格）其徒余俱依拟该部知道"，断句的话只能是"王喇嘛给副总兵，廪给其徒（下略）"，跟实录不符，应该是摘抄错误。
④ 黄彰健校勘：《明实录》第69册（熹宗实录卷70），第3369—3377页。

唯是西房报仇之说，向来屡屡出自房口；目前之西协，① 可无他虑。而歹青之助兵，虚实未卜；虎酋之讲赏，真伪难凭；臣前后顾盼，不无凛凛，此尤总兵王世忠，副将王牧民，参将朱梅、王、李两喇嘛之责，而时时联络、时时侦探，不可过信疏防者也。②

当时蒙古及后金各族崇敬藏传佛教，故用喇嘛对蒙、后金交涉，最有成效。天启六年闰六月（辛丑朔）乙丑《明实录》记载：一位西天喇嘛游方至广宁被逮，蓟辽总督阎鸣泰在疏中要求转交给他用以"抚夷"，当时他就喇嘛发了一段议论，借以得知即使是三吉八藏等汉人喇嘛在北边也有很高威望与作用：

> 目今关门，王、李二喇嘛出入房巢，玩弄夷、房于股掌；而在夷地（蒙古）者如古什喇嘛（Gu-shri/güüsi/guyusi/gusi Bla-ma：国师喇嘛），朗素喇嘛（Nang-so Bla-ma）等，靡不抟心内向，屡效忠谋。盖夷狄之族，敬佛一如敬天，畏僧甚于畏法。而若辈（喇嘛）亦闻有密咒幻术，足以摄之。房酋一见喇嘛，必拜必亲，听其摩顶受记，则不胜喜。王、李二喇嘛，虽曰番僧（bla-ma），犹是华种（Kitad），夷狄敬服已自如此，况真喇嘛乎。③

今天藏传佛教被视为西藏的"民族宗教"，这当然是错觉；在17世纪，它的特点和目标恰恰在于超越族类和地域，获得各地各色人民广泛的信受。

天启七年（1627）五月十一日，后金兵围攻锦州城，至二十八日仍未竟其功，于是分兵攻宁远，又未攻下，再转攻锦州，形势严峻，终于因为溽暑而败退，明朝称为"宁锦大捷"。此役十分浩大艰苦，明朝采取多

---

① 地域名。顾炎武：《昌平山水记》卷下，辽宁省图书馆藏铅印线装本，第17页（卷末）："蓟镇三协之名始自嘉靖末年，以四路为一协。石塘、古北口、曹家寨、墙子岭为西协；马兰峪、松棚、喜峰口、太平寨为中协；建昌营、燕河营、石门子口、山海关为东协。而各路将之废置不常，今据崇祯二年（1629）文案录之。"
② 黄彰健校勘：《明实录》第69册（熹宗实录卷70），第3379—3380页。
③ 黄彰健校勘：《明实录》第70册（熹宗实录卷73），第3563—3564页。

方面的军事行动,① 包括调动蒙古兵。② 王喇嘛被袁崇焕派遣,"督西虏扬旗于锦州之地",③ 令后金不得不有所忌惮。西虏即林丹汗等蒙古部落。《明实录》天启七年五月(丙寅朔)庚辰(十五日)条记:

> 巡抚辽东兵部右侍郎袁崇焕题:"奴氛逼近,内外二镇协力守锦州,臣坚守宁镇(叙部署,略)。领赏西夷,臣遣王喇嘛宣谕,令其结营自固,决不至疏虞,贻皇上东顾之忧也。"④

同月甲申(十九日)条复记:

> 辽东巡抚袁崇焕题:奴围锦州甚严,关外精兵尽在前锋,今为贼拦断两处。夷(女真)以累胜之势,而我积弱之余,十年以来,站立不定者,今仅能办一"守"字,责之赴战,力所未能(叙部署,中略)。且令王喇嘛谕虎酋领赏夷使贵英恰率拱兔、乃蛮(Nayiman)各家从北入援,无所不用其力。⑤

这次亦挫败了女真人。《明实录》天启七年八月(甲午朔)乙未:

> 兵部叙宁锦功。得旨:宁锦大捷,朕心佳悦,内外文武诸臣,宜行叙赉!(中略)两喇嘛僧,王桑吉、李锁南,各赏银十两。⑥

崇祯元年戊辰(金天聪二年,1628)五月丁亥,王喇嘛转到宣大一线,《明实录》记:

---

① 沈国元:《两朝从信录》卷 34,第 3031—3059 页;満文老檔研究會譯註:《満文老檔》太宗,68—84 页。

② 王在晋:《三朝辽事实录》卷 17(丁卯六月),第 27a 页:"西虏领部众报効,遣夷使贵英等请赏。"贵英即贵英恰,别处误写贵英哈;"恰",蒙古语 Kiy-a,意思是"侍卫;副官"。前面所见贵英恰的行为,与 Kiy-a 职务相符。

③ 沈国元:《两朝从信录》卷 34(天启七年五月),第 3043 页;管葛山人:《山中闻见录》卷 4,第 19b 页。关于管葛山人,和田清有考较:《北虏纪略·譯語及び山中聞見録の著者》,《東洋學報》1924 年第 14 卷第 2 號;1942 年 7 月作补记,收入氏著《東亞史論藪》,生活社 1943 年 10 月再版,549—568 页。

④ 黄彰健校勘:《明实录》第 70 册(熹宗实录卷 84),第 4085 页。

⑤ 同上书,第 4094—4095 页。

⑥ 黄彰健校勘:《明实录》第 70 册(熹宗实录卷 87),第 4191—4194 页。

明末辽东边务喇嘛

> 插汉（Čaqar）贵英哈为虎墩兔憨婿（Tabunang），狡猾善用兵，既死新平堡，其妻兀浪哈大（Uran Qatun），率众自得胜路入犯，自洪赐、镇川等堡折（拆）墙入。忽报插汉至孤店三十里，初不传烽，以王喇嘛僧止战也。急收保，倚北关为营，遂围大同。虎墩兔围海子滩，代王同士民力守，乃分屯四营，流掠浑源、怀仁、桑乾河、玉龙洞二百余里，遣人至总督张晓所胁赏。晓遣西僧王哈（喇）嘛①往谕，时苦旱乏水草，援兵渐集，乃退（中略）。六月庚寅朔，西人犯大同，山阴知县刘以南御却之（中略）；癸巳插汉虎墩兔憨出塞。②

新平堡等都是山西、大同二镇关内地名，③ 蒙古当时已深入边内二百余里。这是察哈尔林丹汗西征途中发生的一件事。④ 这次险情，靠王喇嘛的工作排除了。《明史纪事本末》记这事的起因说：

> 五月，插汉再生（Jayisang）⑤贵英恰等至宣府新平堡胁赏，初约五十骑，倏逾数百，大哗。参将方咨昆诱入瓮城，尽歼之，自焚关将军庙（* Looye süm-e）、毁墙数仞，委房以自解。⑥

事后，崇祯元年六月丙辰《明实录》记：

---

① 谷应泰：《明史纪事本末》，中华书局1977年版，补编卷3《插汉寇边》第1441页记这同一件事，作"喇嘛"。
② 黄彰健校勘：《明实录》第88册（崇祯实录），第22—23页。不著撰人《辽事述》第678a页《插汉寇边》的叙述更明白；又王鸿绪《明史稿》列传123，王象乾传，第5页参见。
③ 中国历史地图编辑组：《中国历史地图集》第7册《元明时期》，中华地图学社1975年版，图52—53（山西）。
④ 和田清：《明代蒙古史论集》，第701—713页；王雄：《察哈尔西迁的有关问题》，《内蒙古大学学报》1989年第64期。
⑤ 此处"再生"应该理解为贵英恰的衔号。Jayisang（清人译作宰桑）是管民政的官，见札奇斯钦《蒙古文化与社会》，台湾商务印书馆1987年版，第317—318页；参见中国第一历史档案馆《清初内国史院满文档案译编》，光明日报出版社1989年版，上册，第81页关于察哈尔的记事。
⑥ 谷应泰：《明史纪事本末》补编卷3《插汉寇边》，第1441页。同书卷3"西人封贡"第1569页参见；贵英恰于彼处作"贵英"。参见不著撰人《辽事述》《插汉寇边》第678a页。

兵部尚书王在晋曰："大同燹掠，宜以按臣勘报，不烦旗尉。"上曰："疆事仗一哈（喇）嘛僧讲款，不将轻我中国哉？"（阁臣）刘鸿训曰："讲款，权也"。①

而《明史纪事本末》的记述更加详明可解：

（崇祯元年六月）兵部尚书王在晋曰："大同焚掠，宜以按臣勘，不烦旗尉。"上曰："疆事仗一喇嘛僧讲款，诸文武何为？敌不轻中国耶？"诸臣退。时大同以插汉讲款，不设备，故上责之。②

比较而言，刘鸿训的应对不过是搪塞应付。这件事证明王喇嘛在蒙古方面确实有极大威望，明朝实力不逮，转对王喇嘛非常倚重。

崇祯二年己巳（后金天聪三年，1629）五月十九日北京兵部收到蓟辽督师袁崇焕（1584—1630）题本，袁崇焕提及并夸赞王喇嘛等人抚款：

今西虏虎敦兔又深可忧者（中略），今幸督臣王象乾以凤昔威信，与总兵王牧民、王喇嘛等，及西抚道将吏，奉皇上之声灵，多方控御，受我戎索。③

则王喇嘛仍在宣大一线。④ 他是随着林丹汗部移动而西转的。关于王喇嘛的记事就这些。

---

① 黄彰健校勘：《明实录》第 88 册（崇祯实录），第 29 页。
② 谷应泰：《明史纪事本末》卷 72《崇祯治乱》，第 1176 页。
③ 中研院历史语言研究所编：《明清史料》，中研院历史语言研究所员工福利委员会 1972 年 3 月影印再版，甲编第 1 本，第 3a 页。戎索出典在《春秋左氏传·定公四年》祝佗论晋的封建："分唐叔以（中略）怀姓九宗，职官五正，命以《唐诰》，而封于夏虚，启以夏政、疆以戎索。"索即法，戎索即戎人之法。袁崇焕的意思大概是，既然征服不了蒙古（戎狄），就沿戎狄之法治理吧。戎索是贡赋且是岁贡，参见杜正胜《古代社会与国家》，允晨文化事业股份有限公司 1992 年版，第 387—394、499—500 页。
④ 袁崇焕在抚款方面与王象乾观点一致。参见王鸿绪《明史稿》列传 123 第 5a 页王象乾传；李光涛：《清人入关前求款之始末》，《中央研究院历史语言研究所集刊》第 9 本，上海商务印书馆 1947 年版，第 300—301 页。

三　李喇嘛锁南木座

李喇嘛（Lii Lama），① 在文献中另称有锁南（＜Bsod-nams）、李锁南；李姓，全名是锁南木座，② 乃出自藏语 Bsod-nams Mtsho，意"福海"，今音译为锁南木错、锁南措。以三字为名，是甘青一带（Mdo smad，朵思麻，多麦）藏传佛教信徒的习惯，因此李喇嘛的籍贯可以推知。又前引天启六年闰六月阎鸣泰的话说李喇嘛是"华种"，即汉人。综合上述情况，李喇嘛可能是甘青一带番化的汉人（Rgya-nag）；在那一带这是常见情形。

袁崇焕报告说：锁南木座久居五台山（藏 Ri-bo rtse-lnga，蒙 Tabun üjügür-tü aγula），③ 有"禅行"，"受神宗皇帝（万历皇帝，1573—1620年在位）御赐敕书、法衣；其人空明解脱，无所不畅了，彼受朝廷世恩，止求一当以报皇上"，因而来辽东袁崇焕军前服务。④

锁南木座最早见于记载，是在天启六年丙寅（后金天命十一年，1626）四月（癸酉朔）辛卯《明实录》关于宁远大捷的记事中：

> 据袁崇焕报：（前略）西夷（蒙古）不抚，奴（后金）势不孤。王牧民与朱梅、祖大寿、孙怀忠、王世忠、王喇嘛、李喇嘛，此抚夷有功者也。⑤

---

① Lii Lama，这是《满文老档》的写法。
② "锁"字，沈国元《两朝从信录》卷32，第2924页（十月条）写成"鎦"；不著撰人《辽事述》第689a页同。王在晋《三朝辽事实录》卷16，第36a页写作"鎖"，黄彰健校勘写本《明实录》作"鎖""鎖"（所在文句本稿已引）。稻叶君山《清朝全史》上卷，早稻田大學出版部1914年版，256—257页叙述这位喇嘛时写成"鎦"，在旁边用片假名标上读音：リユ；则渠也以"鎦"字为是。但观可视作正式、原始资料的写本《明实录》，俱作"鎖""鎖"；再虑及西藏起名常例，应以"鎖""鎖"字为正确。
③ 盛京敕建莲华净土实胜寺崇德三年（1638年）四体碑文中蒙古文碑文第6行写成 Utaisang Aγulan，"五台山之山"。
④ 沈国元：《两朝从信录》卷32（天启六年十月）遣喇嘛僧条，第2924—2925页；王在晋：《三朝辽事实录》卷16（十二月条），第36a页。
⑤ 黄彰健校勘：《明实录》第69册（熹宗实录卷70），第3369、3372页。

李喇嘛就是锁南木座。

联系天启六年闰六月乙丑日的《明实录》所记当时阎鸣泰说的话，"目今关门，王、李二喇嘛出入虏巢，玩弄夷虏于股掌"云云，说明在这以前他已在辽东边上，并多次出使后金或蒙古了，但史文缺载，不能确定李喇嘛究竟何时来辽东服务。

史文所记锁南木座出使后金，最早是天启六年丙寅（1626）十月。本年后金攻宁远，失败而归；八月奴儿哈赤去世，明辽东前线听到了消息，但未明真假，乃派锁南木座喇嘛带领田成等人往沈阳，以吊丧的名义，行侦察之事。《三朝辽事实录》有袁崇焕报告，详记这次出使背景跟意图：

> （丙寅，1626）十二月。辽抚袁崇焕题：臣先于镇守内臣刘应纪（坤）、纪用、镇臣赵率教东巡，而得奴（Nurhaci，1559—1626）死之信，盖闻之而未见其的也。无一确探以相闻，边臣所任何事！亟往侦其虚实，一也。因离间其诸子、与夷上下，二也。且谕其毋仍前叛逆，束手归命，听朝廷处分，三也。遂商之经、督二臣，以喇嘛僧锁南木座（Bla-ma Bsod-nams Mtsho）往，同守备傅以昭等，共三十三人以行，臣与镇、道密授之策。私计，此一役也，汉人（Nikan）重睹威仪，与西虏（Monggo）在彼者，追念旧事，宁不共兴中国圣明之思，诸奴子安能有其众耶？臣酌酒洒泪，而壮本僧之行色；在庭之人且有耻不得与东行之选者矣。①

《两朝从信录》把此事隶于十月内：

> 于是遣田成等偕往奴寨宣谕，观其向背离合之意，以为征讨抚定之计。②

《明实录》记此事于十月壬子（十三日）条下：

> 辽东巡抚袁崇焕遣喇嘛僧锁南（lama Bsod-nams）等，入奴侦探情形，具疏上闻，且言：臣欲乘奴子争立，乘机进勦，但钱粮器械乞敕该部预为料理，其方略机宜仍恳皇上裁酌施行。上嘉其忠猷，仍谕整备戎行，一应钱粮器械，该

---

① 王在晋：《三朝辽事实录》卷16（丙寅十二月条），第35b—36a页。
② 沈国元：《两朝从信录》卷32（天启六年十月）遣喇嘛僧条，第2925页。

部预处具覆。①

这是以李喇嘛为领袖、以吊丧为名义的使团,在后金老汗去世、新汗未定之际前往其都城侦视揣摩,确实意义重大。按照袁氏题本,李喇嘛此行的任务也既多且重。

后金方面洞悉吊丧动机,《清实录稿》丙寅年(天命十一年,1626):

> 十月十七日,大明国差李喇嘛,及都司二员:傅有爵②、田成,守备二员:王廷臣、王名世,共三十四人,备吊丧礼,并上即位贺礼来,潜窥我国情形。③

李喇嘛等人在沈阳受到热烈欢迎和优厚的招待。皇太极不失时机地展示自己的强大:让李喇嘛参加欢迎凯旋队伍的仪式并赠给喇嘛礼品。首先是欢迎自巴林部落(Baγarin)归来的英雄:

> (十月二十七日)丙寅,楞额礼(Lenggeri),阿山(Asan)还自巴林(Barin aiman),俘获甚多,上(Hong Taiji)率诸贝勒大臣,并明使李喇嘛及官四员,出迎十五里,遍阅人口牲畜,毕,楞额礼等叩见。上加恩慰劳(中略)。并赐李喇嘛驼一、马五、羊二十八。④

其次是迎接征讨扎鲁特(Jarud, Jarut)大军的凯旋。后金汗偕李喇嘛等迎凯旋军队至铁岭樊河(Fan Ho,＜汛河、范河)⑤地方:

---

① 黄彰健校勘:《明实录》第70册(熹宗实录卷77),第3711—3712页。
② 都司傅有爵即前引袁崇焕题本中的守备傅以昭。
③ 转引自李光涛《清人入关前求款之始末》,《中央研究院历史语言研究所集刊》第9本,第281页。比较后来修改的《清实录》(中华书局1985年影印本,第2册第28页),天命十一年丙寅(明天启六年,1626)十月十四日条:"明宁远巡抚袁崇焕,遣李喇嘛(Lii Lama)及都司傅有爵、田成等三十四人,来吊太祖丧,并贺上即位,因潜窥我国情形。"
④ 《清实录》第2册(太宗实录),第28页。满文专名采自满文老档研究会譯註《滿文老檔》。
⑤ 铁岭城南去三十里有汛河城,旁边有汛河流经。看冯瑗《开原图说》卷上,第7b页"开原疆场总图";卷上,第16b页"汛河城图"。

（十一月四日）凯旋诸贝勒列八旗兵来见（中略），见毕，以次列坐。嗣明使李喇嘛等见上，又见三大贝勒，于是以凯旋，行饮至礼。①

李喇嘛在这些活动中受到特别的眷顾。

十一月十三日李喇嘛率领使者们回宁远。《明实录》天启六年十二月（己亥朔）辛亥十三日记此事说：

> 初，辽抚袁崇焕以奴死，虏（蒙古）信未的，奏遣喇嘛僧李锁南，以烧纸为名往侦之，至是还，言"渡三岔河，河冰忽合，自西连东，如桥而渡，奴以为神，供亿一如内地。②酋四子待以客礼，令僧（Bla-ma）阅其兵马、器械、并抢衯花③夷人以示威，仍具参、貂、玄狐、雕鞍，差夷答谢。"既而（崇焕）又奏：自宁远败后，旋报死亡，只据回乡之口，未敢遽信。幸而厂臣主持于内，镇守内臣、经督镇道诸臣具有方略，且谋算周详。而喇嘛僧"慧"足当机，"定"能制变，故能往能返。奴死的耗与奴子情形我已备得，尚复何求？不谓其慑服皇上天威，遣使谢吊，我既先往以为间，其来也正可因而间之，此则臣从同事诸臣之后，定不遗余力者。谨以一往一还情形上闻。
>
> 得旨：据奏，喇嘛僧往还奴中情形甚悉，皆厂臣斟酌机权，主持于内，镇督经臣协谋于外，故能使奉使得人，夷情坐得，朕甚嘉焉。④

所谓"差夷答谢"，实际是皇太极派九名使者，带着后金国书随同李喇嘛来到宁远。袁崇焕十二月向皇帝报告说：

> 臣随诸臣后东遣侦谕，前疏已悉。东夷来者为方金纳（Fanggina），温台十

---

① 《清实录》第2册（太宗实录），第28—29页。
② 河尚未到季节就结冰了，女真人以为是喇嘛道行高所致，益加敬畏。参见天命元年丙辰（1616）"冰桥"之事，广禄、李学智译注：《清太祖朝老满文原档》第2册，第36—38页。
③ 衯花的事迹参见鸯渊一《喀尔喀の衯花と宰赛》，《史林》1943年第28卷第2号。
④ 黄彰健校勘：《明实录》第70册（熹宗实录卷79），第3822页。王在晋：《三朝辽事实录》卷16（丙寅天启六年十二月），第40页参见。从史实上看，不是四子，而是第八子即 Hong Taiji。

(Untasi)① 二夷,则夷中之大头目诸事待裁决者。臣同镇、道、协三臣召而见之于学官,取在泮献功献琛之义。② 此夷之恭敬柔顺,一如辽东受赏时;三步一叩头,与虎(林丹汗)秒(秒花)诸夷无有二也。跪投夷禀一封与臣,如以下申上体式,独其封上称臣为"老大人",而尤书"大后金",踵老酋之故智,臣即以原封还之。又递一封无衔礼单,则送及西僧(李喇嘛)、官丁礼物,臣令僧与官丁者收之;其为臣者参、貂、镂银鞍、玄狐皮、舍利狲皮,值亦千余金,令贮于宁远库,以待皇命,而金等皆叩头称感。是日即照边中旧例,赏之酒食。

臣徐察其辞气颜色,感激、惊怖之意俱有焉,而并不言及"求款"字面;臣令人潜测之,则深悔其主之僭悖、来文差讹,曰:"空苦我走一遭"。其意已可见矣。③

《明实录》天启六年十二月(己亥朔)庚申条记此事,以及皇帝的旨意:

> 崇焕又奏:"奴遣方金纳、温台什二夷奉书至臣,恭敬和顺、三步一叩,如辽东受赏时。书封称'大人',而犹书'大金'字面,一踵老酋故智。臣即封还之。潜侦其意,则深悔奴之悖逆、来文差误者。窃念兵连十载,中空外竭,鬼怨神愁,乘此逆夷厌兵之时,而制其死命,俾不得再逞,以休息天下,亦帝王所不废也。"《疏》末复归功魏忠贤,且请奖赏西僧。

> 得旨:"览奏,夷目来宁情实,朕已了然。该抚孤军外悬,厂臣资助,盔甲马匹箭帘无算,将声威愈壮,剿抚咸宜。该抚便与内镇经督抚诸臣协心定计,

---

① 温台十之名曾出现在辽阳 1630 年后金敕建喇嘛塔碑文阴面汉字题名"皇帝侍臣"项下,作温名十。"名"属笔误。

② 袁崇焕在学宫召见后金汗使者,是用夏变夷的意思。其根源在《诗经·鲁颂·泮水》一诗。陈奂解释说"淮夷在鲁东南,世与鲁为难,故周公伯禽之世尚有淮夷并兴、伯禽征讨,之后或为鲁属国;僖公又能征伐淮夷,故诗人歌以美之"云云。陈奂:《诗毛氏传疏》卷 29,第 11a 页。《泮水》诗篇主题是鲁僖公对淮夷的胜利征伐。"在泮献功"写多士在泮官报告战功;"来献其琛"写淮夷使者来朝进贡,表示归顺。崇焕此举是建立在后金比拟淮夷,大明比拟鲁国的类比上的,所谓"不穷治凶恶,唯在柔服之而已"。陈奂:《诗毛氏传疏》,中国书店 1984 年据漱芳斋 1851 年版影印,卷 29,第 11b 页。典据深邃,兴"中国圣明"之思,袁氏确有学术。

③ 王在晋:《三朝辽事实录》卷 16(丙寅天启六年十二月),第 36 页。

早图恢复，以慰朕东顾之念。其夷物留着变价赏军。西［僧］李锁南本（木）座任使效劳，著重加奖赏。余俟奏来，另行甄别。该部知之"。①

这是李喇嘛出使的收获，以及袁崇焕和明朝廷的评价。袁氏未开封的信件，《清实录稿》丙寅年十一月十六日记录，谓命方吉纳、温台十并七人赍书与李喇嘛往宁远，书信如下：

> 大满洲（金字改）国皇帝致书于大明国袁老先生大人阁下。今南朝不计两国刀兵，而差李喇嘛及四员官来吊慰庆贺，以礼相加，我国亦岂有他意哉？既以礼来，自当以礼往，故差官致谢。其两国之事，先父皇曾在宁远致书，未见回答。今南朝皇帝有书来，照其来书，便有回答。凡事须要实情实意，勿以虚辞，来往误事。②

前面袁崇焕给皇帝的报告中未提及议和之事，而细绎天聪汗此书，知李喇嘛回来时确是担任了秘密讲和的初次联络。③

李喇嘛这次出使，后果深远，开了次年以降数载之间后金与明和议的端倪。又因为明与朝鲜、蒙古未就此事先行协调，就为后金在议和过程中蚕食蒙古、朝鲜提供了机会，蒙古、朝鲜与明旧有的成约也因之涣散了。当时督师王之臣反对巡抚袁崇焕的主张，《三朝辽事实录》丙寅十二月录其奏文：

> 虏（金人）来谢孝，赍有夷（后金汗）书，目"大后金天命（聪）元年"，

---

① 黄彰健校勘：《明实录》第 70 册（熹宗实录卷 79），第 3839—3840 页。王在晋：《三朝辽事实录》卷 16（丙寅年［1626］十二月），第 37 页参见。

② 转引自李光涛《清人入关前求款之始末》，《中央研究院历史语言研究所集刊》第 9 本，第 282 页。《清实录》第 2 册，第 29 页记十一月庚午朔，"乙酉，遣明使李喇嘛还。令方吉纳、温塔石并七人偕往。因遗书曰……"以下即是信原文，篡改更甚，其文："大满洲国皇帝致书于大明国袁巡抚，尔停息干戈，遣李喇嘛等来吊丧，并贺新君即位。尔循聘问之常，我亦岂有他意。既以礼来，当以礼往，故遣官致谢。至两国和好之事，前皇考（Nurhaci）往宁远时，首致玺书于尔，令汝转达，至今尚未回答，汝主如答前书，欲两国和好，我当览书词以复之。两国通好，诚信为先，尔须实吐衷情，勿事支饰也。"按上引李喇嘛吊丧记载的改写情形，参见黄彰健《论清太祖称汗后称帝，清太宗即位时亦称帝》，《中央研究院历史语言研究所集刊》1967 年第 37 本下册，第 499—501 页。

③ 不著撰人：《辽事述》，第 696b 页参见。

即此观之，果系恭顺而来降乎？抚臣（袁崇焕）题稿内称遣使侦虏、备叙将命反命，种种交接事情，颇与传报各官所报于臣者两不相同；至于哈（喇）嘛东去时，臣在关上，竟不知其根因，后知而急止之，则行已远矣。《疏》称与臣会议金同，又谓合词上闻，臣实未知，何敢谬认为知而自欺欺人也。①

他接着说明议和的不利及后金议和的用意：

年来奴酋求和于西虏（蒙古）而西虏不从，屈服于朝鲜而朝鲜不受；② 一旦议和，彼（乃指蒙古、朝鲜）必离心，是益敌以自孤也。近日通官过都令（Dügüreng）处，夷鞭其背，云："你汉人全没脑子，终日只说我们（蒙古）不助兵，你自家驮载许多金帛，着哈喇（喇嘛）替他吊孝求和，③ 反教别人与他为仇，我们也不如投顺也罢了。"据此我将何辞应之。且此议一倡，奴子愈得意，不西攻虏则南攻鲜，先逞晋人伐虢之谋，而徐为取虏之计，此势之所必至者。况奴父子极恶，今欲以咫尺之书，一介之使，致殷勤礼币，谓可必得其欢心，而终信其无异志乎？④

袁、王二人因而意见相左。⑤《明实录》天启七年丁卯正月（己巳朔）庚辰十二日，御史智铤疏言：

皇上屡旨谕辽东督抚王之臣袁崇焕以和衷之谊，兼以运筹帷幄，付托得人，兵马器械，呼吸必应，恢复当有日矣。不谓喇嘛一行，意见异同，遂成水火；国家一重门限，岂堪再误？计惟有更调一法：王之臣历任宣大，西虏知名，宜调之臣于密云，专责之以御西虏，况蓟镇又关门之后劲，则为蓟镇、亦所以为

---

① 王在晋：《三朝辽事实录》卷16（丙寅天启六年十二月），第37b页。参见沈国元《两朝从信录》卷32王之臣疏文，第2964—2969页。又沈国元《两朝从信录》第2966页作"喇嘛"，不作"哈嘛"。
② 并未见奴儿哈赤求和或屈服于蒙古、朝鲜的记载。沈国元：《两朝从信录》卷32王之臣疏，第2968页作"年来奴受梗于西虏，度挚于朝鲜"。
③ 讲和（议和）、求和，当时人以为是性质不同的两件事。参见《高鸿中奏本》，"中研院"历史语言研究所编《明清史料》丙编第1本，第45a页。
④ 王在晋：《三朝辽事实录》卷16，第38页。参见沈国元《两朝从信录》卷32，第2968—2969页。
⑤ 不著撰人：《辽事述》第697a页参见。

关门也。①

《明实录》天启七年丁卯（天聪元年，1627）正月甲午廿六日：

> 辽东巡抚袁崇焕疏言：夷使方金纳九人特来讲话，随诘来夷，何故起兵？彼云前来打围，乘便抢西达子，断不敢擅入宁前。又投递汉大（文？）夷禀，将向时皇帝二字改汗字，如虎酋之称；而仍彼伪号。然既差人求款，伪号安得犹存？因以原书还之，而留其来目，暂放一二小夷回话，令易去年号，遵奉正朔，[方]与代题。

> 得旨：览奏，宁远一带厂臣区画周详，军实精致，镇守内臣及抚镇诸臣，算无遗策，人无二心，奴兵压境，持之有备；奴使求款，应之有权；战守可恃，操纵合宜，深慰朕怀。然而十年荼毒，奴罪已深，一旦输情，听信匪易。侵地当谕令还，叛人当谕令献，当不止去僭号、奉正朔，一纸夷书、数字改换，便可释憾消疑也；与其疑信异同、拒之既题之后，无宁讲奢妥当、慎之未题之先。该抚想有成算，或别有妙用，悉听密筹。封疆事重，不厌叮咛，鼓舞吏士，明烽远哨，仍旧戒严，务保万全，纾朕东顾。②

袁崇焕与清太宗的议和，是明清更替一大因素。即使把和议作为权变之法，亦应先有所筹措；以袁氏的聪明才干，竟未采取完善措施与步骤，确是有重大疏忽。③ 更主要的，明朝自皇帝起，均每事因循，缺少发明，且怕负责任，一旦议和之事朝臣议论纷纷，自然不会有结果了。最终是好事变坏事，一切努力白费了。依《明史》所说："崇焕初议和，中朝不知；及奏报，优旨许之；后以为非计，频旨戒谕；崇焕欲藉是修故疆，④ 持愈力。"⑤ 自《满文老档》⑥ 来看，李喇嘛十月出使以降，双方聘使往返不断，李喇嘛一直是主要议和执行者。《圣武记》（1840年中英南京条约签订之年刊行）谓：

---

① 黄彰健校勘：《明实录》第70册（熹宗实录卷80），第3881页。
② 同上书，第3901—3902页。
③ 王在晋有评论，在《三朝辽事实录》卷16，第38b—39a页。
④ 参见袁崇焕题本，王在晋《三朝辽事实录》卷17（丁卯四月），第17a—18a页。
⑤ 张廷玉：《明史·袁崇焕传》，第6711页。
⑥ 满文老档研究会译注：《满文老档》太宗，2页以下。

> 太宗文皇帝天聪元年，明天启七年也。明辽东巡抚袁崇焕将瞻我虚实，遣使同李剌麻来吊，并贺即位，太宗文皇帝亦以书报之，往复者再，是为我朝与明议和、议战之始。①

当年八月，天启皇帝去世，其弟由检登位，为崇祯皇帝，朝廷变化巨大，比如铲除阉党等。这些变动使和议之事更加复杂，各官书都没有记载议和结果，实际是议和不成，战事又起，事过而境迁。这期间，天聪汗有公开信致明朝皇帝：

> 后金汗奉书大明国皇帝：从李喇嘛到后，为两国和事，来往数次，未妥。今欲差人去讲，乃遇回乡金汉人，供说方、温到宁远时，有欲害之心。然杀此一二差人，岂能胜敌乎？故不差人，而将其书寄付敖汉（Aoqan ayimaγ）都令喇嘛（Dügüreng/Dureng Lama）去。若谓"兵戈非吉，太平乃吉"，则差人来，彼此皆得好人（<sain niyalma）通往，将心事尽讲明，而后和成，方无丝毫挂念；如不罢兵，彼此皆无安稳矣。不备。天聪元年（1627）十月初二日（年月上钤老满文印一颗）②

但明朝并无响应。唯《山中见闻录》一书特别，在崇祯元年（天聪二年，1628）十月己丑以后的记事里写道：

> 时西虏已定，崇焕乃令喇嘛僧赍金帛请款于建州，四王子亦遣人遗崇焕土物，书有印，称"大金"国号，崇焕谕其去印与国号，汗无所难，复书来，崇焕以闻，帝未之许也。③

如果所记真确，那倒是惊人的事件。不过以《满文老档》天聪三年（明崇祯二年）正月十三所录后金汗致袁崇焕书来看，《山中闻见录》误记了时日，而应系于上一年。

---

① 魏源：《圣武记》，卷1，中华书局1984年版，第23页。
② 中研院历史语言研究所编：《明清史料》丙编第1本，第7a页。
③ 管葛山人：《山中闻见录》卷5，第2b页。金毓黻在民国20年一月十三日日记中分析此书以为盖杂抄明清人记载。见氏著《静晤室日记》，卷59，辽沈书社1993年版，第2533页。参见其民国19年十一月十八日日记，见同书卷58，第2514页。

天聪三年（1629）正月由后金汗重开和议，闰四月袁崇焕复信，① 后金方面乃派白喇嘛出使宁远城，李喇嘛没再出现。白氏是位西藏喇嘛，其行事已在《白喇嘛与清朝藏传佛教的建立》文中叙述。

总起来，李喇嘛出使议和，他想报答皇帝之恩，努力到了，能力也够，且很成功，但因为明朝上下不一心，无定见，而终致和议夭折。

四　李喇嘛和天聪汗往复书信

如前述，在李喇嘛往使盛京回到宁远城，后金随遣使者方、温二人跟李喇嘛一路，送来天聪汗致明辽东巡抚袁崇焕的信函。袁崇焕复书一件，三月五日送到沈阳；同时附上李喇嘛致后金汗书一件。一个月后，天聪汗派杜明忠给袁崇焕、李喇嘛送达复书各一件。

表14　　　　　　　李喇嘛与后金汗往复书信

天启七年即天聪元年（1627）往复书信		所在文献
李喇嘛往函	三月五日到沈阳/盛京	李光涛论文引《天聪实录稿》（汉文）；《满文老档》（满文）
后金汗复函	四月八日发自盛京/沈阳	《明清史料》丙编第一本（汉文）；《满文老档》（满文）

李喇嘛的信是17世纪前半叶后金、蒙古、明交涉中仅见的藏传佛教僧人自笔的整篇文件，值得录在这里。

先录李喇嘛的往函。原文不分段，括号内满文是取自东洋文库本《满文老档》中的满洲译文，② 以资了解后金方面对信文的理解：

> 我自幼演习秘密（somishūn narhūn bithe be tacifi：“看了秘密之书”），朝礼名山，上报四恩，风调雨顺，天下太平，乃我僧家（hūwašan niyalma：和尚人）之本愿也。
>
> 上年袁都督爷（yuwan du ye）因老汗去世，念其存日好心（sain mujilen），

---

① 满文老檔研究會譯註：《满文老檔》太宗，213—218页。
② 同上书，19—22页。

拿住杜明忠①不肯坏（wahakū："未杀"）他，又在宁城投递文书有礼，特差我去沈阳（simiyan）上纸。多承汗（han）及各王子（geren wang sa）好心，供奉美馔并礼物，铭刻五内。及回，又差人左右远送，且差方吉那、温台石等同我来谢礼。我到宁远，将汗及各王子好心，俱在各上司及官军人等说过，都老爷（du looye）甚是欢喜。因文书内字面不便，都老爷不可开拆；后改换将来，尚有一二字未妥，第三遭换来格式，虽不尽妥帖，差已不多；② 袁老爷随将文书拆视，内有七宗恼恨；讲要金银蟒缎布匹等物，此是你该说的；只有末一句："你仍愿刀兵之事也"，③ 因此一句相碍，难以转奏，恐朝廷（han）见了不喜，反空费汗（han）一片好心。谅汗并各王子俱是有福有智，心地明白人。

我佛教法门，慈悲为体、方便为用，众生苦乐、兵劫涂炭，观其往因，自作自受；法界有亲登彼岸者，自觉自悟。如来有戒（targa）定（tokto）慧（ul-hi④）三学⑤（ilan hacin tacibuhabi），法界为心，以成正果。圣人立（ilibufi）四像（duin arbun），绝百非，因得见王子身，又有见宰官身；须要救济众生，以成正果。我佛家弟子（fucihi i šabi），虽身贫（yadambi："贫穷"），道不贫；⑥ 难行处能行，难忍处能忍；解度为体、劝化为用：我佛祖留下这三个法门（ilan šajin），只有欢喜，更无烦恼；只有慈悲生人，更无嗔恨损物。

若汗说七宗恼恨，固是往因，然天道不爽，再一说明，便可丢下；袁督爷是活佛（weihun fucihi："活着的佛"）出世，不肯亏了夷人（jušen）；有理没理，他心下自分明。所说河东地方、人民诸事，汗当斟酌。良时好景，尚得常遇，只有善人（sain niyalma）难遇；有我与王喇嘛（wang lama）二僧在此，随缘解说，事到不差。烦汗与各王子还再好心，丢得下，丢了；难舍的，舍将来。佛说："苦海无边，回头是岸"，干戈早息，即是极乐。

我种种譬喻，无非为解化修善，同归最乐，衍我如来大乘慈悲至教。

敬修寸楮。⑦

---

① 袁崇焕的家丁。
② 中国第一历史档案馆、中国社会科学院历史研究所译注：《满文老档》（第817页）将这三句译作"第三次换来书格式完全不合，但无大谬"云云，文意难解。
③ 天聪汗前致袁都堂的信末尾一句是："袁大人：奏尔皇上，若不从此言，是尔仍愿刀兵之事也。"见李光涛《清人入关前求款之始末》，《中央研究院历史语言研究所集刊》第9本，第284页。
④ 中国第一历史档案馆等译注：《满文老档》第817页译作"悟"。
⑤ 三学，《清实录》作"三等"。禅宗书上一般说"定慧等学"，"等"是动词。
⑥ 两个贫字，中国第一历史档案馆等译注《满文老档》第817页误为"贪"字。
⑦ 转引自李光涛《清人入关前求款之始末》，《中央研究院历史语言研究所集刊》第9本，第285—286页。

"立四像"，乾隆改订本《清实录》作"离四相"，依佛教，后者为是；李喇嘛原文乃笔误。离四相的概念出自《金刚经》，指离我相、人相、众生相、寿者相。① 而六祖慧能有"……不立四相"之语；② 并且说过："修行人亦有四相：心有能所、轻慢众生，名'我相'；自恃持戒、轻破戒者，名'人相'；厌三涂苦、愿生诸天，是'众生相'；心爱长年而勤修福业、法执不忘，是'寿者相'。有四相，即是众生；无四相，即是佛。"③

"我佛家子弟，虽身贫，道不贫"，得自唐代禅僧永嘉玄觉（665—713）最为流行的《永嘉证道歌》：

> 穷释子，口称贫，实是身贫道不贫；贫则身常披缕褐，道则心藏无价珍。④

又袁崇焕曾向皇帝介绍李喇嘛，谓其久居五台山，空明解脱，有"禅行"。合起来看，锁南木座虽云喇嘛，却突出地有禅宗修养。

如上所述，袁崇焕跟王李二喇嘛关系密切。他还主动写信给林丹汗的喇嘛，劝其"保得边疆无事，便是本性圆明"，⑤ 把边务跟喇嘛，跟佛理连起来，显出他对佛理及其功用很上心。其实，袁崇焕作为读书人和岭南人（禅宗盛传此地），可能也心仪禅宗。前引《明实录》天启六年十二月辛亥日条袁崇焕的报告，说李喇嘛"'慧'足当机，'定'能制变"云云，⑥ 是用了禅宗观念。"慧"与"定"是禅宗强调的，《六祖坛经》经常并论"定"和"慧"，而不常并论"戒""定""慧"三者。所以袁崇焕可能是信禅宗的。他保卫边疆时的大智大勇是否跟这有关呢？任用喇嘛，是他深通北方边疆事务的表现。

---

① 朱棣（明成祖，1402—1424年在位）：《金刚经集注》，上海古籍出版社1984年影印明永乐内府刻本，第63—65页等处。
② 《定慧品》，《六祖坛经》汉英文合刊，香港佛教青年会1993年版，第32页。
③ 朱棣：《金刚经集注》，第36页。
④ 永嘉玄觉：《永嘉证道歌》，收录于《六祖坛经》，第118页。
⑤ 九龙真逸：《明季东莞五忠传》（跋于癸亥[1923]腊月）卷上"袁崇焕"，东莞卖麻街养和书局本，第14b页。
⑥ 黄彰健校勘：《明实录》第70册（熹宗实录卷79），第3822页。

天聪汗复李喇嘛书也是汉文,也录在这里,原文不分段:

汗致书李喇嘛:观尔来书,信为佛门弟子,是〔两国〕中间人所言(sini bithe be tuwaci, fucihi i šabi siden i niyalma ofi:"看了你的信,是以佛门弟子做中间之人……"),皆欲成两国(juwe gurun)之事。喇嘛大通道理,明哲之人矣。我两国是非,尔谛听之;我(be:"我们")有不是则说我,南朝(nikan)不是则说南朝;以尔为中间人(siden i niyalma),故以心事说知。

自古以来,兴亡之事,不可历举,如大辽(dai liyoo)天祚无故欲杀金(aisin)太祖以动干戈,大金(aisin)章宗无故欲杀元(monggo)太祖以动干戈,大明万历(wan lii han)无故欲杀我国、偏护北关(yehe:"叶赫"),以动干戈。及得广宁,众王及众将皆欲进〔山海〕关(sanahai:"山海〔关〕"),独我皇考曰:"昔日大辽大金大元不各自为国,而入中国(nikan)腹里(dorgi ba:"内地")地方居住,竟成汉人(nikan)。今自关以西为中国(nikan),辽东为我国,永各为国。"故回兵来,等候讲和四年,南朝(nikan)得包宁远,不罢刀兵;方攻宁远,因城冻未堕,回兵。我皇考升遐,喇嘛(lama si…"喇嘛你……")来吊,意谓天欲两国成事,故差官致书讲和;彼以书中所言不当,两次阻回。

今喇嘛(lama si…)书云"只有一句相碍,难以转奏",我以心中话写与南朝皇帝(nikan han),南朝皇帝亦将心中话写来与我,两下讲通,则和好可固;心中话不令人说,只欲顺尔说话,讲和可乎?袁都堂欺我,欲将天赐我城池地方、官生男妇令其退送;喇嘛(lama si…)亦遂听之,而云难舍的舍将来;又将"袁都堂"提起,而以各国之汗落下二字,是不欲成两国之事也。袁都堂书有云"所开诸物,往牒不载;多取违天",昔日大辽大金大宋之取与,载于史册;及大明(daiming)之于也先,载在《会典》,① 此皆天赐也,何云"违天"乎?又喇嘛云"良辰(sain erin)好景(sain ferguwecun),尚得常遇,只有善人(sain niyalma)难遇",然袁都堂善心所差、喇嘛(lama sini…"喇嘛你的")善心而来,故我亦差官去;若是恶言(ehe gisun)恶人(ehe niyalma),我岂肯差官乎?又云"苦海无边、回头是岸",此言是也,但对我说,亦当对南朝(nikan han)说,使两国回头则善也。——喇嘛(lama si…)深通佛教,又通各事,是明智人也,何为故意欺我!往日辽东官员大言欺人,致动刀兵,国家受祸以为少乎?又我书中所开诸物,袁都堂欲我自裁,今已裁减;若又不与,又说大言,

---

① 《明会典》有瓦剌部也先(Esen)朝贡受赐的记录,或者就是这里奴儿哈赤所指者。李东阳等奉敕撰,申时行等奉敕重修:《大明会典》卷107,新文丰出版公司1976年影印本,第1603—1604页。

致动刀兵，国家受祸，反空费二位喇嘛欲成两国和事好心（sain mujilen）。古云"两下相敬，争心自消"，必欲欺人，休说新事讲和，即旧和亦必离矣。不待我说，喇嘛（juwe lama suwe…"二位喇嘛你们……"）当自知之。

（suwe…"你们……"）更有指教，我（bi）当伫听。天聪元年四月初八。①

后金汗在这里讲明立场，但以喇嘛为中间人，是非常尊敬及看重。

蒋良骐在《东华录》里提及李喇嘛致后金汗的信，说"李喇嘛盛称佛教，祈止兵和好"。② 李光涛先生讨论明清议和的时候，把两封信全文引用，并对涉及的史实有所说明。从这次往复通信，我们可以了解李喇嘛、后金汗在当时局势下，对于喇嘛角色的运用。现归纳有关项目，列表分析如下。

表15　　　　　　　　李喇嘛与皇太极通信情况

通信者	锁南木座	皇太极
通信主题	明帝国跟后金汗国议和	
通信者身份	明朝的喇嘛	后金的汗
对喇嘛角色运用	解度劝化（盛称佛教）的僧人	两国间和好的中间人
具体见解	劝天聪汗听从袁都爷安排，恢复"明朝的天朝秩序"，重做"属夷"部落	要李喇嘛促成"两国"皇帝－汗名分的局面
措辞	宣扬佛教哲理，以释天聪汗的愤恨	批评李喇嘛偏向明朝

李喇嘛在信中大力宣扬佛教道理，意图干戈早息；但这么做的前提，则是他明了女真人尊信佛教，这样宣扬对于抬高身价、贯彻自己主张有作

---

① 中研院历史语言研究所编：《明清史料》丙编第1本，第5页。参见李光涛《清人入关前求款之始末》，《中央研究院历史语言研究所集刊》第9本，第290—291页的录文。括号内满文取自满文老档研究会译注《满文老档》太宗，29—32页。这往复通信经过改写，入乾隆朝修订的《太宗实录》，见于《清实录》第2册（太宗实录），中华书局1985年影印本，第34、42a—43a页；《清太宗实录》，台湾华文书局影印本，第1册，第17b—18b、29a—30b页。

② 蒋良骐：《东华录》，中华书局1980年版，第20页。

用。行文中李喇嘛把自己跟王喇嘛当成超然的方外人，是以这样的立场，为议和出力。而他的议和方案，是要女真人重新回到 1616 年前的状态：仍做明朝的看边属夷。这是符合明朝心意的。天聪汗对喇嘛极为恭敬，但另有目标。

五 年表和另两位喇嘛

天启六年（天命十一年，1626）还有一位喇嘛被带至辽东边上。《明实录》是年闰六月（辛丑朔）乙丑日条：

> 巡视南城御史王时英盘获番僧于广宁门外十方庵。头结黄发，面目异尝（常），语若鸟声，字如蛇迹，因而验察。随身番经数十叶，原领四川长河西鱼通宁远军民宣慰司批文一纸，内称"大西天罗汉嗑哈嗝愿游汉地名山、道院、寺观"等语，踪迹可异。当今奴酋得计，全在奸细，乞敕法司译审。刑部移文礼部，取译字生译审。批文可据，又有上荆南道挂号、分守川西道查验各印信关防，又简出西天馆本内番字《真实名经》一卷，与本番认识，本番即踊跃捧诵。法司研审，实系西番（Bod-pa），非东夷（Jušen）也。
>
> 蓟辽总督阎鸣泰疏言："夷狄之人，闻中国之有圣人，重译来朝，此盛世之风也。目今关门，王、李二喇嘛出入虏巢，玩弄夷虏于股掌；而在夷地者，如古什喇嘛、朗素喇嘛等靡不抟心内向，屡效忠谋。盖夷狄之族，敬佛一如敬天，畏僧甚于畏法，而若辈亦闻有密咒幻术，足以摄之。虏酋一见喇嘛，必拜必亲，听其摩顶受记，则不胜喜。王李二喇嘛，虽曰番僧，犹是华种，夷狄敬服已自如此，况真喇嘛乎。乞该部将番僧解发臣衙门，如道术果有可用，何惜片席之地，容此比丘；如止是行脚庸流，即驱逐出境。"诏许之。①

《真实名经》② 乃梵文字母，喇嘛头发又是黄色，那么这可能是一位西藏喇嘛。阎鸣泰是要把这位番僧安置于衙门，用来做对蒙古、后金方面的工作，像王喇嘛、李喇嘛那样。但如今查检之下，未见这位喇嘛款虏征

---

① 黄彰健校勘：《明实录》第 70 册（熹宗实录卷 73），第 3562—3563 页。
② 《西天馆译语一卷》清初刻本，《北京图书馆古籍珍本丛刊》第 6 册，书目文献出版社影印，第 665—686 页。这大概就是明代使用的本子。

夷的记载，大致语言不通，或不善此事，或系"行脚庸流"，至辽东未久就被遣走了。

还有一位名叫大成的喇嘛。孙承宗年谱崇祯五年壬申（后金天聪六年，1632）记：

> 公（孙承宗）初至辽，即发间于四卫，而敌赭其地。至于炒花再款，大成喇嘛之往使，满桂（？—1629）之内丁朝朝兔，髡而从之，深得机事，故知敌惧而来求款，而公故持不款之说，必欲两河尽归、罪人斯得，方开一面。而后人发之稍早，遂为所乘。至于敌之动静，无日不闻，故敌畏，而四年不至。①

这位往使蒙古的"大成喇嘛"是谁呢？明末蒙古语 dayičing（勇毅）、满语 daicing 音译成汉语，明朝往往以"大成""歹成""大正""歹青"等写之；后金则写为"歹青""代青""岱青"等汉字。如果他是蒙古喇嘛，则无疑地可还原为 dayičing/daicing。但是，考天聪四年庚午（明崇祯三年，1630）后金汗在辽阳敕建的《大金喇嘛法师宝记》碑文，阴面题名上，"侍奉香火看莲僧"一项共十人，第一个人是"大成"。②"僧"指和尚（Hūwašan）。但也可能就是他。一位汉人（Nikan）喇嘛？而且何时他成了明朝的喇嘛，也不清楚。他先是在后金的辽阳，可能是所谓"辽人"——辽东汉人，现又作为明朝使者，往喀喇沁炒（䎬）花部落抚款。

当时在辽东一带、属于明朝的喇嘛，目前考见的就前面这四位。现排列其行事如下（月日用阴历）。

1621 辛酉年（明朝熹宗天启元年，后金太祖天命六年，蒙古林丹可汗即位的第十三年，朝鲜光海君十三年）：

三月末—六月　王喇嘛应兵部尚书张经世招请，自宣镇来到辽东镇，从事对蒙古的抚赏，驻山海关。

---

① 孙铨辑，孙奇逢订正：《高阳太傅孙文正公年谱》卷 5，第 21b—22a 页。
② 大连图书馆善本《大金喇嘛法师宝记》拓本。罗福颐校录：《满洲金石志》卷 6（第 4174 页）作十一人，依次是：大成、大塔、金刚保、常会、大士、大召、妙意、宽佐、宽伏、□童、祖俊。依拓本，妙意之后应是"宽德，宽伏，童祖俊"。

六月　王喇嘛在辽东进行对宰赛的思想工作，成功地离间宰赛跟奴儿哈赤的关系。

1622壬戌年（天启二年，天命七年，林丹汗十四年）：
三月—四月　王喇嘛往谕喀喇沁罕亭罗势，使守宁前。
八月十三日　王喇嘛参与明边臣跟林丹汗部的盟誓，谓合力消灭奴儿哈赤。

1623癸亥年（天启三年，天命八年，林丹汗十五年）：
本年　王喇嘛跟随孙承宗在山海关做对蒙古抚赏工作。曾往锦州余子章一带。

1624甲子年（天启四年，天命九年，林丹汗十六年）：
三月　王喇嘛在山海关罗城，抚夷厅。

1625乙丑年（天启五年，天命十年，林丹汗十七年）：
二月（庚辰朔）丁未日　明朝皇帝派兵部郎中专程颁发敕命图书等给王喇嘛，表彰其功劳。

1626丙寅年（天启六年，天命十一年，林丹汗十八年）：
正月　王喇嘛在宁远城参加保卫战，其时后金攻城。
四月　上述保卫战得胜，谓王喇嘛抚夷（蒙古）有功，给副总兵官俸禄，且增加其徒从。
此时及其以前，李喇嘛已在宁远从事抚夷；但至辽东之前，他是住五台山，且曾受万历皇帝御赐敕书法衣。
六月　西番游方喇嘛嗊哈唃到达蓟辽总督衙门，阎鸣泰拟令其从事抚款，但以后未见活动记载。
闰六月（辛丑朔）乙丑　王、李二喇嘛俱在山海关上。
十月　李喇嘛率明朝使者团一行三十余人，从宁远往沈阳为奴儿哈赤吊丧，并庆贺皇太极登极。负有侦察后金内情的任务。
十月十七日　李喇嘛一行到沈阳。
十月二十七日　在沈阳，李喇嘛被邀参加后金汗、贝勒迎接凯旋官兵的仪式，仪式上皇太极赠给李喇嘛礼物。

十一月四日　在沈阳，李喇嘛又被邀请参加欢迎凯旋军队的仪式，后金汗给特别礼遇。

十一月十三日　李喇嘛一行自沈阳出发还宁远，次月至宁远。偕同后金使臣方金纳、温台十等九人。后金汗并附有致袁崇焕书及赠送袁崇焕、李喇嘛及官丁的礼物。

1627 丁卯年（天启七年，后金太宗天聪元年，林丹汗十九年）：

三月　李喇嘛写信给天聪汗，以佛家道理劝导其切实议和。

四月八日　天聪汗复信李喇嘛，谈论议和事，以喇嘛为中间人。

五月—六月　宁远之战，王喇嘛督察哈尔部落扬旗向锦州，以分后金攻城之心。

八月（甲午朔）二十六日己未　宁锦大捷叙功，王喇嘛、李喇嘛各受赏银十两。

1628 戊辰年（明朝思宗崇祯元年，金天聪二年，蒙古林丹汗二十年）：

五月　王喇嘛转到宣大一线抚赏蒙古。察哈尔部因故进攻大同镇之孤店等地，深入边内二百余里，王喇嘛先令明兵止战，后谕察哈尔退兵。

1629 己巳年（崇祯二年，天聪三年，林丹汗二十一年）：

五月　王喇嘛在宣府大同一带与王象乾、王牧民一起"款虏"，即联络西遁的蒙古林丹汗之众。

1632 壬申年（崇祯五年，天聪六年，林丹汗二十二年）：

明朝大成喇嘛（Dayičing Lama），偕满桂暂时剃发做喇嘛的家丁朝朝兔往使喀喇沁炒（抄）花部落抚款。

六　明朝边务喇嘛的角色和地位

在明朝的辽东边疆，喇嘛隶属于军中，作为一名臣工工作着。最突出的事例是领兵打仗。例如宁远城保卫战中：

（天启六年）正月十八日奴贼率众渡河，左辅、萧昇、邓茂林、陈兆兰等俱从右屯等处收回。二十一日，城外收聚毕，时城中士卒不满二万，总兵满桂、副将左辅、参将祖大寿皆习见奴兵未可争锋，以死守争，大寿遂发塞门之议，诸将朱梅、徐敷奏，并王喇嘛，皆主大寿议，而何可纲按剑决之。于是王喇嘛请撤西洋大炮入城，彭簪古率劲兵挽而登之，尽焚城外民舍积蒭，令同知程维楧查察奸细，通判金启倧按城四隅编派民夫、供给饮食；卫官裴国珍鸠办物料；诸生守巷口，有一人乱行动者即杀，城上人下城者即杀。满桂提督全城，而以东南首冲身任之；左辅分西面，祖大寿分南面，朱梅分北面。盖二十二日而城中部署定，二十三日贼薄城矣，先下营西北，远可五里。大炮在城上，本道（指宁远道员袁崇焕本人）家人罗立，素习其法，先装放之，杀贼数十人；贼遂移营而西。二十四日马步车牌勾梯炮箭，一拥而至，箭上城如雨、悬牌间如猬，城上铳炮迭发，每用西洋炮，则牌车如拉朽。当其至城，则门角两台攒对横击，然止小炮也，不能远及；故门角两台之间，贼遂凿城，高二丈余者三四处，于是火球火把，争乱发下，更以铁索垂火烧之，牌始焚，穴城之人始毙，贼稍却，而金通判（金启倧），手放大炮，竟以此殒，城下贼尸堆积。次日又战，如昨攻打，至未申时，贼无一敢近城，其酋长持刀驱兵，仅至城下而返，贼死伤视前日更多，俱抢尸于西门外各砖窑，拆民房烧之，黄烟蔽野。① 是夜又攻一夜，而攻具器械俱被我兵夺而拾之，且割得首级如昨。二十六日，仍将城围定，每近则西洋炮击之，贼计无施，见觉华岛有烟火，而冰坚可渡，遂率众攻觉华，兵将俱死以殉，粮料八万二千余，及营房民舍俱被焚，次日贼引去。②

这是袁崇焕对整个战斗过程的报告。可以看到，王喇嘛完全是作为一名"军官"参与军事的。

在叙功的时候，王喇嘛、李喇嘛也是由兵部，而不是普通例由礼部。像天启五年（1625）二月兵部郎中奉命颁给王喇嘛敕命图书，天启六年四月宁远城保卫战后、天启七年宁锦大捷后二位喇嘛由兵部叙功（三事俱见前文），等等，全然当作军人对待了。实际上，王喇嘛来到辽东，也是由兵部尚书（张经世）召来。

---

① 这可能说明女真人当时是实行所谓"火葬"。又王在晋《三朝辽事实录》卷17（丁卯［1627年］四月），第11b页：毛文龙称，金兵"（前略）处处被职官兵冲击，杀伤无数，每日拉尸山头，火堆山堆，烧化骨石，火光焰天"。

② 黄彰健校勘：《明实录》第69册，第3369—3371页。

其次，李喇嘛、王喇嘛在当时蒙古人、女真人看来，是明朝"部（ayimaɣ, ulus, aiman）下好人"。这一点得做些说明。"好人""善人"，相应于同时蒙古语 Sayin Kümün（好人，善人），满语 Sain Niyalma（好人，善人）。

我们看李喇嘛致天聪汗信，末尾说（括号内满文是后金的翻译）：

良时（sain erin）好景（sain ferguwecun），尚得常遇，只有善人（Sain Niyalma）难遇；有我与王喇嘛二僧在此，随缘解说，事到不差。

乍看起来，"善人"是指一般的善良的人、好的人；再看后金的翻译：好时 sain erin，好景 sain ferguwecun，好人 Sain Niyalma 排在一起，也没有特别的地方。但若连起后一语："有我与王喇嘛二僧在此，随缘解说，事到不差"，则知李喇嘛是用"善人"的特别意谓："善人"指的李喇嘛与王喇嘛，他们能起到中间的、保证的信用作用。联系李喇嘛的信上下文，更能显出他知道自己的角色。

按在当时辽东，各国（各部）都有所谓的"好人""善人"，即蒙古语的 Sayin Kümün，满文的 Sain Niyalma。酌举几个用例。

（1）蒙古文著作 *Erdeni Tunumal Neredü Sudur Orosiba*（汉文通称"阿勒坦汗传"，*Altan qaɣan u tuɣuji*，成书于 1600—1610 年）§105—106：

altan sečen qaɣan dodoɣ-a-du degü ner tüsimed lüge ban ein jobalaltur [un],
俺答　彻辰　可汗　内部的　在弟弟们　官员们　和　自己　这样　商议
"arɣ-a jali yeke-tü kitad ulus i yakin idegemü,
　圈套狡黠　非常地　汉家　国　把如何　相信
aliba ünen qudal i inü medejü tengsekü yin tulada,
全部　真　假　把他的　晓得　探明　的　为了
ariɣun uqaɣatu tüsimed i elči oruɣulbasu sayin buyu" kemeldüged,, (§105)
洁净的　有智慧　官员把　使者　采用的话　好　呀　共说
gegen sedkil degen uqaju Qaɣan üijeng jaisang toɣuči tayisi teriküten,
明晰　心境　向自己领会　可汗　üijeng　宰相　Toɣuči　太师　等
gem ügei tabun *sayin kümün* i kitad un elči lüge or [u] ɣuluɣsan, (§106)①

---

① 珠荣嘎译注：《阿勒坦汗传》，第 225 页（蒙古文）。

缺点　无　五个　好　人　把汉家之使者和　　带领、进入

阿勒坦汗（明封顺义王，1507—1582）私下跟弟弟们、官员们商议，都说"耍圈套、诡计多端的明朝怎么能相信呢！为了探明真假全部情况，把洁净、有智慧的官员当使臣派去的话，不是很好吗？"可汗以明镜般的心鉴察，就把 üijeng 宰相、Toɣuči 太师①等，无缺点的五名 Sayin Kümün，同明朝的使者一起去。

(2)《三朝辽事实录》王在晋题本（壬戌 1622 年二月）中说：

（蒙古）都令为歹青之子，其父遗（遣？）好人，先为（满洲）奴酋所拘系。房中极重好人，挟之以不得不从。②

(3) 天聪元年（1627）正月初二日后金汗致书明朝皇帝（全文前已征引）：

后金汗奉书大明国皇帝：（前略）若谓"兵戈非吉，太平乃吉"，则差人来，彼此皆得好人通往，将心事尽讲明，而后和成，方无丝毫挂念。③

(4) 崇祯四年（1631）六月丘禾嘉的报告中有云：

初时各夷甚惊，据山呐喊。角（即阿角克）宣谕天朝大恩，各夷望南叩首，皆愿来投。今有夷官束伴旦儿带领卜打什力（Buddhasri）哈素等部下好人七名

---

① 土忽智，蒙古语 Tuɣuči 音写。一位使者（elčin）、通事，会汉语。从汉、蒙古文资料看，他在俺答款贡过程中奔忙；在蒙古文《阿勒坦汗传》中，则作为使者，先后前往吐鲁番、大同一带、拉萨完成使命。蒙古文《阿勒坦汗传》第 88 节说他学识渊博，此时名号为 üijeng Wasang（jayisang）（威正宰生）。俺答款贡成后，俺答赐其 Dai Darqan 之号。万历初年"效力佛教而亡"，其子袭号 Üijeng Jayisang。别称 Üijeng Jayisang Tuɣuči Tayisi, Darqan Siülengge, 汉文另称土骨智，土骨赤，打儿汉首领（Darqan Siülengge），首领土骨气（< Siülengge Tuɣuči）等。《赵全谳牍》称其为俺答的"中军打儿汉守令哥"，是汉人。以上见李勤璞校注《大隐楼集》卷 12，辽宁人民出版社 2009 年版，第 212—213 页注释 3。按蒙古语 Toɣuči, = toɣači, 计算者、经理官。Toɣuči, = toɣuɣači, 厨子。土忽智最初可能做管家。

② 王在晋：《三朝辽事实录》卷 9，第 61 页。

③ "中研院"历史语言研究所编：《明清史料》丙编第 1 本，第 7a 页。

先来讨信。该本职看得各夷俯首伏降，实出朝廷威福所致。①

（5）《天聪实录稿》天聪六年（1632）十月记女真人致书欲讲和事：

> 满洲汗（同本内间亦译作后金汗）谨奏大明国皇帝：（前略）今欲将恼恨备悉上闻，又恐以为小国不解旧怨，因而生疑，所以不敢详陈也。小国下情，皇帝若欲垂听，差一好人来，俾小国尽为申奏。若谓业已讲和，何必又提恼恨，惟任皇帝之命而已。②

（6）明《兵部题行"宣府巡抚江塘报"稿》记崇祯十四年（1641）腊月的事：

> 今本月二十一日，卑职公同抚夷甄都司，赴市口监放夷人进圈贸易，间续据慎（Qaračin，喀喇沁部）夷下好人郎素喇麻（Nang-so Bla-ma）、五八力三斤等禀云：我们的官儿米喇什台吉等因贸易完，要于本月二十二日带领散夷起身回巢。③

（7）写于顺治八年至康熙十四年间（1651—1675）的蒙古著作 *Altan Tobči* 记一六二八年（崇祯元年，天聪二年）喀喇沁部合并于后金这件蒙古、后金方面的大事，④ 其中一节说：

> tegün ü qoina qaračin ača basa omi sečen i tayisung bogda du jaruba,, bogda tüdei
> 那 的 以后 喀喇沁 从 又 Omi Sečen 把 太宗 神圣 在 派遣 神圣 Tüdei
> neretü kümün i omi sečen luɤ-a qamtu qaračin du jaruju "manju, qaračin bide qoyar
> 名字有 人 把 Omi Sečen 和 一起 喀喇沁 于 派遣 满洲 喀喇沁 我们 两个
> ulus törö jasaɤ nigedüy-e, ta nigen *sayin kümün* iɤarɤaju tüdei luɤ-a qamtu ilege！"

---

① 丘禾嘉：《夷性无常疏（处置降夷）》，陈子龙等编：《明经世文编》卷485，第5342b页。
② 转引自李光涛《清人入关前求款之始末》，《中央研究院历史语言研究所集刊》第9本，第319页。
③ "中研院"历史语言研究所编：《明清史料》丁编第7本，第671a页。
④ Lobsangdanjin jokiyaba, Čoyiji tulɤan qaričaɤulju tayilborilaba, *Altan tobči*, niɤur 659—660。满文老檔研究會譯註《满文老檔》太宗，118—119、122—125、138—139页参看。

国 国政 治理 统一吧 你们 一个 sain kümün 把 派遣 Tüdei 和 一同 派来
gejü jarliγboluγsan dur qaračin ača qobilai sečen i jaruju bülüge„①
云云 谕旨 有的 在 喀喇沁 由 Qobilai Sečen 把 派遣 来着

那后来，从喀喇沁又差 Omi Sečen 到太宗博克多地方，博克多派名字叫 Tüdei 的人跟 Omi Sečen 一块儿到喀喇沁地方，下谕旨说："满洲、喀喇沁我们两国的国政统而为一吧（törö jasaγ nigedüy-e）！你们差一名 Sayin Kümün，跟 Tüdei 一块儿来"云云。所以，喀喇沁派遣了 Qobilai Sečen（忽必烈薛禅）来着。

（8）1638 年明朝学者刊印《皇明经世文编》，编者在前引丘禾嘉报告里，蒙古部落（ayimaγ）"部下好人"字样的右边加行间注，说：

夷部好人，即与中国通事相合者。②

这是说丘禾嘉所谓夷部的"好人"，当时编者理解为是夷部跟明朝的通事接洽的人。

显然"好人"是一个专名，特别的角色。若细看上面用例，"好人"后金有，蒙古各部落有，明朝也有。③ 现归纳如下表：

表16　　　　　　　　　　"好人"含义

项目	好人	归纳，备考
担当者	喇嘛：④⑥； 不明职业：①③⑤⑦⑧； 蒙古部下（部长则是黄金家族的人）：①②④⑥⑦⑧； 明部下：③⑤	喇嘛或者部下担任 Sayin Kümün

---

① Lobsangdanjin jokiyaba, Čoyiji tulγan qaričaγulju tayilborilaba, *Altan tobči*, niγur 660.
② 陈子龙等编：《明经世文编》卷485，第5342b页。
③ 明清档案中另有一些人虽没有明指，但也是"好人"角色，如崇祯二年（1629）、七年（1634）至张家口等处的蒙古七庆朗素喇嘛（别写七庆朗素喇嘛：Sečen Nangsu Lama）等。见"中研院"历史语言研究所编《明清史料》甲编第8本，第771、718页；丁编第5本，第406页；乙编第2本，第137页。当时后金、蒙古许多使者是喇嘛充当，不遑枚举。

续表

项目	好人	归纳，备考
场合	明—蒙古之间：①④⑥； 明—后金之间：③⑤； 金—蒙古之间：②⑦	在蒙古、后金、明之间互派 Sayin Kümün
事体	议和：①⑤⑦。投奔：④。贸易：⑥	和平之事
角色	在部落内，是受敬重的有地位的人物。 对外部，在敌对双方之间建立信任和解调停；都依赖他，信得过	第三者；中立者；中间人
作用	成功者：①②④⑥⑦； 可望成功者：③⑤； 不能成功者：没有	

天聪汗复书李喇嘛，开头就说，"观尔来书，信为佛门弟子，是〔两国〕中间人所言（sini bithe be tuwaci, fucihi i šabi *siden i niyalma* ofi：'看了你的信，是以佛门弟子做中间之人……'），皆欲成两国（juwe gurun）之事。喇嘛大通道理，明哲之人矣。我两国是非，尔谛听之；我（be：'我们'）有不是则说我，南朝（nikan）不是则说南朝；以尔为中间人（siden i niyalma），故以心事说知"云云，是领悟到李喇嘛来信中的自诩"善人"，以期议和成功。

李光涛先生在谈及袁崇焕以吊丧烧纸为名，派遣喇嘛李锁南前往后金的时候，曾指出：

> 至于吊丧之使，而又必差喇嘛一行者，盖此种教义，在边外实有广大势力（中略）。按明末边外，东起辽阳，西至临洮，长边万里，大抵皆为喇嘛教之所及。即如万历（1573—1620）末年，奴儿哈赤亦尝有遣王喇嘛向辽东官员请和之事。① 又如寄住辽阳之白喇嘛（B-a Lama），更为奴（Nurhaci）之所重，后来天聪（1627—1635）中之求和，则又往往利用喇嘛为使，如朗素喇嘛（Nang-so Bla-ma）等。凡此种种，皆可明了奴与喇嘛之关系。以此袁崇焕，亦因时制宜，

---

① 此条记事笔者尚未检得。

不得不利用李喇嘛一行。①

意谓藏传佛教在彼地有广大的信徒，具有政治和其他方面的重大影响力，这使得后金、蒙古诸部的领袖们不得不重视，并加以利用。诚然如此，但以上面的分析看，应该说他们是以喇嘛的身份充当好人（Sayin Kümün）起作用的。正是由于扮演这个角色，藏传佛教更加获得稳固的社会地位。而以佛门弟子担任这个角色，则因为他们是方外人，超脱了世间利害，且敌对双方均信仰、尊敬，遂适宜做部落间、国家间的 Sayin Kümün, Sain Niyalma。

明朝也了解这一点。两位喇嘛虽然行的是臣工之事，到底不是臣工；待遇上，像李喇嘛出使后金，是在使者团之外和之上（使者都是军人或家丁），作为特殊而主要的人物。李喇嘛从五台山来到辽东，是为的报效明朝皇帝，皇帝曾经给他敕命图书，也并没有授给俗世官职；王喇嘛有战功，但给他"副总兵"待遇，不授譬如副总兵的职务。不光后金，明朝这边，至少看起来也一样，都维持着喇嘛们爱称道的所谓施主与福田的关系。

这都表明藏传佛教及其僧侣地位的稳固，可独立周旋在敌对势力之间了。符拉基米尔佐夫分析17世纪蒙古佛教僧侣封建主时，说"封建领主和宗主乐于把大喇嘛和喇嘛当作自己的家臣或对等者"，喇嘛们对于封建主跟封建主之间的争执，通常视情况为转移，选择支持某一方。但是，

> 非常值得指出来的是，他们有时使人们获得这样的印象，即他们不是任何封建主集团的拥护者，而是站在全体人民方面的。当准噶尔噶尔丹博硕克图汗的胜利已告确定时，和硕特部的僧人为了保障自己的生命财产，曾经声明说：（中略）我们是都尔本卫拉特（dörben oyirad，四卫拉特）人的喇嘛，不应把我们［按政治集团］划分开来，因为谁是我们的施主，对我们来说是无所谓的，因此，我们是谁的属下，对我们来说反正都是一样（中略）。另一方面，十七世纪中叶成为佛教法王的达赖喇嘛，开始想使蒙古（mongγol，鞑靼）及卫拉特

---

① 李光涛：《清人入关前求款之始末》，《中央研究院历史语言研究所集刊》第9本，第281—282页。

（Oyirad，瓦剌）的佛教僧众豁免租税，及不屈从于王公的意志。①

藏传佛教俨然成为第三股政治、社会势力，且往往在政治、社会势力之上。

所谓部下好人，原是蒙古及后金有，跟他们的社会制度相关，明朝没有。充当 Sayin Kümün、Sain Niyalma 的不只喇嘛，还有别的身份的人。那么蒙古、后金各部的属下好人是怎么一回事呢？

前述《皇明经世文编》编者说："夷部好人，即与中国通事相合者。"明人王士琦所写、资料止于万历四十一年（1613）的《三云筹俎考》里面"封贡考、夷语解说"中说："宰牙气：是主外国大事及本部落夷甲之事好人。"② 宰牙气，是蒙古语 jayaγači，"占卜者"，宗教人物。这两条连起来看，夷部好人是特殊职司，专管对外事务的，会汉话，知道天时地利的宗教师一类的人物。这与上举用例中的情况极吻合。但是王士琦还说道："首领（šülengge）：是各台吉（Taiji）门下主本部落大小事情断事好人。"而"台吉：是王子家子孙"。③ 台吉是部落主人，其断事好人也就是主人下的第一大管事官，与前举条（6）最相近，条（7）（1）（2）也近似。这样看来，"好人"是表示身份地位的称呼，是部落主人的亲密官员。

《满文老档》记录天聪汗的谕旨，有关涉此事者。

（α）天聪六年（崇祯五年，1632）三月二十一日，汗宣布出猎、行兵纪律，讲到一些事项的应得惩罚，其中：

---

① 符拉基米尔佐夫：《蒙古社会制度史》，刘荣焌译，第 288—289 页。
② 王士琦：《三云筹俎考》卷 2，《国立北平图书馆善本丛书第一集》，上海商务印书馆 1937 年影印本，第 24b 页。一个事例：万历九年（1581）十二月，"答（俺答）瞿霜露，竟不可药，遂死，于是妻三娘子使使者高榜实（baγsi）、保素宰牙气、巴思害首领，告讣于塞上曰：答以是月十九卒"。载瞿九思《万历武功录》卷 8《俺答列传下》，第 579 页。
③ 王士琦：《三云筹俎考》卷 2，第 24a 页。明代涉及蒙古的汉文史料上，有名号"首领""首领哥"或"守令哥"，均是蒙古语 Siülengge 等的音写，而后者又来自汉语的"首领"一词。详看 Henry Serruys（司律思），"Siülengge ~ šülengge," *Journal of the American Oriental Society* 92.1 (1972), pp. 92—95. 蒙古文《阿勒坦汗传》第 122 节有司律思未提及的写法：sigülengge。

ulhūma gūlmahūn de feksici *sain niyalma* oci, juwan yan i weile gaimbi, *buya niyalma*
　野鸡　　兔　　对跑的话　好　　人　倘若　十　两的罪　取小,卑微　人
oci tantambi,①
　　如果　打

追逐野鸡、兔子的话，若是好人，罪罚十两；如果是小人，就打他。②

（β）四月六日又对喀喇沁部蒙古诸王（beise）下谕旨（han i hese），申明行兵法度，其中说：

gūlmahūn ulhūma be butame feksici, *bayan niyalma* oci, juwan yan keruleme gaimbi,
　兔　　　野鸡　把　捕　跑的话　　富　　人　如果　十　两　罚　　取
yadara niyalma be tantambi,③
　贫穷　　人　　把　打

追抓兔子、野鸡的，如果是富人，罚十两；如果是穷人，就打他。

（β'）上边这篇谕旨（qaγan-u jarliγ）β 的蒙古文本尚且能见到，上面这一句的蒙古译文是：

taulai kirγuul du dobtolγula *sayin kümün* bolosa arban lang möngg̈u abqu, *maγu kümün*
　兔　　野鸡　对　要追　　好　　人　　如果　十　　两　银　收取　坏的　人
i jančiqu,,④
　把　打

追抓兔子、野鸡的，如果是好人，取银子十两；如果是坏人，就打他。

α，β 两条所讲事情及其轻重（还有句法）全同，而处罚对象，分别是 sain niyalma（好人）和 buya niyalma（小人），与 bayan niyalma（富人）和 yadara niyalma（穷人）相对应。见出好人也就是富人，小人即穷人了。

---

① 滿文老檔研究會譯註：《滿文老檔》太宗，728 頁。
② 中国第一历史档案馆等译注：《满文老档》第 1257 页译作"倘有驰逐雉兔者，富者罚银十两，贫者杖责"。
③ 滿文老檔研究會譯註：《滿文老檔》太宗，732 頁。
④ Li Boo Wen, Namka, "17 duγar jaγun u ekin dü qolboγdaqu 43 qubi mongγol bičig", *Öbör mongγol un neyigem ün sinjilekü uqaγan* 2 (1996), niγur 114, No 27。该文 niγur 95 的隶写有错误。

而衍生自 sayin 的词 sayid，意思是大臣。

条β'谕旨是发给蒙古人的，其中蒙古语译语当然是切合喀喇沁蒙古实际，才能奏效。而它对满语原文 bayan niyalma（富人）、yadara niyalma（穷人）的翻译是：sayin kümün（好人）、maγu kümün（坏人、劣人）。这应该表示在至少喀喇沁蒙古地区，sayin kümün 等于富人，而 maγu kümün（坏人）亦即穷人。

于此，可以看到，在当时蒙古、后金，"好人"就是那个社会里面的贵人或富人，有地位、有财产、受到尊敬，构成了一个阶层；与之相对"坏人/下等人"即穷人。

王喇嘛、李喇嘛被列在这样一个尊贵人群里面。

sayin kümün 是怎样的人群呢？按照符拉基米尔佐夫对这个时代蒙古社会的研究，sayin kümün 为封建领主的属民内上层阶级，是拥有大量牲畜、家仆，有时也拥有奴隶的富户。"汗及王公的驸马即塔布囊，各等级的赛特（sayid）、官吏，总之，所有叫作雅木布图（yambu-du：高官）的人，都出身于这个阶层。"并非官吏而拥有一定财产的哈剌抽（qaraču：黑民，黎民）属于中间集团，他们似乎没有属下人，他们中间有时可能包括一些小吏及使者等。

最低级的下层集团，被轻蔑地叫作哈剌库蒙（qar-a kümün：黑人），eng-ün kümün（普通人、平人），adaγ（下等人），maγu kümün（坏人）；在战争时，也被武装起来，但主要只是携带弓矢刀箭。①

于此可以了解到，在蒙古，好人是一个权贵—富人阶级。蒙古、后金把李喇嘛、王喇嘛及其他调停人当作好人，是跟自己的社会体制类比，以理解他们的地位。"好人"这身份，是两位喇嘛言行权威性的来源。

其权威性的另一个来源是，当时蒙古与后金的喇嘛们备受封建主跟普通人民的崇拜信赖，权贵们把财产和属民献给大喇嘛和寺庙，大喇嘛成了可以跟封建主平起平坐的拥有大量资产与属民的崇高阶级，很多被授予尊号，担当职责。作为喇嘛，王、李二位的威信受到这一情势的影响。以喇嘛做"好人"，具有双重的权威。

在明朝，喇嘛虽然也是以"客"、对等者的面貌出现，但其地位远不如在后金、蒙古的高，故其劳绩、行事较之不显著。兹由名号、礼节、待

---

① ［苏］符拉基米尔佐夫：《蒙古社会制度史》，刘荣焌译，第261—263页。

遇诸方面稍稍说明。

在名号方面，蒙古可汗林丹汗的喇嘛，天聪九年（1635）其殁后，长子 Erke Konggor 率领一起投降后金的官员名单，排在最前面位置的都是喇嘛：

> ecige guyusi,, tomsang guyusi,, ecige lam-a,, darhan lam-a,, amcut lam-a,, joriqtu gelung,, oqcotba ombu,,①

这鲜明呈现察哈尔政治集团内部的政教结构。蒙古语 ečige 的意思是"父亲"；guyusi 意思是"国师"。tomsang guyusi，就是崇德八年盛京实胜寺四体碑文和顺治二年盛京四郊四座藏传佛教塔寺四体碑文中藏文碑文的译者东木藏古西，藏文原名 Don-bzang Gu-shri，"胜义国师"。amcut，意义待考，应该是藏语借字。joriγtu，蒙古语，勇气。gelung，<藏语 dge-slung，比丘；寺院中高级僧人。ombu，<藏语 dbon-po，侄子；监院。这里面，喇嘛的尊号至少有：父 ečige；国师 guyusi；打儿罕 darqan，等等。

礼节上，后金、蒙古历来膜拜喇嘛，"待以客礼"，前面已有称述。再看后金汗接待喇嘛的情形。《满文老档》天命六年（1621）五月二十一日条，记英明汗接待斡禄打儿罕囊素喇嘛：

> tere ineggi, korcin i sakda nangsu lama isinjiha, han i yamun de dosire de, han, tehe
> 那 日 科尔沁的长者 囊素 喇嘛到来了 汗的衙门 于进入 时 汗 坐
> baci ilifi, lama i gala be jafame acafi, adame tebufi amba sarin sarilaha,②
> 处从 已起立喇嘛 的手 把 执着，握着 相见了 并列，陪着请坐了 大 宴席 开宴席
> 那一天，科尔沁的长者囊素喇嘛来到。在进汗的衙门时，汗已从坐处起立，执着喇嘛的手相见，并列而坐，开大宴席。

天聪四年（1630）二月，记天聪汗在回程中接待 Manjusiri 喇嘛（Mañjuśrī Bla-ma, ?—1636）的事：

---

① 東洋文庫清代史研究室譯註：《舊滿洲檔 天聰九年檔》，153 頁，天聰九年五月二十七日條。
② 満文老檔研究會譯註：《滿文老檔》太祖，329 頁。

juwan nadan de, jurafi jidere de, manjusiri lama, han be acaki seme amcame jimbi
十　七　在 动身了 要来 时　Manjusiri 喇嘛　汗 把要会见云云　追赶着　来
seme donjifi, aliyame (中略), han, morin yalufi lama be okdofi, lama i gala jafame
云云 听说了 等候着　　　汗　马　骑　喇嘛 把 迎接　喇嘛的手执着, 握着
acaha, suwayan cacari cafi, cacari dolo han i adame tebufi, cai omibuha yali ulebuhe,
相见　黄色　天幕 支起 天幕 里面 汗 的 并列, 陪坐 请坐了 茶 请饮　肉 请食
lama baire jakade, *dain* de jafaha ding fujiyang be buhe, han hendume, burgadu i
喇嘛 请求 因为　战争 于 捉住 丁　副将　把 给予 汗　说　Burqatu 之
jafafi benjihe ding fujiyang dzun hūwa de bi, tere be ganafi pan giya keo de benju,
捉住 送来的 丁　副将　遵化　在 是　他 把 去领了 潘　家　口 于命送来
manjusiri lama de buhe, lama i gala de afabume bu, sidende waliyarahū seme bithe
Manjusiri 喇嘛 于 给了　喇嘛的 手 于　交给　使　中间在　不要丢了 云云　书
arafi lama de buhe, tere inenggi aldaji de deduhe,"①
写了 喇嘛 对 给了　那　日　Aldaji 在　驻下

十七日，动身要回来的时候，听说 Manjusiri 喇嘛，追赶着要见汗云云，就等候着（中略）。汗骑马去迎接喇嘛，握着手见面。支起黄色的天幕，在天幕中，汗并列而坐，请饮茶，请吃肉。因为喇嘛请求，把战斗中捉住的丁副将（丁启明）给他。汗说道："Burqatu 捉住送来的丁副将，现在遵化。去把他领了送到潘家口，给 Manjusiri 喇嘛，交到 Manjusiri 喇嘛的手上，路上不要丢了"，这样写了信给喇嘛。那天在 Aldaji 驻下。

天聪八年（1634）五月十日：

满朱习礼胡土克图喇嘛（即 Manjusiri Lama）至，（天聪）汗郊迎五里外握手相见，偕入至宫中门下，命坐于御座傍右榻宴之。宴毕（中略），汗亲送喇嘛出边。②

后金汗对待喇嘛平等、尊敬，是一贯的。前述接待李喇嘛也是一样。在社会制度方面，当时后金与蒙古各部的喇嘛们，均属于封建制度（札奇斯钦称作"神权封建制度"）下的僧侣封建主，其寺庙则是寺院封

---

① 满文老檔研究會譯註：《满文老檔》太宗，325—326 頁。照东洋文库本满文看，北京中国第一历史档案馆等译注《满文老档》（第 1000 页，倒数 1—2 行）对此段的翻译有误。

② 中国第一历史档案馆：《清初内国史院满文档案译编》上册，第 80—81 页。

建主,拥有属民、畜牧,以及土地(对于后金的喇嘛封主、藏传佛教寺院而言)。例如斡禄打儿罕囊素喇嘛、白喇嘛在科尔沁和在后金的情形。① 而王喇嘛、李喇嘛仅有少数家丁②那样的徒众而已。

从上面三个方面来看,王喇嘛、李喇嘛在明朝很受尊重,但程度上、社会地位上,远逊于同时在蒙古、后金境内的"同门"。这个悬殊,削弱了王喇嘛、李喇嘛议和抚款诸行事之在明朝君臣心目中的分量。这一事实意味什么呢?意味着"喇嘛"在明朝主要是具有工具的价值;这身份本身,并不具有在后金和在蒙古那样的价值。

七 总结

明朝并不缺少喇嘛,曾应要求向蒙古一些部落输送喇嘛与番经 [藏文、蒙古(鞑靼)文佛经],③ 但是对比来看,17世纪前半期,明、蒙古、后金三家,边境上执事喇嘛明朝最少,而且全是汉或汉化喇嘛,④ 又不如在蒙古、后金受敬信。明在辽东地区废除郡县制而实行军政,⑤ 喇嘛们往往隶属于军中,具有众多军人特色,不如蒙古、后金喇嘛居寺庙、受各色人等膜拜、弘法事;其宗教更不成为国家主体意识形态跟祭祀典制。而当时在蒙古、后金就不一样:俺答(阿勒坦汗)敦请格鲁派领袖,声称重

---

① 李勤璞:《斡禄打儿罕囊素:清朝藏传佛教开山考》,《蒙古学信息》2002—2003年第88—91期。

② 当时辽东军官身边都有随从、家丁。关于明代北边军中家丁的研究参见马楚坚《明代的家丁》(1981),收录于同氏著《明清边政与治乱》,天津人民出版社1994年版,第124—162页。

③ 《明实录》、瞿九思《万历武功录》及张廷玉《明史》"鞑靼"等传有记述。参见佐藤长《第三代ダライラマとアルタンハンの會見について》,《東洋史研究》1983年第42卷第3號;井上治:《『少保鑑川王公督府奏議』に見えるアルタンと佛教》,《東洋學報》1998年第80卷第1號。

④ 当时有三种喇嘛:"汉僧"指汉人喇嘛,"番僧"指乌斯藏喇嘛,"夷僧"指鞑靼(蒙古)喇嘛。瞿九思《万历武功录》卷8,俺答列传下,第39a—40b页(总第765—766页)。

⑤ 和田清:《明代蒙古史论集》,第643—646页;赵中孚:《明清之际的辽东军垦社会》,《近代中国初期历史研讨会论文集》下册,"中研院"近代史研究所1989年版。

建往昔大元帝国忽必烈彻辰合罕与神圣八思巴帝师的关系，在国内行"政—教并行之制"；① 蒙古合罕林丹汗早年供奉许多派别的上师，待其长成，自认是佛经所说以佛教执政的转轮圣王，从萨迦寺请来萨迦座主夏儿把忽秃兔，重建大元帝国合罕－帝师的国政；② 外喀尔喀领袖车臣汗则自称摩诃三摩地（Maq-a Samadi，＜Mahāsammata）合罕；③ 清太宗敕建盛京实胜寺，亲临开光仪式，叩头礼拜，崇德四、五两年每年正月初带领臣僚前往叩拜；④ 顺治年间第五世达赖喇嘛到北京会见大清皇帝，达赖本人的记述中，认为皇帝是给他如八思巴那样的帝师（ti-shri）的待遇。⑤ 诸如此类，显明当时清、蒙古的领袖和社会在宗教信仰上与明朝的深切差异。

本章搜讨了王喇嘛、李喇嘛等的言行，又努力把握他们在辽东军事对峙、华夷失序、后金奋力争天下的局面中的行动角色和作用。王喇嘛的记录是在1622—1629年，由于他在宣府对蒙古工作的历史，来辽东以后仍服务于"款房"一事，包括对蒙古部落的联络、盟誓、督战、带兵打仗；在蒙古沿线很有名望信用，的确是位优秀的喇嘛。

李喇嘛的记录在1626—1627年，专门面向后金方面，文献所载仅议和一件事。作为吊丧使者来到盛京，深受礼遇，完成议和初始工作。次年

---

① 珠荣嘎译注：《阿勒坦汗传》§146, 155, 163, 235—241；Saɣang Sečen, *Erdeni yin tobči*, niɣur 436—439, 441—448。

② 参见 Saɣang Sečen, *Erdeni yin tobči*, niɣur 386—389；[俄]波兹德涅耶夫：《蒙古及蒙古人》第2卷，张梦玲等译，第438—459页；[苏]卢米扬泽夫：《符拉基米尔佐夫的蒙古史著作》，载[苏]符拉基米尔佐夫《蒙古社会制度史》，刘荣焌译，第394—395页；李勤璞：《盛京嘛哈噶喇考证》，《藏学研究论丛》第7辑，第100—105页。

③ 佛教说的世间最初的人主：共戴王，众敬王。外蒙古（qalqa mongɣol）末代哲布尊丹巴呼图克图（Jebdzundamba qutuɣtu boɣda，1870—1924）闹独立时，即以共戴为年号，自称 Mahāsammata 可汗。

④ 李勤璞：《盛京嘛哈噶喇考证》，《藏学研究论丛》第7辑，第105—115页。

⑤ Ngag-dbang blo-bzang rgya-mtsho, *Ngag-dbang blo-bzang rgya-mtshovi rnam-thar* 1 (stod-cha) (Lha-sa: Bod-ljong Mi-dmangs Dpe-skrun Khang, 1989), shog grangs 395. 参见 Shing-bzav Skal-bzang Chos-kyi rgyal-mtshan, *Bod sog chos-vbung* (封面书名 *Gangs-can rig-brgyavi sgo-vbyed lde-mig ces bya-ba bzhugs-so*) Pe-cin: Mi-rigs Dpe-skrun Khang, 1992), shog grangs 951；李勤璞：《盛京嘛哈噶喇考证》，《藏学研究论丛》第7辑，第118页。

继续努力于此事,但因明朝没有定见暂告中止。其后再事议和,他未参与。由写给天聪汗的信来看,这位喇嘛深通禅宗,书信颇染明末汉人好高谈宏论,不注重实际的文风,虽则行动并非浮夸。

王、李二位喇嘛,均是双重角色:对于女真和蒙古是好人(Sayin kümün, Sain Niyalma),对明是臣工;在战争之际参战,是臣工;在议和时候出使,做中间人。当时喇嘛们(在较弱一些程度上还包括和尚[①]等人)穿梭于各势力集团之间,成功担任各种各样的事务。明朝(尤其是袁崇焕)运用喇嘛,做起施主,尚属识时务者。女真人(清人)于此获得足够体会,乃有日后(1644—1912)对藏传佛教的推崇和深切成功的全面运用,塑造出清朝特殊的政治构造、意识形态、族类格局乃至辽阔的地理空间,改变了西藏、蒙古历史与文明的进程,增进了中华帝国的内涵。这项功业令人常思常新,复起敬畏之情。但延及19世纪,世界已经进入海洋文明的时代,为了因应东西洋人的逼迫,清朝渐行改变以自保——显著的变化是要从帝国(Empire)蜕变成国民国家(Nation)。

---

① 不惟喇嘛,汉传佛教和尚也参与当时明、金、鲜、蒙的交涉,仅举几例。

(1)朝鲜仁祖三年(天启五年即天命十年,1625)三月辛酉,"毛都督(文龙)票下将官易承惠,遣手下军兵,招谕辽东千山寺僧祖宁。祖宁率寺僧二百人、真达一人、驴马共二十余匹,一时渡江。义州府尹李莞见祖宁,使译官盘问贼情,则祖宁答云:奴酋顷间用兵锦州卫,多被败杀;第二子伤死,今则贼兵不过二万,自知失势,搬移沈阳云。[朝鲜]朝廷闻之,或以为祖宁媚悦之言,不可取信"。池内宏编:《明代满蒙史料·李朝实录抄》,文海出版社1975年影印版,第14册,第31—32页。

(2)仁祖二十年(崇祯十五年即崇德四年,1642)闰十一月庚子,"清国潜遣细作于我国,而僧人亦在其中,被捉于嘉山,郡吏诘之,乃全罗道绫州开川寺僧,而丙子(1636)游京山,被掳入沈者也"。池内宏编:《明代满蒙史料·李朝实录抄》第14册,第479—480页。

(3)《清实录》第2册(太宗)卷60—61记载明清间最后一次议和(崇德七年三至六月),五月到达盛京的使团(108人)就有天宁寺僧性容在内,且是重要成员。

和尚在这个改天换地的时代各势力集团间扮演的角色也很多样,可作为理解同时代喇嘛活动的对比参证。

碑文译注

满汉二体《大金喇嘛法师宝记》碑文译注

一 地域与时代的场景

  辽阳（Liodun, Liaoyang），在后金（Aisin Gurun）迁都沈阳以前悠久以来是东北亚最大的城市，文化、交通、政治、军事、族类聚居的枢纽。[①] 往昔这是有着伟大声名与思想的地方。就汉语佛教而言，直到1949年，这里城里城外寺庙林立，名僧辈出。藏语佛教方面，大元帝国宫廷的以及伪称宫廷的喇嘛们自北京前往高丽王京从事种种活动，[②] 自然都要在辽阳路过逗留；奴儿干的藏传佛教遗迹也与辽阳一地有关联；[③] 而在永乐四年（1406）腊月，这里的海洋女真童氏右族出身的道圆法师及其他五名和尚受推选赴京城南京，在那里参加迎接西天大宝法王葛哩嘛上师（尚师哈立麻，Karma-pa De-bzhin Gshegs-pa, 1383—1415）的盛大仪式，

---

  ① 河内良弘：《明代遼陽の東寧衛について》，《東洋史研究》1986年第44卷第4號，89—127頁。一篇卓越的研究。

  ② [韩]安启贤：《丽元关系与高丽佛教》，载《海圆黄义敦先生古稀记念史学论丛》，东国大学校出版部1960年12月版，第149—170页。[韩]李龙范：《元代喇嘛教的高丽传来》，《佛教学报》1964年第2号，第161—220页。以上系朝鲜文论文。李勤璞：《族群政治与帝国的一体化：高丽与西藏佛教关系研究》，《辽宁省博物馆馆刊》（年刊）2009、2010两年连载，辽海出版社2009年、2010年出版。

  ③ 鸟居龙藏：《奴儿干都司考》，《燕京学报》1947年12月第33期；杨旸：《明代奴儿干永宁寺碑记再考释》，《社会科学战线》1983年第3期。

并于灵谷寺聆听其法音。① 这是明朝皇家最盛大的一次佛事活动,具有深远的政治教化意义。辽阳的文庙、② 官学、关帝庙(武庙)③ 也是鸡林以外广漠的辽东地区最早建立的。

天启元年(后金天命六年,1621)三月二十一日,后金夺取明朝的辽阳,遂迁都于此。五月二十一日,卓锡东部蒙古科尔沁的斡禄打儿罕囊素带领徒众(sahalca)投奔而来,备受英明汗敬戴。这是最先投奔后金的大喇嘛,对于明、蒙古、朝鲜、后金——东亚世界——而言,这个举动具有很大的政治神话意义。④ 他是后金及清朝藏传佛教的开创者。但因其身体老迈,至此地三个月就圆寂了。太祖英明汗当时在城南门外二里,建立一个有住僧、庄园、属民、奴仆和财产的寺庙,供奉这位大喇嘛舍利塔庙。这是后金和清朝最早敕建的喇嘛寺庙,可说是后金、清朝藏传佛教的"祖庭"。天聪四年(1630)太宗聪明汗复践行先汗遗命,建立西藏式舍利宝塔,竖立满汉二体碑文记其缘起。顺治十五年(1658)因塔根损坏,在北京的世祖皇帝敕命再加修理,竣工时复立三体碑文铭记之。后来又在这里建立莲花寺,以奉香火。直至清朝逊国,都是官奉寺庙。⑤ 1940年

---

① 天台师鉴:《辽阳僧纲司致事副都纲兼前广佑禅寺住持圆公塔铭并序》(1442年),邹宝库辑注《辽阳金石录》,辽阳市档案馆、辽阳市博物馆1994年编印,第19—20页。参见《重修辽阳城西广佑寺宝塔记》(1423年),《辽阳金石录》,第9—10页。关于尚师哈立麻在京城的行事,看《明实录》永乐四年腊月至永乐五年七月的记载。顾祖成等编:《明实录藏族史料》,西藏人民出版社1982年版,第1集,第129—134页。

② 村田治郎:《滿洲の孔子廟建築》,《滿洲學報》(大連:滿洲學會)1932年第1輯,1—34頁。

③ 村田治郎:《關帝廟建築史の研究(前編)》,《滿洲建築協會雜誌》1929年第9卷第12號;《關帝廟建築史の研究(後編)》,《滿洲建築協會雜誌》1930年第10卷第2號。

④ 关于政治神话,特别见诸汉文的中国古代包括开国者的政治神话,参见孙广德《我国正史中的政治神话》,《中国史学论文选集》第6辑,幼狮文化事业公司1986年版,第51—125页。

⑤ 光绪朝《清会典》卷40,中华书局1991年影印版,第365a页,盛京礼部:"凡僧道有额(……辽阳莲花寺,衣粮僧四名……),岁给以衣粮(岁用高粱棉花绸布,俱咨行盛京户部发给),有赡地者不给粮。"

12月伪满成立"满洲帝国喇嘛教宗团",这里复属于奉天市教区管辖。① 近世以降,这一带就叫作"喇嘛园""喇嘛坟"。喇嘛园内还有囊素喇嘛的法弟、囊素喇嘛庙的建立者与堪布白喇嘛的坟墓。明朝的张春(1565—1641),这位忠勇孝义的人物,其骸骨1664年以前亦在这里掩埋。

二 拓本收藏与研究情况

喇嘛坟现今已不存在了,那里先后树立的敕建多体碑文,对于理解清朝藏传佛教的历史与体制的起源,对于理解辽东近代初期社会文化,具有重要的意义,同时对于满文、蒙古文的语文学而言也是很好的资料。

天聪四年的满文、汉文二体碑文具有特别的价值:这是清代最古的碑文、清代最古的敕建碑文,也是清代最早的藏传佛教碑文。有清一代国家以儒教治理内地十八省和八旗,而以藏传佛教黄帽派治理西藏、蒙古地区,建立此舍利塔和石碑就是先兆。另外,这还是清代唯一的无圈点满文碑文。② 以下着重探讨其语文学方面,提供资料、说明体例而已。

这块石碑碑首为弧形,其中纵题楷书汉字"敕建"。碑正面左半为满文,右半为汉文碑文。碑阴为汉文题名。碑面87cm×60cm,碑文部分65cm×60cm,汉字书法拙稚,有俗字、错字,尚有补刻汉字。这个情况对于了解当时辽东后金文化状况乃是宝贵的资料。此碑向存于辽阳,但几经星霜,字迹难以辨认,20世纪以来汉语碑文录文不止一种,但错误难免,因此早期拓本十分重要。

这块石碑的拓本,今大连图书馆藏两种。其一为两张(索书号13.7/408),没有装裱,一碑阳,一碑阴。1934年5月24日入藏。其二为一张(索书号13.1/299),装裱成竖轴,仅碑阳文字,在前南满洲铁道株式会社奉天图书馆的入藏时间是1935年7月8日。奉天图书馆的拓本20世纪

---

① 忢莫勒:《伪满喇嘛教宗团始末》,《内蒙古社会科学》1995年第1期,第57页。

② 此外,天聪九年十月在耀州敕重修娘娘庙,所立汉文碑记,末尾一行满文:"aisin gurun i sure han u uyuci aniyai juwan biyai"(以下不清晰,无法辨认)。李勤璞:《大金的国家和宗教》,《沈阳故宫博物院院刊》第14辑,现代出版社2014年版,第38—40页。

40 年代调入大连图书馆，拓得不好，不甚清晰。

满铁辽阳图书馆（1910—1945 年；1937 年移交伪满）曾收藏拓本一张，是该馆第二任馆长宫地元次手拓，[1] 今存否不明。日本内藤虎次郎、鸳渊一两氏，热爱碑拓，亦应收藏，但战后情况不明。东洋文库藏碑阳、碑阴拓本各一张。[2] 另外，《全国满文图书资料联合目录》著录北京图书馆、辽阳市文物管理所各藏拓本一张，北京图书馆的景印收录于《北京图书馆藏中国历代石刻拓本汇编》第 61 册。[3] 至于辽阳文物管理所的，不知确实与否，其制作的年代亦不明。

本文根据大连图书馆的拓本。

对这通碑文，鸳渊一（1896—1983）充分认识到它的价值并加研究。1926 年发表《辽阳喇嘛坟碑文解说》，[4] 次年 10 月又发表前文的补正。[5] 鸳渊一论文包括满文碑文译释，语文学说明及辽阳在我国东北历代政治文化地位的变迁。该文在语文学和史学上有些重要的错误，经我国杰出的满洲语文学者李德启（1904—1986）[6] 及鸳渊一本人相继发现，鸳渊一在其重加撰写的《辽阳喇嘛坟碑记》予以更正。此文收录于该氏《满洲碑记考》（1943）。[7] 通观《满洲碑记考》，各篇体例欠斟酌，细节潦草，不是严谨著作，急切配合侵略的目的可以说是达到了。最后，甘德星根据大连图书馆拓本的照片录译注释过。[8]

---

[1] 阙名：《白塔下の遼陽圖書館》，《書香》（滿鐵大連圖書館）1934 年第 59 號。

[2] 《東洋文庫所藏中國石刻拓本目錄》，東洋文庫 2002 年版，108 頁。

[3] 北京图书馆金石组编：《北京图书馆藏中国历代石刻拓本汇编》，中州古籍出版社 1990 年影印，第 61 册，第 1 页。系碑阳拓本。

[4] 鸳渊一：《遼陽喇嘛墳碑文の解説》，載羽田亨编《内藤博士還曆祝賀支那學論叢》，京都弘文堂 1926 年版，327—371 頁。

[5] 鸳渊一：《遼陽喇嘛墳碑文解説の補正》，《史林》1937 年第 22 卷第 4 號。

[6] 李德启：《满文字之来源及其演变》，《国立北平图书馆馆刊》1930 年第 5 卷第 6 号，第 10 页。

[7] 鸳渊一：《滿洲碑記考》（大陸叢書），東京：目黑書店 1943 年 1 月版。这是日本人配合其对中国侵略，由广岛文理科大学（今广岛大学）大陆研究室编辑的"大陆丛书"的一种。

[8] Tak-sing Kan, "The Sino-Manchu Inscription of 1630 in Honor of the Uluk Darxan Nangsu Lama," *International Journal of Central Asian Studies* (Seoul) 4, 1999, pp. 217—240.

满洲医科大学豫科化学教室佐藤文比古写过一份不准确的目录,① 著录了此碑。S. Grupper 也曾著录。②

三 录文及翻译

录文体例

这次修订本文,欲核对录文,但未能找到先前使用的拓本,只能使用另一份不如前者清晰的拓本(索书号 13.1/299),故本处的录写仍留有很多疑问。

(1)满文碑文:碑文是老满文,写法上跟蒙古文和新满文均有异同,现在没有恰当的转写系统。以下的转写分两步:按照新满文的字形和转写法抄录一过;再释读为新满文的词汇,依新满文的转写规则厘写一过。例如满文的"佛",第一步依字形和新满文的转写法转写作 fūjiki,再释读、隶写为新满文 fucihi。

汉文碑文:照录原字体,加标点。满汉文均照原格式抄录,唯改直行为横书。

(2)行左阿拉伯数字表示碑文的行次。

(3)未能确认的字(对于汉文)词(对于满文)用方框□表示;未能确认的单个字母(对于满文)用半个方框▢表示,如▢、▢▢分别表示有一个、两个字母不可辨认;经辨认但有疑问的,用例如 t̂ 表示。

(4)满文标点,一个点、两个点分别记做英文的一个逗号(,)两个逗号(,,)。

(一)满文碑记

1 　aisin kūron i ūr ▢ok tarkan langso lama i kiran i sobarkan,,

---

① 佐藤文比古:《満洲に於ける清朝初期の満洲字碑》,《満洲史學》(瀋陽:満洲史學會)1937 年第 1 卷第 1 號,52 頁。

② Samuel M. Grupper, "A Handlist of Manchu Epigraphical Monuments I. The Reigns of T'ai-tsu, T'ai-tsung and the Shun-chih Emperor," *Manchu Studies Newsletter* 1—2, 1977—1978, pp. 76—77.

aisin gurun i örlüg darhan langsu lama i　giran i subargan,,
金子　国　的斡禄　打儿罕　囊素　喇嘛之　舍利　的　塔

2　lam-a ojir to oron i bai niyalma,, fūjiki bada banjibi,, ūnangki toro ba tajibi,, amba

　　lam-a ocir tu oron i　bai niyalma,, fucihi bade banjifi,, unenggi doro be tacifi,, amba
　　喇嘛　具金刚　地域之　地之　人　　　佛陀　地在　出生　　真正的　道　把 学习了 大的

3　arka ba kafobi,, kūnin aitan erkangka ba ir □ji toroki sama,, olkon mūka ta yabora ba

　　arga be hafufi,, gūnin eiten ergengge be iruci torohe seme,, olhon muke de yabure be
　　法,法术把 精通了　心意 所有的　　生灵　把 若沉沦 安定　云云　　陆地　水　于　将行走把

4　sangkowantarako,, siwon taktara erki mokkeo kūron ta kibi fūjiki toro ba alkimboma

　　sengguwenderakū,, šun dekdere ergi monggo gurun de jifi fucihi doro be algimbume
　　不害怕　　　　太阳 将升起　方位　蒙古　国　在 来到 佛　道　把　宣扬

　　salkiyama,

　　selgiyeme,
　　　宣传

5　olkirako kiran ba kemo fūjiki workon ta tosibom-a yabobi,, amala mūsai kūron ta

　　ulhirakū geren be gemu fucihi forgon de dosimbum-e yabufi,, amala mūsei gurun de
　　无慧的　大众 把　全都　佛　时运　于　纳入而　　　做了　后来 我们的　国　于

　　jitara jakata,,

　　jidere jakade,,
　　要来　时候

6　kangkiyan kan ambola tūbaoma kūntolakiy-a,,（此处不可辨认）aniya jakūn biyai

　　genggiyen han ambula dobome kundulehey-e,, abkai fulingga šahūn coko aniya jakūn biyai
　　英明的　汗　十分　供奉着 敬重, 款待了呀 天的 有天命的　辛　酉　年　八　月之

　　（此处不可辨认）de lama amasi

　　o □□ □mu　de lama amasi
　　二十　一　于 喇嘛 向后

7　batarak-a mangki

　　bedereh-e manggi
　　返回了　其后

满汉二体《大金喇嘛法师宝记》碑文译注　　　　227

8　kangkiyan kan ketoma sobarkan arabi kiran sinta saka bika,, aniya tari tain cooka

　　genggiyen han hendume subargan arafi　giran sinda sehe bihe,, aniya-dari dain cooha
　　　英明　汗　说　　　塔　建立了　舍利 放进去 说了 有了　　每年　敌人　兴兵

　　jabtokaku bikai

　　jabduhakū bikai
　　未来得及　有呀

9　sūra kan i tūici aniya lama i emo sajin i tao b-a lama

　　sure han i duici aniya lama i　emu šajin i　deo b-a lama
　　聪明 汗 的 第四　年　喇嘛 之 一个 教法 的 弟弟 白 喇嘛

10　kan ta kison aiwasimbobi

　　han de gisun wesimbufi
　　汗　对　言语　具奏了

11　kan i kasa jakon baisai kison i sūra kan i tūici aniy-a sangkiyan morin ariya jowari ojo biyai

　　han i hese jakūn beisei gisun i sure han i duici aniya šanggiyan morin ariya juwari uju biyai
　　汗 的 敕　八个 众贝勒 言语以聪明 汗 的 第四 年　　庚　　午　年 夏天 初 月之

　　sain inangki

　　sain inenggi
　　好的　日子

12　kan i kesai ūlara ba katalangka hiojikon sūmingkuwan tūn-k yang sing, awabi tosan

　　han i hesei ulara be kadalangga hojihon sumingguwan tun-g yang sing, afafi tušan
　　汗 的 敕以 差役 把　管辖的　　女婿　总兵官　佟　养　性　执事 职任

　　ūksingka

　　ugsenge
　　　？

13　　baikuwan sai yūn-k ayan,,

　　　beiguwan sai yung niyan,,
　　　备官　蔡　永　年

译成汉文：

金国的斡禄打儿罕囊素喇嘛的舍利塔。

喇嘛是永恒之地的人,在佛地出生,学习真理;通解了大法,又意图救度众生灵。于是不惮水陆跋涉,来到日升之处蒙古国,宣扬佛理,使他们通晓,把大众引入佛的时运之中。其后,来到我国的时候,英明汗非常地供养与尊敬。天命辛酉年八月二十一日,喇嘛回归(去世)之后,英明汗说,"建塔藏舍利"。因连年兴兵,来不及建造。聪明汗的第四年,喇嘛的同门法弟白喇嘛向汗具奏[请求造塔]。以汗的话、八大贝勒的话,在聪明汗的第四年庚午年夏初之月(四月)的好日子[建成了]。

以汗的命令管理差役的,是[汗的]女婿总兵官佟养性。□委任官员是备官蔡永年。

(二) 汉文碑记(依原字形与格式过录)

碑额
0　勅建
碑题
1　　　大金喇嘛法師寶記
碑文
2　法師斡禄打兒罕囊素,烏斯藏人也,誕生佛境,道演真傳,既已融通乎大
3　法,復意普度乎群生。於是不憚跋涉,東歷蒙古諸邦,闡揚聖教,廣敷佛惠,
4　蠢動含靈之類,咸沾佛性。及到我國,蒙
5　太祖皇帝敬禮尊師,倍常供給,至天命辛酉年八月廿一日,法師示寂歸西。
6　太祖有勅,修建寶塔,歛藏舍利。緣累年征伐,未建壽域。今天聰四年,法弟白喇嘛
7　　　　　　總兵耿仲明
8　　　奏請,欽奉　都元帥孔有德
9　　　　　　總兵尚可禧
10　皇上勅旨,
11　　　八王府令旨,乃建寶塔,事竣鐫石,以志其勝。謹識。肯
12　　　大金天聰四年歲次庚午孟夏吉旦,同門法弟白喇嘛建。
13　　　欽差督理工程駙馬總鎮佟養性。委官備禦蔡永年。
14　　　　　　　　遊擊 大海 楊于渭 撰。

(三) 碑阴题名

1　喇嘛門徒　甕卜,班第,扒必知,閃把,孛代,咱世甲,羅布臧 端州

2	齊榜識，率尼榜識，戰麻，毛胡賴，布希孩，阿牛，孛治
3	擺曬，麻害，來福，路子，小保子，二小廝，賈友登
4	賈友明，重陽，夏永時，王善友，把大□，□□友，徐計忠
5	范和尚，朱朝功，王廚子，洪文魁，洪□，王孝中，王壽中
6	賈計祖，徐德，王二，小倪子，明□□，祖喜，玄方□
7	侍奉香火看蓮僧大成，大塔，金剛保，常會，大士，大召，妙意，寬德，寬伏，童祖俊
8	西會，廣祐，大寧，慈航寺僧信海，信椿，洪杲，信福，性惠，果□，□方，洪德，成清，大正
9	性宗，信清，鎮龍，洪堪，大常，大京，大玲，大清，妙本，竟然，玄龍，玄樂，妙成
10	玄維，召貞，信福，惠靜，性朝，遊俺郎位，郎熙載，臧國祚
11	總鎮副參遊俺等官馬登雲，黑雲龍，石國廷柱，高鴻中，金勵，佟延，鮑承先，祝世印昌
12	皇上侍臣李思中，殷廷輅，楊萬朋，佟整，張世爵，李燦，張士彥，李世新，范登仕
13	庫商，張大猷，高仲選，吳守進，劉仕璋，閆印，楊可大，崔應太，朱計文，吳裕
14	义馬哈，金玉和，寧完我，崔名信，楊興國，李光國，金孝容，俞子偉，趙夢豸，叚成梁
15	龍什，殷廷樞，李廷庚，禿占，禿賴，才官，率太，尤天慶，黃雲龍
16	偏姑，教官，高應科，朱，鄭文炳，冉啟倧，王之哲，馮志祥，曹振彥，蔡一品，張君信
17	溫名什，李萬浦，高大功，嚴仲魁，韓士奇，薛三，樊守德，陳王治，林友成，王友明
18	木青，千總房可成，李三科，崔進中，周尚貴，木匠趙將，石匠信倪，寬佐
19	乞力千，金世逵，副將佟二朋，韓尚武，鐵匠潘鐵，□匠明淨
20	□□氣何不利，柯參將，楊旗鼓，馬應龍，陳五，砲塔泥水匠崔果寶，□□□

四 考释

(一) 满文碑记

第一行

符号 🔖，表示一节纪录的起始，在清入关以前满文中常用，如"阿济格略明事件之满文木牌"等现在可见史料。① 李德启先生注意及此，他说："凡一段文字之起始处，在蒙文中多标以此种符号。按此习惯始于何时何地，不可详考，余只知藏文中亦有此例，颇疑蒙文系仿自藏文，而满文又系沿袭蒙文者。"② 太祖时代及太宗初年的老满文上谕，在"genggiyen han hendume"的顶端划上形状一样但尾巴朝上的符号。③ 无圈点满文档中，在 han（汗）字上面，也标这个符号。④ 这两种用法都来自同时代北边蒙古人的蒙古文。⑤ 蒙古文的这个符号又来自藏文，是藏传佛教传播携带来的。而西藏这个符号无疑可追溯至古代印度语文体制。

顺便说说，这种符号在汉文中也使用过。用途是区别文章的段落，这与唐代敦煌藏文写本一致。笔者指的是敦煌遗书 P.2012"守温韵学残卷"，系在吐蕃统治敦煌时代（786—848）于敦煌写就的。符号写法是"尾巴"朝上。⑥ 这是敦煌汉文化吐蕃化的一个有趣的例子，尚未有人指出。鸳渊一录文没有这个符号。

---

① 李德启：《阿济格略明事件之满文木牌》，国立北平故宫博物馆文献馆 1935 年版，正文之前图版。图版左边第一行顶端即是这个符号。也可见李光涛、李学智编著《明清档案存真选辑》第 2 集，中研院历史语言研究所 1973 年版，档案图版。

② 李德启：《阿济格略明事件之满文木牌》，第 12 页。此前李德启先生指出过，见其《满文字之来源及其演变》，《国立北平图书馆馆刊》1930 年第 5 卷第 6 号，第 8 页。

③ 小沼勝衛编纂：《清代のアジヤ》（東洋文化史大系 19），東京：誠文堂新光社 1938 年版，16 頁圖片。

④ 李德启：《满文字之来源及其演变》，《国立北平图书馆馆刊》1930 年第 5 卷第 6 号，图一，又第 7 页。

⑤ 蒙古文古书上的情形，《蒙医医古文》有介绍，即 Temür nayiraγulba, *Anaγ aqu uqaγan-u mongγol modon bar un sudur bičilge* (Begejing: Ündüsüden ün keblel ün qoriy-a, 1991), niγur 7—8。

⑥ 周祖谟：《唐五代韵书集存》，中华书局 1983 年影印本，第 796—802 页。

ūr □ok：此字鸳渊一写成 urig，与原字迹相差太远；甘德星写成 uluk，但拓本 r 字是有的；第一字母明明是 ū。今参照汉文"斡禄"音，隶写作 ūrlok。因为在满语中这个字没有解释，于是再还原成蒙古文的 örlüg，意思是英勇的、伟大的、无敌的，用于名号。

把 ūrlok 厘写成蒙古文的 örlüg，是依照先例。例如本书毕力兔朗苏一篇第四部分提到的，《旧满洲档》里字形 ūlkei，① 乃是蒙古原文 ölke yin ② 的记写，ūlke < ölke，因此，本稿把 ūrlok 还原成蒙古文 örlüg。örlüg 的词源是突厥语 uluq，译言"伟大的"。③

darhan，打儿罕，元明时期蒙古君主常作为称号赐予部下特殊功劳者。清代前期后金汗也因袭蒙古体制，封过此号。喇嘛中获得此号最著名者，是顺治二年在燕京建立的察罕庙庙主察汉喇嘛，顺治十三年赐号达尔罕绰尔济（darhan chos-rje）。绰尔济，藏语"法王""法主"。

langso，对应汉字"囊素"。鸳渊一误成 nangsu，这个词来自藏语 nang-so。

giran，译言尸体、骸骨等。这个字拓本不清楚，鸳渊一拟成此字并在其后加了个问号，表示有疑问。今按，这里的短语"□ i subargan"比照碑文第 8 行"subargan arafi giran sinda"，语义相类，加 giran 于 i 之前是合适的。

subargan，译言"塔"，有别写 subarhan，来自蒙古语 suburɣan。后者应间接地来自梵文 stūpa，原意为冢，陵，塔。

第二行

ocir tu oron：对应的汉语碑文为"乌斯藏"（藏语 dbus-gtsang 音译）。鸳渊一写作 fucihi，本文初刊时厘写为 öröne oron，均不合。

ocir tu oron，蒙古语中的短语，一般写作 wačir-tu oron。wačir，或

---

① 《旧满洲档》，台北"故宫博物院"1969 年影印版，第 6 册，第 2805—2806 页。满文老檔研究會譯註《满文老檔》太宗，東洋文庫 1955—1958 年版，124—125 頁参照。

② Dumdadu ulus un teüke yin nigedüger arkiw neyitelekülbe, *Arban doloduɣar jaɣun u emün-e qaɣas tu qolboɣdaqu mongɣol üsüg ün bičig debter* (Begejing: Mongɣol un baɣač ud keüked ün qoriy-a, 1997), qorin tabun, qaɣudasu 81.

③ 额尔登泰等：《〈蒙古秘史〉词汇选释》，内蒙古人民出版社 1981 年版，第 120 页。

wčir，音译自梵语 vajra，金刚、不坏。tu, 有。wačir-tu, 具金刚之意；在《翻译名义大集》中，对应于藏语的 rdo-rje。① oron, 区域，地域。wačir-tu oron, 意思是"金刚不坏的永恒之地"。对应于汉文碑文的"乌斯藏"，意味着在信奉藏传佛教的蒙古人看来，西藏、拉萨是永生之圣地。wačir-tu oron 相当于蒙古语另一短语：möngke γajar-a。《蒙古源流》卷 4 有 baraγun eteked möngke γajar-a, 指西藏，乌兰翻译作"西土不坏法域"。②

《金轮千辐》（1739）有一句"enedkeg ün wčir tü oron kegči erten ü degedü burqan šagimuni yin törögsen oron bölüge„"③，是说"印度的金刚之域是往昔至尊佛陀释迦牟尼的出生地"。《蒙古语大辞典》把 wačirtu oron 解释作"坚固的场所即印度的摩揭陀王国"。④

藏文中一个词 rdo-rje gdan, 蒙古语作 wačirtu saγurin, 指在摩揭陀国（Magadha）的金刚座（Vajrāsana），释迦牟尼成道时坐处。金刚座，佛教上极有意义的神圣地点。⑤

第三行

arga, 译言"方法，法术"。这个字看不清，但不是鸳渊一写作的 doro。

ir☐ci torohe, 这二字鸳渊一未识出来。第一字应是 iru ci, 乃动词 irumbi "沉没，沉沦"的条件式。torohe 译言"平定了，平息了"，torombi 的过去时。Iruci torohe, 合成谓语，"平息沉没"，或即救度之意。

第四行

sengguwenderakū, 译言"不惮，不怕"。原形动词为 sengguwembi, -rakū 为其否定式附加成分，-de 为持续态附加成分，-n 为增音。

šun, 译言"日，太阳"。dekdere, 是 dekdembi 的将来时，将升起。ergi, "方向，方面"。šun dekdere 对应于汉文碑文的"东"字，意思即日

---

① 石濱裕美子、福田洋一：《新訂翻譯名義大集》，東洋文庫 1989 年版，第 35 頁，649 條。
② 乌兰：《〈蒙古源流〉研究》，辽宁民族出版社 2000 年版，第 602（蒙文）、231（汉文）页。
③ Dharm-a jokiyaba, Čoyiji tulγan qaričaγulju tayilborilaba, *Altan kürdün mingγan gegesütü* (Kökeqota: Öbör mongγol un arad un keblel ün qoriy-a, 1987), qaγudasu 75.
④ 陸軍省編：《蒙古語大辭典》，東京偕行社 1933 年版，1705 頁。
⑤ 季羡林等：《大唐西域记校注》，中华书局 1995 年版，卷 8，第 668—671 页。

出之方，系用藻饰语言。这样的表达方式来自蒙古语。

第五行

ulhirakū，无（佛教说的戒定慧的）"慧"，无明的状态。

dosimbum-e，词末元音在书法上是分写形式，仿自蒙古文。鸳渊一的转写未显示出来。

yabufi，动词 yabumbi 的完成式，译言"做，行"。

第六行

o □□□mu，字迹不清，对应的汉文碑文是"二十一"，故此处应是 orin emu（二十一）。鸳渊一同。

第八行

hendume，译言"说，说道"。不是敬语。但对应的汉语碑记则是皇帝的专用字眼"敕"，显示特别尊敬。

aniya dari，累年。新满文二字连写作 aniyadari。

第九行

b-a：（1）-a 是分写形式。（2）b-a lama 即是汉文碑记的"白喇嘛"。

第十行

gisun，译言"话语，言辞"。这也是一般词汇，不是敬词。

第十一行

hese，译言"敕，谕"。专称 han（汗）说的话。以本碑来看，陈捷先的说法不大确切："从三田渡功德碑（1639）中，我们可以了解到在清太宗时代，满洲人已逐渐受到汉人文化影响了，文书制度亦然（中略）。清太宗的'命令'或'谈话'，也不像老档里在太祖努尔哈齐时代只用一个平常大家通用的 hendume（说）字，而新创了 hese（谕）一词，强调人主的不同凡人。"[①] 在这通属于太宗时代的老满文石碑（1630）中，汗的话并不专用 hese，而是 hendume、hese 都用。

ariya，正字 aniya，译言"年"，这可能是别写或误写。

第十二行

ulara，ulambi 的现在式。从相应汉文碑记意思"差"来看，这乃

---

① 陈捷先：《三田渡满文清太宗功德碑研究》，《满学研究》第 1 辑，吉林文史出版社 1992 年版，第 146—147 页。参见李德启《满文字之来源及其演变》，《国立北平图书馆馆刊》1930 年第 5 卷第 6 号，第 8 页第二条注，又图一。

是蒙古语 ūla（书面语 ulaɣ-a，"差役，驿传"）的动词化，意思是"当差"。藏语乌拉差役的"乌拉"u-lag，"驿站之差"，也来自蒙古语 ulaɣ-a，借入时间可能在元代。满语另有一个同形词 ula, ulambi（江；流动）。

  hojihon，译言"女婿"。对应汉文碑记的"驸马"。

  sumingguwan，"总兵官"的音译，汉文碑记作"总镇"。

  tung yang sing，即佟养性（？—1632），清太祖、太宗两朝功勋赫赫的大臣，最著名的工作是督造红衣大炮。《太宗实录》天聪五年正月壬午（初八日）条说，"造红衣大将军炮成，镌曰'天佑助威大将军。天聪五年孟春吉旦造。督造官总兵官额驸佟养性，监造官游击丁启明、备御祝世荫，铸匠王天相、窦守位，铁匠刘计平'。先是我国未备火器，造炮自此始。"① 清代各主要史书均有其传记。《清史稿》谓"佟养性，辽东人。先世本满洲，居佟佳，以地为氏。有达尔哈齐（*darhaci）者，入明边为商，自开原徙抚顺，遂家焉。天命建元，太祖日益盛强，养性潜输款，为明边吏所察，置之狱，脱出，归太祖。太祖妻以宗女，号'施吾理额驸'，授三等副将。从克辽东，晋为总兵官。太祖用兵于明，明边吏民归者，籍丁壮为兵。至太宗天聪间，始别置一军，国语号'乌真超哈'。五年正月，命养性为昂邦章京"云，是岁初铸炮，使其监造。② 派佟养性督理喇嘛坟工程，可看出太祖对囊素喇嘛的敬重。

  第十三行

  满文第十三行跟汉文第十四行是在同一行上。

  另外在书写格式上，第六行、第八行 genggiyen han，第九行 sure han，第十、十一、十二行 han，都是抬头顶格书写，与汉文碑记一致。

（二）汉文碑记

  第六行

  寿域：此指坟墓所在的区域，墓园。寿域原指长寿。《黄帝内经·素问》林亿等序的末句："陶一世之民，同跻于寿域矣。"③《元文类》陈祐

---

① 《清太宗实录》卷8，台湾华文书局1969年版，第130页。
② 《清史稿》，中华书局2003年版，第31册，卷231，第9323—9326页。
③ 郭霭春主编：《黄帝内经素问校注》，人民卫生出版社1995年版，第12页。

《三本书》:"将以跻斯民于仁寿之域。"①

第七行

"都元帅孔有德"等三名,系补刻,跟碑记无关。至于补刻年代,按孔、耿二氏本系明朝军人,天聪七年五月叛投后金,尚可喜天聪八年叛投后金,故补刻的时间是天聪八年以后的事,距立碑已经四个春秋了。唯此种扰乱碑记体统的事,后金汗听其发生,甚不可解。究竟当时发生了什么事情,而补刻许多人名于碑上?

第十四行

大海,即修订满文字母的达海榜识(Dahai Baksi)。殁时三十八岁。当时的朝鲜史书,以及满文资料上对他有真切的记录,康熙年间追谥"文成",一般称其"满洲圣人达海"。而最需参考的著述当数李光涛先生的《明清档案存真选辑》二集"序",第4—7和10页。

(三) 碑阴题名

第二行

率尼,应即索尼,文馆中榜识(baksi)之一。《满文老档》(太宗朝)写作 sonin baksi。蒙古语 söni,"夜";sonin,"新闻;新奇的"。

第七行

侍奉香火看莲僧:庙祝,满语 juktesi。

第九行

臧国祚,沈阳宫殿陵墓寺观桥梁的建造者维修者,名字见诸多种碑石。

第十一行

石国柱、石廷柱,是兄弟俩。祝世印昌,应该读成祝世昌、祝印昌,但后金当时有祝世印,故镌刻有错,正确的读法是祝世印、祝世昌。前引汉文太宗实录有"祝世荫",从兄弟俩名字荫、昌的语义判断,"印"字系误书,他的正确的名字是祝世荫。

第十四行

义马哈。即叉马哈。当时叉写作简体字的"义",如蒙古察哈尔部,

---

① 苏天爵:《元文类》,商务印书馆1937年版,第179页。

汉文《武皇帝实录》常记作"乂哈喇",即满语的 cahara,来自蒙古语 čaqar。

按碑阴文字字体及镌刻深浅呈现不同的状况,有些应该是补刻的,曹汛曾做分辨,意见值得参考。① 鸯渊一没有抄录碑阴文字。

图8　碑文阳面

---

① 曹汛:《有关曹雪芹家世的一件碑刻史料》,《文物》1978 年第 5 期。

图 9　碑文阳面局部

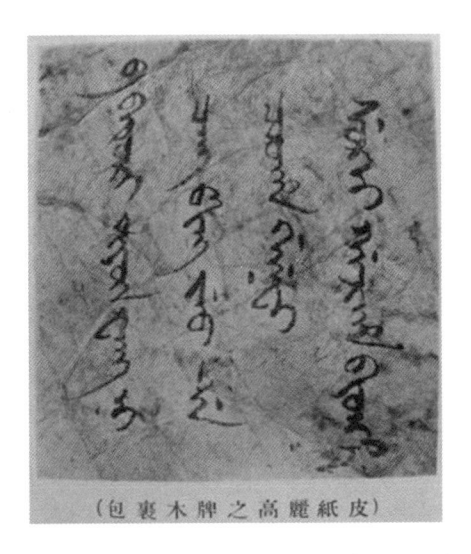

（包裹木牌之高麗紙皮）

图 10　满文起首符号（采自李德启《满文木牌》书图版，注意左上角第一个即是该符号）

满汉蒙三体《大喇嘛坟塔碑文》译注

一 引言

辽阳喇嘛坟顺治十五年（南明永历十二年，1658）三体碑文刻于一块石上，正面左刻满文，右刻汉文，背面刻蒙古文。俱有碑额文字，亦满、汉、蒙古三体。碑石原立于前述辽阳城南门外所谓喇嘛园，伪满洲国时代仍是如此，① 至1966年始移至今辽阳市博物馆。② 以往曾有引用、收录其汉文碑文者，但并及满、蒙古二体碑文者较稀，今将后者叙述如下。

1926年5月，鸳渊一发表《辽阳喇嘛坟碑文解说》，③ 主要部分是天聪四年二体碑文及顺治十五年三体碑文的拉丁字转写和日语旁译，以及一些历史及语文的说明。鸳渊一直到1938年4月3日才头一次亲至喇嘛坟参观，④ 所以这篇碑文译解乃是依据拓本，其拓本可能是其岳丈内藤虎次郎（1866—1934）的收藏。⑤ 1937年10月，鸳渊一又发表《辽阳喇嘛坟解说补正》⑥ 一文，对前文补充纠正。这是近代以降最早的和唯一的相关

---

① 佐藤文比古：《滿洲に於ける清朝初期の滿洲字碑》，《滿洲史學》1937年第1卷第1號，53頁。
② 邹宝库辑注：《辽阳金石录》，辽阳市档案馆、辽阳市博物馆1994年12月编印，第85页。
③ 鴛淵一：《遼陽喇嘛墳碑文の解説》，載羽田亨編《内藤博士還曆祝賀支那學論叢》，京都：弘文堂1926年版，327—371頁。
④ 鴛淵一：《滿洲碑記考》，東京：目黒書店1943年版，59頁。
⑤ 日俄战争尚未结束（1905年），内藤虎次郎等即深入东北作实地踏查与文献收集，辽阳喇嘛坟照片最早的就是由内藤所拍，收录于其《滿洲寫真帖》，東京：東陽堂1908年版。参考鴛淵一編《增補滿洲寫真帖》，京都：小林寫真製版所1935年版。
⑥ 鴛淵一：《遼陽喇嘛墳解説補正》，《史林》1937年第22卷第4號。

研究。1943年1月，鸳渊一为更积极参与对中国的侵略（"学术报国""大东亚圣战""东亚新秩序建设"），[①] 乃重新整理旧文，易题《辽阳喇嘛坟碑记》，[②] 刊入其所著《满洲碑记考》，这是广岛文理科大学大陆研究室编纂《大陆丛书》的一种。书前仍刊出拓本照片。鸳渊氏一生反复运用满文资料《满文老档》《满洲实录》等研究清初历史文化，尚且是运用《满文老档》研究清初史的最早者。

西文方面，1931年7月，当时执教于沈阳满洲医科大学的福克司对这块碑文做了目录式的报道，乃是援引鸳渊氏之文，似乎未见实物。[③]

1934年4月满铁图书馆馆报《书香》报道满铁辽阳图书馆情况，在馆藏乡土资料目录"拓本"栏，列"大喇嘛坟塔碑文"拓片一张，建碑年代误书为顺治十二年，当任馆长宫地元次拓，[④] 应当是碑正面拓本。现在大连图书馆藏顺治十五年碑拓本共有两份，一份是四张，1934年拓，计碑文正、背面各一张，额文正、背面各一张，是完整的。另一份仅正面两张。

1937年8月，佐藤文比古（满洲医科大学预科化学教室助手）有报道，在"备考"项下只列该碑是"满、汉"文，未审碑阴乃是蒙古文也。

---

① 塚原政次郎：《〈大陸叢書〉序言》（1942年4月），收録於鴛淵一《滿洲碑記考》，序1—4頁。

② 鴛淵一：《滿洲碑記考》，50—130頁。

③ Walte Fuchs, "Early Manchurian Inscriptions in Manchuria," *The China Journal* (《中国科学美术杂志》) Vol. XV, July 1931. No. 1, pp. 5—9. 其中记，"1658（顺治十五年七月十七日）. Ta Lama-fen-t'a pei-wen.（大喇嘛坟塔碑文）. Amba lama-i eyifu-i suburgan-i bei bithe. At Liao-yang. An epitaph in Manchu Mongol and Chinese of a Grand Lama. The Manchu texe is in ten columns: the whole inscription has been edited and translated into Japanese By Mr. Oshibuchi." 按，Oshibuchi 即是"鸳渊"。福克司满文碑题顯然是照録鴛淵一舊文（見《滿洲碑記考》第68頁）。

福克司，德国人，专究满文语文学，有名的作品是 *Beitrage zur mandjurischen Bibliographie und Literatur* (Tokyo, 1936) 和 "Neue Beitrage zur mandjurischen Bibliographie und Literatur," *Monumenta Serica* VII, 1942。他长期居住中国，抗日战争期间跟日本人过从极密，因为黑田源次的关系，在沈阳满铁满洲医科大学豫科部任教，当时的满洲学会（总部设在大连）会员。聂崇岐称，他的《满官汉释》（《燕京学报》1947年第32期）就是跟福克司学习满文以后撰著。

④ 闕名：《遼陽圖書館藏鄉土資料目録》，《書香》（滿鐵大連圖書館）1934年4月第59號。

他是从 1931 年起做的实际调查。他并指出碑石所在是"辽阳南门外"即在喇嘛坟原地。S. Grupper 的目录也列举此碑。[①]

近代以降，中国人著录碑文，常常因陋就简，仅录下汉文一体，置别的文字若不存在。殊不知各有文学体例，汉文一体并不能表明全部情况，特别是细节。《北京图书馆藏中国历代石刻拓本汇编》第 61 册影印碑正面的拓本，[②]《全国满文图书资料联合目录》著录了满汉文拓本一张，[③]仍缺碑阴蒙古文一体。东洋文库有拓本。[④] 本文照大连图书馆所藏拓本录、译碑文，并就语文、校勘上做几条说明。

二 录文和翻译

以下录文，包括空格提行等，均遵原文格式。汉文碑加新式标点。行左阿拉伯数字表示原文行次。录文是按当时的满、汉、蒙文这样的次序。

（一）满文碑文

碑额：

0　hesei　ilibuha
　　谕旨以　建立了

碑题：

1　amba lamai eifu i subargan i bei bithe,,
　　大　喇嘛的坟墓的　佛塔　的碑 文书

碑文：

2　donjici di wang se mukdere de, tacihiyan wen i goroki niyalma be
　　听说　帝　王　们　将兴起　在　教训　德化以　远方　　人　把

---

① Samuel M. Grupper, "A Handlist of Manchu Epigraphical Monuments I. The Reigns of T'ai-tsu, T'ai-tsung and the Shun-chih Emperor," *Manchu Studies Newsletter* 1—2, 1977—1978, pp. 83—84.

② 北京图书馆金石组：《北京图书馆藏中国历代石刻拓本汇编》，中州古籍出版社 1990 年影印，第 61 册，第 124 页。

③ 黄润华、屈六生主编：《全国满文图书资料联合目录》，书目文献出版社 1991 年版，第 261 页。并谓此拓本藏于"辽阳市文管所"。

④ 《東洋文庫藏中國石刻拓本目錄》，東洋文庫 2002 年版，110 頁。碑陽、碑陰俱全。

满汉蒙三体《大喇嘛坟塔碑文》译注　　　　241

wembumbi,, goroki niyalma erin be safi dahame jihengge be *inu* mohon akū
化导　　 远方　 人　时机把 知道　投降　 来的　把 也　穷尽　无

tutabumbi,,
留存后世

3　taidzu i fukjin　doro　be ilibure tuktan funde, amargi monggo de amba lama bi
　　太祖 的 当初　 朝廷,道 把 将建立 起初 时节在　 北方　 蒙古 在　 大　 喇嘛 有

　　seme donjifi, juwe jergi dorolome solime gajifi, jiramilame kundulefi amamsi
　　云云 听说了　两　次　 行礼　 款待　带来了　厚待　 敬恭　 以后

　　unggihe gūnin unenggi ojoro jakade; dahime jidere mujilen
　　遣送　心意　真诚　为　因为　 再次　来　 心意

4　nememe hing seme ofi, tanggū boigun i　sahalca　be gaifi, monggo beise ci
　　愈加　 诚　 笃 因为　一百　 户 的 撒哈儿掐 把带领着　 蒙古　贝勒们 从

　　fakcafi, ududu minggan baci baime　jihe,, forgon ton i nashūn be saha seci
　　离开了　 很多　一千 里从　寻找　来了　时运 数 的 机兆 把 知道 若说

　　ombikai,, tuttu　ofi　saišame maktame tokso
　　可以呀　因此 为那样　夸奖　 称赞　拖克索

5　usin, takūrara niyalma bufi gosime ujire de, goidahakū uthai akū oho,,
　　田地　 差使　 人　给 怜爱　养育 在　不久　即刻　没 有了

6　taidzung soorin　de tehe manggi,
　　太宗　帝王之位　在 坐了 到那时

7　nenehe han i gosiha kundulengge seme, giran de subargan arabufi, hūwašan se
　　先前的 皇帝 的　怜爱　 尊敬　 云云　骨 在　佛塔　 建立　和尚　们

　　be sindafi tuwakiyabume, hiyan dabume, tubihe dobume ududu aniya oho,, te aga
　　把 安置　使看守　香　使点燃　果子　上供　 很多　年　有了 今 雨

　　muke de subargan i ten efujehebi,, erin be amcame dasatame
　　水　在　塔　的 基础 被毁坏　时机把　追赶　修整

8　acame ofi, weilere jurgan de hese wasimbufi dasatame weilebifi sini eifu
　　应该 因为 工(造作) 部 对 谕旨　降下　 修整　使做　你的　坟

　　be umesi akdun obuha,, bei wehe ilibufi enteheme niyarakū tutabuha,, mini
　　把 很　坚固　作了　碑　石　建立　 永久　不朽　 使留住　我的

9　nenehe hūwangdi i goroki niyalma be jiramilame gosiha ten i gūnin de acabuha
　　先前的　皇帝 的 远方　 人　把 厚待　 怜爱 极 的 心意 于 迎合

　　be iletulehe,,
　　把 显明

10　ijishūn dasan i tofohoci aniya, nadan biyai juwan nadan de ilibuha,,

顺调的 治理的 第十五 年 七月之 十 七 在 建了

现代汉语翻译
（译文分行大体依照原文。）
碑额：
0　以皇帝的命令建造。
碑题：
1　大喇嘛坟塔的碑文。
碑文：
2　听说有帝王兴起的时候，以训诲和德化使远方的人感动，远方的人知时运来投诚的呢，其名字也无尽地垂留于世间。
3　太祖建立最初基业之始，听说北面蒙古有大喇嘛，两次以礼请来，隆重致敬；因为遣归的心意是诚恳的，[喇嘛]再来的志向
4　越加真挚。于是带着一百户撒哈儿掐，离开蒙古官人，从几千里地投奔来了。可以说是知运数之先兆呀。因加褒奖，给予庄、
5　田、差民。恩养未久，就亡故了。
6　太宗坐于皇帝座位以后，
7　说：这是先汗所怜爱敬重的人。命在他的坟上建塔，置和尚们使其看守，燃香供果，已经有几年了。现因雨水浸坏塔根，应该及时修葺，
8　所以命令工部，使其修缮。使你的坟墓十分坚固，使树立的碑石永不朽烂、住于世间，显示我迎合
9　先皇帝厚待、怜爱远方之人的本意。
10　在顺治的第十五年（1653），七月的十七日建成。

（二）汉文碑文
碑额（篆字）：
0　敕建
碑题：
1　大喇嘛坟塔碑文
碑文：
2　盖闻帝王之兴，有教化以鼓动远人；其远人之识命投诚者，亦与之并垂不朽焉。当
3　太祖创业之初，闻北边蒙古有大喇嘛；二聘交加，腆仪优待；遣往之情既挚，来归之志益敦，率一百家撒哈儿掐，辞蒙古贝子，翻然越数千里而至止也。

4 可谓得气数之先几者矣。是用褒嘉，赐之庄、田，给之使命。恩养未几，竟入涅槃。
5 太宗即位，谓是经
6 先帝所宠荣者，命瘗骸骨，建塔其上，设僧监守，供陈香果，历有岁年。今雨水涨泛，塔根剥落，是应及时修整。爰命司空，庀材鸠工，俾尔坚固；竖立石碑，永
7 永不磨。庶昭朕仰体
8 先皇笃厚远人至意云尔。
9 顺治十五年七月十七日立。

（三）蒙古文碑文

碑额：

0 jarliγiyar bayiγulbai,,
　谕旨以　　建立了

碑题：

1 yeke blam-a yin kegür ün suburγan u bei bičig,,
　大　　喇嘛的　坟墓的　　佛塔　的　碑　文

碑文：

2 sonosbasu, di wang ud manduqui dur surγaγuli erdem iyer qola deki kümün
　听说　　帝　王　们　兴起　在　　教训　道德　用　远方在的　人

　i　nayiraγlumu,, qola deki kümün čaγ i meden oroju iregsen i *inu* egüri-de
　把　　调驯　　远方的　　人　时把　知道　投降　来了的以呢　永远

　tutaγulumu,,
　使留存后世

3 tayisu, tulγur iyer törö yi baiγulqui čaγ tur, umar-a mongγol ulus dur yeke
　太祖　当初　以　朝政把　建立的　时候　在　北面　蒙古　国　在　大

　blam-a bui kemen sonosču, qoyar üy-e yosolan uriju iregülüged, yekede
　喇嘛　有　云云　听说　　两　度　敬礼　迎接　使来　　大大地

　kündulejü, ünen sedkil iyar qoyinaγši
　尊敬　　诚实　心　以　向北边

4 qariγuluγsan u tula, oroju irekü sedkil inü qarinčing ünen bolju, jaγun
　使返回　的因为　投降　来的　心意　呢　反而　诚　笃　成为　一百

　ger ün saqalča yi abun, mongγol noyad ača salju, kedün kedün mingγan γajar ača
　家　的撒哈儿掐把　领着　蒙古　诺颜们　从　离别　几个　几个　一千　地　从

erijü irelüge„ čaɤ učir un siltaɤan i
寻找　　来　　时　理　的　原因　把

5　medebe kemebesü bolomu y-a„ teimü yin tula sayisiyan maɤtaču, toɤsu tariyan
　　知道了　若说　　可以　呀　那样 的 因为　夸奖　　称赞　拖克索 田地

　　jaruqu kümün ögjü, qayiralan tejigen atal-a„ udal ügei darui dur ünggerebe„
　　使用　 人　　给　　爱惜　　养育　　　但是　不久　就　　在　　过去了

6　tayisung saɤurin dur saɤuɤsan u qoin-a,
　　太宗　　座席　　于　　坐了　　的　以后

7　üridü qaɤan qayiralan kündülegsen kemen, kegür dür inü suburɤan bosqaju qasang
　　先前的可汗　爱惜　　 恭敬的　　 云云　 坟墓　在　呢　佛塔　 树立　和尚

　　ud i talbiju sakiɤuluɤad, küji sitaɤan, jimis iyer takiju, kedün kedün jil
　　们把 放置　使看守了　　香　 燃　　水果 以　献供　　几个　几个　年

　　bolba„ edüge qur-a usun dur suburɤan u inder ebderejükü; čaɤ dur
　　有了　现今　雨　水　在　佛塔　　的 根基　坏　　　　时间 于

8　neyilegüljü jasabasu jokiqu yin tula, üiledkü yin yabudal un yamun dur
　　　合　 修理的话　恰当　的 因为　　做工　　 的　 行为　　的　衙署 在于

　　jarliɤ baɤulɤaju jasaɤuluɤad činü kegür i batu-da bolɤaba„ bei čilaɤun
　　敕命　下敕命　　 使修复了 你的 坟墓 把 坚固地　　造了　　碑　石头

　　bosqaju, egüri-de ebderesi ügei tutaɤulba„
　　树立　　永久　　　不灭　　　存在了

9　minü
　　我的

10　üridü quwangdi yin qola daki kümün i kündü-de orüšiyegsen sedkil lüge
　　先代的　皇帝　 的 远方的　　人　把　尊重地　　仁爱的　　　心 与

　　jokilduɤul-nu iledgebei„
　　　迎　　　　显明了

11　eye ber jasaɤči yin arban tabuduɤar on u namur un terigün sar-a yin arban
　　和睦 以 治理者 的 十　 第五　　年的 秋天 的 初　　月　 的　十

　　doloɤan-a bayiɤulbai„
　　　七　　　建立了

现代汉语翻译

碑额：

0　以皇帝的命令建立。

碑题：

1 大喇嘛坟之塔的碑文。

碑文：

2 听说帝王们的兴起，用教化和道德调驯远方之人，远方之人知时来降的呢，就永久使其存留于世。

3 太祖在开初建立朝廷的时候，听说北面蒙古国有大喇嘛云云，两次敬礼迎请而来，大大地供奉，以真心遣送回北方（蒙古），

4 因此，喇嘛来降的心诚笃起来，带领一百家的撒哈儿掐，离别蒙古诺颜们，由几千里找来了，可以说是知道时运的机兆呀。

5 因此之故，褒赏、称扬，给予庄、田、使用人；爱护、养育。但不久就去（去世）了。

6 太宗坐于座席（即皇帝位）以后，

7 说："这是先汗爱护敬戴的人"云云，于坟上建塔，置和尚们看守，燃香、献水果，这样几年过去了，现在因雨水浸坏塔的根基，应该及时

8 修理，所以下命令给工部要修理好，将你的坟牢固地营造，碑石树立起来，永久不坏地存在着。

9 显示与我的

10 前代皇帝敬重裔远之人的心意相符合。

11 顺治第十五年的秋天的第一个月十七［日］建立。

三 几条校勘和语文学附注

鸳渊一的工作是开创性的，但其满文、蒙古文、拉丁字转写及日语旁译有许多错误，这里不加评述。只指明以下几点就行了：他的蒙古文转写漏了第9行；汉文碑第3行"二聘交加"误成"三聘交加"；第5行"是经"误成"足经"；第6行"俾尔坚固"漏"尔"字。① 下面是几条附注。

A3（表示满文碑第3行，以下各条类此）：funde，意"代替"，比照C3对应字：čaγ dur，它应该是 fonde 的误刻。Fon: 时。De: 在。

A4/B3/C4：Sahalca/撒哈儿掐/Saqalča。Sahalca，满文字典释作（1）黑貂，黑貂皮；（2）清初部落名称。笔者按，它还作人名。从词根上看，字典的既定解释有困难。这里从蒙古语来理解：saqalča < saqilča，是"受

---

① 鸳渊一：《满洲碑记考》，68—73页。

戒者"之意，同于被称为 šabi-nar（沙比那尔，徒弟们）的喇嘛属民。

按蒙古语 saqiqu，动词"看守，遵守"；saqil，"戒，戒律"，佛教词汇（=藏语 sdom-pa），名词。saqil 加后缀-ča 变成名词 saqilča，"受戒者，持戒者"。① 满语 sahalca 来自蒙古语的 saqilča。这或者符合这个词出现的历史情境。

A6/B5/C6: soorin/位/saɣurin。显然 soorin 与 saɣurin 有亲缘关系。

A7: dobume（蹲鹰）是 dobome（供祭）的误刻。

A7: de aga muke…的 de 是 te（今）的误刻。故译如文。

B3：腆：丰厚，美好。

B4：幾：事物的迹兆。

B6：司空，工部的雅称。

C3: mongɣol ulus（蒙古国，蒙古部落），A3 是 "monggo"，B3 是"蒙古"。

C2: nayiraɣulumu，乃 nayiraqu 的使动态 (-ɣul) 加现在时 (-mu)。现在时后缀-mu 在《元朝秘史》里音写为"木""模"。② 现代蒙古语已经没有。

Qasbaɣatur 以为这个后缀跟满语动词陈述式后缀-mbi 对应，乃中世蒙古语里的现象，所以他举出的例句都出自《元朝秘史》一书。③ 而这个三体碑文表明，-mu 在顺治年间，也就是近代蒙古语中，仍然有用例，且与满语的 -mbi 对应。其例写在下面：

---

① 另外，蒙古语动词 saqilčaqu，是"相互保护、看视"等意。Saqal，蒙古语"胡须"。宋濂《元史》，卷146，中华书局1976年点校本，第3455—3456页，耶律楚材传，元太祖占领燕京，闻楚材名，召见之，"楚材身长八尺，美髯宏声"，"帝重其言，处之左右，遂呼楚材曰吾图撒合里而不名，吾图撒合里，盖国语长髯人也。"吾图撒合里，蒙古语 urtu *saqal*。

② 额尔登泰、乌云达赉、阿萨拉图：《〈蒙古秘史〉词汇选释》，内蒙古人民出版社1981年版，第33—38页。参见其蒙古文译本：Ardajab, Sečenɣou-a mongɣolčilaba, Eldengtei, Oyundalai, Asaraltu jokiyaba, *Mongɣol un niɣuča tobčiyan u jarim üges un tayilburi* (Begejing: ündüsüden ü keblel ün qoriy-a, 1991), niɣur 62—72.

③ Qasbaɣatur, *Mongɣol manju kelen ü sudulul* (Kökeqota: Öbör mongɣol un yeke surɣaɣuli yin keblel ün qoriy-a, 1991), niɣur 194—255.

满汉蒙三体《大喇嘛坟塔碑文》译注　　247

C2/A2	nayira-γulu-mu：wen-bu-mbi
	tuta-γulu-mu：tuta-bu-mbi
C5/A4	bolo-mu：o-mbi

中间一对词尚且词干相同。因之再参考：

C8/A8	tutaγul-ba：tuta-bu-ha

于是近世蒙古语之-mu：-mbi，可得更强的证据。

不唯如此，若是整理此碑三体对照词汇（笔者已经做出），那将十分有助于满、蒙古语文的阐明，特别是编写满语词典。众所周知，迄今出版的满文词典基本上是抄录康熙以降的官私字书，而依据文例特别是早期多体对照文例，才可能编出更贴合语言实际的满文词典。

图11　满汉文碑额　　　图12　蒙古文碑额

图 13　满汉文碑文及碑额　　图 14　蒙古文碑文上半部

图15 蒙古文碑文下半部

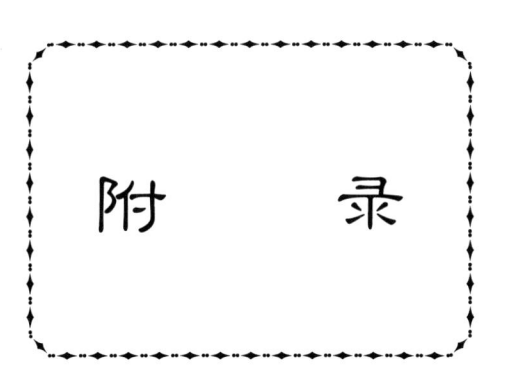

附录

天聪九年皇太极谈话中的
"元坛宝藏"

一 引言

关于清朝兴起过程（入关以前的辽东）的文化问题，比如汉文化、蒙古文化对于女真人思想行动的影响，已经积累不少研究结果。不过虽然有人研究过喇嘛的往来、喇嘛寺院的建立，但尚未触及彼时已经化入后金文化中的西藏因素。

本文拟由对天聪九年（1635）皇太极谕旨引证的"元坛宝藏"的考较，试探这一方面，并且要追究西藏文化在当时的女真人那里是如何呈现的，具有怎样的性质。这方面有了充实的结果以后，就能够讨论入关以前后金社会的文化构造了，当然这是后话，不是本文的目标。

二 书名考

乾隆（Abkai Wehiyengge, Tngri Tedküg či）四年（1739）钦定的清《太宗实录》，其卷22，天聪九年（1635）正月（壬子朔）戊寅廿七日项下记载道：[1]

> 是日，鲍承先奏言："臣闻帝王开国承家，首重名器，名器滥则匪人倖进、豪杰灰心，而国之丧乱因之。如昔唐明皇，近明天启、崇祯是也。臣见元帅孔有德、总兵官耿仲明，为其属员请敕，我皇上圣明，谕令随便给劄。夫上下之

---

[1] 《清太宗实录》卷22，台湾华文书局1969年版，第400页。

分，自有定礼，今待以诸侯之爵，隆重极矣，然元帅不识大体，未谙书史，复要请无已，甚失人臣之礼。我皇上圣德优容，原不深较，然臣观古者齐桓公之臣管仲，有大功于天子，方授上卿，况元帅之部将，非管仲可比；元帅之功爵，亦非桓公可比。凡为国者有大臣，有陪臣，自古及今，皆有一定之规，若任情滥予敕书，是窃名器也。名器一亵，贤者退、小人进矣。臣窃观皇上，乃与金世宗、元世祖，并驾齐驱之主，不可废百世之规，行无功之赏，致遗议于后世也。倘皇上加意招徕远人，可令吏部量其轻重，暂给剳付，俟其果能立功报国，然后请旨给敕。臣之所言，皆古帝王统御臣下之常经，臣知之，不敢隐讳，故此奏闻，伏乞圣裁施行。"

上览之，曰："此奏未是。辽东汉人，相继逃遁，而元帅率众航海，远来投诚，厥功匪小，朕前旨已发，岂可食言。夫'任贤勿贰'，载在《虞书》；《元坛宝藏》有云：'自信，虽仇敌来归；自疑，虽亲朋亦叛'。朕推诚待下，岂有收回成命之理？且鲍承先等，果有何功，俱系临阵与我军抵敌，因败走被擒者，今尚置诸功臣之列，给敕恩养，似此远来归顺各官，反谓无功而弃之可乎？朕此言亦非责鲍承先也，彼既竭诚心以入告，朕亦开诚心以宣示之耳。朕惟言出不悖，斯人人皆效忠于朕矣。"

在这段话中，皇太极援引两部"书史"支持自己先前做出的决定，其一是《虞书》，查考起来，"任贤勿贰"这句话是在《尚书》中《虞书·大禹谟》。① 而"元坛宝藏"，比较言之，应该也同样是经典之书，才会这样引用，但那是什么书呢？②

---

① 《尚书》原句"任贤勿贰，去邪勿疑，疑谋勿成，百志惟熙"云云，见阮元校刻《十三经注疏》上册，中华书局1987年影印本，第134c—135a页。

② 关于这个问题目前只有日本《旧满洲档（天聪九年）》将满语 subasita 译成 subhāsita，非常正确，详见下文。笔者 2001 年 10 月看到"中国民俗网"（www.chinesefolklore.com）有署名叶涛的文章《关德栋教授》，说：20 世纪40 年代关德栋先生（1920 年出生）"研究满族文学，熟悉本族语文，曾在沈阳博物院从事翻译《满文老档》的工作，从中注意到其间引及《萨迦格言》《太公家教》的情况"云云。唯没有详论。最近请教关德栋先生，得他的赐函（2002 年 11 月 5 日，济南），谓："当年搞《满文老档》汉译，当然是为了那段历史。不过，我的兴趣是多方面的，特别是关于民族文化交流融合问题，比较注意，因此，对西藏文化的渗透问题十分注意。据我的认识，《满文老档》所叙史实，是受西藏文化影响的地方可以感受到，直接引用《萨迦格言》地方尽管不多，但其思想影响是显见的。当年我记有写笔记，整理出的不多。"关先生的见解极精辟，研究结果还没有发表。谨按，关先生 2005 年去世。

我们再看《太宗实录》蒙古文本的相应段落：

erdemtem i keregleküi dür, büü alayčilaytun kemegsen i šu ging bičig tür
贤者　把　录用了　对　勿　分别　　云云　把书经书　于
bičijüküi, subašita bičig tür ögölegsen anu, öber ün bey-e itegel tü bolbasu
写了　Subašita 书　于　　说的　据 自己的 身体　信心　有　的话
dayisun bar nököčejü, bey-e itegel ügei bögesü nökör ber buruγudduju
敌人　让 交往, 依附　自己　信心　没有　若有　朋友　让　　背离
kemejüküi,①
说了

"对录用贤者，不要有分别！"在《书经》里写着。在 Subašita 书里，说道："自身有信心的话，敌人也来依附；自己没有信心的话，朋友也会离开。"

跟"虞书"相应的是 šu ging，为"书经"二字的音写，即指《尚书》。跟"元坛宝藏"对应的是"Subašita"，且指明这是一部"书"（"bičig"）。

这一段在内国史院档案中也有，不过我们看不到满文原文，北京第一历史档案馆的汉译文是：

苏巴希泰书有云：自信，虽仇敌来归；不自信，虽亲朋亦叛等语。孔夫子曰：自信则人不疑，自疑则人不信等语。②

"虞书""书经"都不出现，而是"孔夫子"在说话。这档案比《实录》早，更少改动。

再看看最早且是原始记录的满文记载，即《旧满洲档（天聪九年）》，在同一天的记事上有如下文句：

subasitai bithe de henduhengge beye aqdun oci dain i niyalma seme dahambi,,

---

① *Dayičing ulus un mayad qaoli*, Qoyaduγar emkidgel, *Tayidzong gegegen uqaγ-a tu quwangdi yin mayad qaoli* (nige) (Qayilar: Öbör mongγol un soyol un keblel ün qoriy-a, 1989), niγur 638a.

② 中国第一历史档案馆：《清初内国史院满文档案译编》，光明日报出版社 1989 年版，上册，第 144 页。

Subasita 的 书　在　　　说的　　自身　信实 的话 敌人的　人　　所谓　归顺
beye aqdun akū oci gücu garhan seme ubašambi sehebi,, jai küng fuse i
自身　信实 没有 的话 朋友 伙伴　所谓　反叛　说了　又　孔 夫子 的
henduhengge,, beye aqdun oci niyalma de kenehünjere/kenehünjerakū,, beye
　　说的　　自己 信实 的话　人　于　　　　　　　不疑惑　自身
kenehünjeci niyalma aqdarakū sehebi,,①
疑惑的话　　人　不信任　说了

Subasita 书里说道：自信的话，敌人归顺；不自信的话，朋友反叛。孔夫子说过：自信的话，他人不疑；自疑的话，人不信任。

这大约是皇太极当日原话了。

合起来看：第一，就 Subasita 这个书名而言，蒙古文本《实录》没有更易，而汉文本《实录》写为"元坛宝藏"，初看之下，不知有何根据。第二，北京第一历史档案馆汉译文的"苏巴希泰"，显然是满语 subasita-i 的误译，正译则应该是"subasita 的"；"苏巴希泰书"原文可能是"subasita-i bithe"。第三，在蒙古文、汉文《实录》，书经先被引证，元坛宝藏在其后，从而跟先前的两种满文记录次序相反，且先前满文记录里，引证的不是书经，而是孔夫子的话，内容亦有不同。

至民国初年，政府开馆修撰《清史》，在鲍承先的传记中引上谕，则只存"任贤勿贰，载在《虞书》"，"元坛"云云完全刈除。②

关于皇太极谈及"元坛宝藏"的史料，目前可以看到的就是这些。③ 列表比较如下。

---

① 東洋文庫清代史研究室：《舊滿洲檔（天聰九年）》，東洋文庫1972年版，47頁。底下画杠的字，在档案原文中是被涂去的。谨按：《旧满洲档》为台北"故宫博物院"1969年影印出版，共十大册，日本东洋文库据书中天聪九年部分翻译，成《旧满洲档（天聪九年）》一书。

② 《清史稿》，中华书局2003年标点本，第31册，卷232，第9367页。

③ 《太宗实录》还有康熙朝钦定本，见存日本，笔者未能获读。另依台北《汉学研究》一位审稿人教示：台北"故宫博物院藏"有顺治年间成书的《清太宗实录》初纂本，内容与《旧满洲档》《国史院档》相同；唯《元坛宝藏》作"玄谈宝藏"，"元"字作"玄"与康熙御名有关，晚出者敬避改作"元"字故也。又"任贤勿贰"一事台北藏本亦明确记述出自孔子，非《书经》云。这个本子笔者亦未能阅读。

表17　　　　　　　　　　"元坛宝藏"引用情形

文献 写成年次	文献名	谈话中引用的两个人名或书名 先	谈话中引用的两个人名或书名 后	备考
1635	旧满洲档 天聪九年	Subasita-i bithe (Subasita 这本书)	küng fuse (孔夫子)	满文
1635？	内国史院档	苏巴希泰书 (Subasita-i bithe)	孔夫子 (küng fuse)	满文原文的汉译本
1739	太宗实录	虞书 (书经中的一篇)	元坛宝藏 (subašita bičig)	汉文
1739	太宗实录	šu ging bičig (书经)	subašita bičig (元坛宝藏)	蒙古文

由以上满蒙文记述来看，subasita 是书名，可满文中，根据目前的了解，没有这样的书，且不是一个满语词汇。但另有一部译自蒙古文的满文书籍出现一个词"subusida"，也是一个书名，是不是同一本书呢？我们来考究一番。满文文本《钦定蒙古源流》(1777) 卷4 有这么一句：

šajin gisun i boobai namun subusida sere suduri①
　法　语　的　宝贝　库房　Subusida 所谓的 史书
　　名字叫"法语宝藏 Subusida"的史书。

汉文本《钦定源流》卷4 此句的翻译是：

　法语宝藏素布锡达。②

《钦定源流》卷4 之蒙古原文，此句则为：

---

① *Enetkek tubet mongo han sei da sekiyen i bithe*, duici debtelin, gūsin sunjaci b. 武英殿刻本，辽宁省图书馆善本书排架号 50009 号。
② 《钦定蒙古源流》卷4，第21b页，武英殿刻本，辽宁省图书馆普通线装书。

sayin üge-tü erdeni yin sang kemekü šašitar-a ①
善的 语有　宝贝　的　库房　云云　šašitar-a
叫做"嘉言宝藏"的论典。

库伦本《蒙古源流》同处作：

sayin üge-tü erdeni yin sang kemekü šaštir-a, ②
善的 语有　宝贝　的　库房　云云　šaštir-a
叫做"嘉言宝藏"的论典。③

两蒙古文本只是最末一个音译字写法不同，相信是传写差池。

Subusida 与 subasita 有一个音节不同 (bu/ba)。④ 然而《蒙古源流》蒙古文本是原本，其余是译本，所以我们看看蒙古文本。

蒙古文本《蒙古源流》已交代，这本"论典"是萨迦班智达（"Saskiy-a Bandita"）所著（请参照本文下面第四部分）。按所说萨迦班智达 (Sa-skya Pandita, Kun-dgav Rgyal-mtshan, 1182—1251) 的这本论典

---

① *Enedkeg töbed mongγol qad un čaγan teüke neretü turγuji*, dörbedüger debter, γuč in γurbaduγar dooradu, 武英殿刻本，辽宁省图书馆善本书排架号 52001 号。

② Saγang sečen, *Erdeni yin tobči* (Kökeqota: Öbör mongγol un arad un keblel ün qoriy-a, 1981), niγur 262；乌兰：《〈蒙古源流〉研究》，辽宁民族出版社 2000 年版，第 615 页。

③ šašitar-a, šaštir-a 是梵语 śāstra 的音写，佛教经律论的"论"即此字，藏语作 bstan-bcos。《源流》满文译作 suduri，意思是"史书"，这样翻译或属误解。Suduri 疑来自梵语的 sūtra，等于佛书经律论的"经"、藏文的 mdo-sde。关于 śāstra 和 sūtra 的所指，参照 Bu-ston Rin-chen Grub（1290—1364），*Bu-ston chos-vbyung* (Zi-ling: Krun-govi bod-kyi shes-rig dpe-skrun khang, 1988), shog grangs 23, 20；汉译本：布敦大师著，郭和卿译：《佛教大宝藏论》，民族出版社 1986 年版，第 21、19 页。疑满语 suduri 是直接来自蒙古语 sudur。关于蒙古语 sudur 音写梵语 sūtra，参见正月《关于回鹘式蒙古文文献中梵语借词的转写特征》，《内蒙古大学学报》2001 年第 6 期，第 34 页。

④ 笔者不懂蒙古语史，但文献上元音 -a-, -u (o) -互易，似乎是常见的，例如：jinong ~ jinang, uruγud ~ urqad, moliqai ~ maγuliqai, dayun ~ dayan。参见乌兰《〈蒙古源流〉研究》，第 246、320、339、349 页。又如 odaγan ~ oduγan，"巫"。

即藏文的《嘉言宝藏》,① 体裁是四行诗,② 共 400 多首,各首独立成篇,在西藏、蒙古,无论是在民间还是学者、俗人或喇嘛中都十分流行,成了为人处世的格言,学者写书也时加以引证,③ 甚至多数引证者是把它当作解释与评价行为的通则、公理。④ 它的梵语(rgya gar skad du)书名是:

subhāsita ratna nidhi nāma śāstra
嘉言,善言 宝贝 库藏 叫做 论典
叫做"嘉言宝藏"的论典。

藏文书名(bod skad du)是:

legs-par bshad-pa rin-po-chevi gter zhes-bya-bavi bstan-bcos
美好,好的 讲说 宝贝的 藏(zàng) 所谓的 论典
叫做"嘉言宝藏"的论典。

Subhāsita 是 legs-par bshad-pa 的对译,意思是"嘉言""善语""妙语"。⑤

---

① 当今学者 Bsod-nams Rgyal-mtshan 谓《萨迦格言》写于 1240 年(宋嘉熙四年,蒙古窝阔台汗十二年)左右。见其著,"Vgo brjod", shog grangs 8, 载 Bsod-nams Rgyal-mtsha, *Sa-skya legs-bshad-kyi vgrel-pa gsar-buvi dgav-ston zhes-bya-ba bzhugs-so* (Lha-sa: Bod ljongs mi-dmangs dpe-skrun khang, 1999)。萧金松先生的研究我尚未获读。即其《萨迦格言第一、第二品译注》,《政大边政研究所年报》1986 年第 17 期,第 157—194 页;《萨迦格言第三品观察愚者品译注》,蒙藏委员会 1987 年版。

② 即一颂、一个偈子。梵文作 śloka,输洛迦;藏语 so-lo-ka。如今蒙古语中指"诗"这种文学体裁的词 šilüg,即来自梵、藏语词。

③ Darniči Toyin Sonomkar-a orčiγulba, Jaγunasutu, Sečenčoγtu qarγuγulun dayilburilaba, *Sayin ügetü erdeni yin sang neretü šastir* (Kökeqota: Öbör mongγol un arad un keblel ün qoriy-a, 1989), "Uduridqal", niγur 105—118 参照。

④ 所谓通则、公理,笔者指的是一些全称判断。参见易君博《社会科学中的历史解释》,载氏著《政治理论与研究方法》,三民书局 1993 年版,第 163—192 页。

⑤ 西藏所传梵文,su 意思有"安乐""极、甚""美丽""容易""欢喜"诸项;bhāsita 则意为"说了""给别人看"。看安世兴《梵藏汉对照词典》,民族出版社 1991 年版,第 646、454 页。巴利文作 subhāsita,有翻译作"妙语"者,看郭良鋆译《经集》,中国社会科学出版社 1991 年版,第 196 页。金克木:《印度古诗选》,湖南人民出版社 1984 年版,第 5 页;《梵语文学史》,人民文学出版社 1964 年版,第 245、366、400(书名索引)页参照。

对照之下，满文 subasita, subusida 原来是梵文 subhāsita 的直写，指萨迦班智达那本书。另一方面，《嘉言宝藏》在西藏的通常称呼是"sa-skya (vi) legs-bshad"，而不是"subhāsita"。称之为"subhāsita"，是蒙古人的习惯①——跟西藏爱用意译词相反，在佛教方面，蒙古人往往喜用梵语音译词，② 而同一场合满文一定又完全随之，往往用自己的字母把蒙古文的写法照抄一遍。③ 因此可以说，皇太极所谓"subhāsita"，乃是承自蒙古文学。

Subhāsita 这个字乍看生疏，其实在唐朝就引入汉语了。义净法师（635—713）《南海寄归内法传》（691）第 32 部分"赞咏之体"谓：④

> 经了之时，大众皆云：苏婆师多！"苏"即是妙，"婆师多"是语；意欲赞经是"微妙语"。

"苏婆师多"就是 subhāsita。

至于 subhāsita 在佛教流行时代印度的情形，可读一读巴利文《经集》中的一篇《妙语经》：⑤

> 如是我闻。从前，世尊曾经住在舍卫城逝多林中。世尊说道："比丘们啊！具有四种特点的言语是妙语（subhāsita），不是恶语，智者听来没有错误，无可指责。""哪四种特点？"世尊说道："比丘们啊！比丘说妙语，不说恶语；说合法之语，不说非法之语；说动听之语，不说难听之语；说真实之语，不说虚妄之语。比丘们啊！具有这四种特点的言语是妙语，不是恶语，智者听来没有错

---

① Darniči Toyin Sonomkar-a orčiɣulba, Jaɣunasutu, Sečenčoɣtu qarγuɣulun dayil-burilaba, *Sayin ügetü erdeni yin sang neretü šastir*, "uduridqal", niγur 19—177; Küngγajaltsan, *Erdeni yin sang subašiti* (Kökeqota: Öbör mongγol un arad un keblel ün qoriy-a, 1999), "《subašiti》ba mongγol un soyol（orošil un oron tu）", niγur 1—14 参见。但俱音变作 subašiti。

② 例如下文萨迦出身的帝师，名字 Ananda Madi 就是梵文。再参见下一条注。

③ 参见格·拉西色楞主编《蒙古文甘珠尔佛像大全》，内蒙古人民出版社 2002 年版。编者称此书囊括了《甘珠尔》全部插画（均彩色）。这本书是最好的例证，它每幅尊像的两侧下方各有黄色条幅形色块，右边的书满文的，左边的书蒙古文的该尊像名字。

④ 义净著，王邦维校注：《南海寄归内法传校注》，卷 3，中华书局 1995 年版，第 175 页。

⑤ 郭良鋆译：《经集》，第 60—61 页。

误，无可指责。"善逝这样说道，然后这位老师又说道：

"善人道：说妙语这是第一；说合法之语，不说非法之语，这是第二；说动听之语，不说难听之语，这是第三；说真实之语，不是虚妄之语，这是第四。"

然后，可尊敬的文基娑从座位上起身，偏覆左肩，双手合十，向世尊说道："善逝，我有点想法。"世尊说道："文基娑，说说你的想法。"于是，可尊敬的文基娑站在世尊面前，用合适的偈颂赞美道：

"应该说这样的话，它既不折磨自己，也不伤害别人，那就是妙语。"

"应该说动听的话，令人高兴，不带来罪恶，应该说别人听来悦耳的话。"

"真实是不朽的，正法是永恒的，人们说：善人恪守真实、利益和正法。"

"佛陀说的话令人宁静，导向涅槃，结束痛苦。这样的话确实至高无上。"

合看佛陀与文基娑两人说的话，或能获得关于 subhāsita 这种文学类型的总体印象。

三 格言考

Subašita，是西藏 *sa-skya* (*vi*) *legs-bshad*——如今汉文译本书名为《萨迦格言》——在蒙古的称呼，是梵语词，其正写是 subhāsita,[①] 既如上述。那么皇太极那两句话应该在 *sa-skya* (*vi*) *legs-bshad* 中有依据，至少有影子，现在来查找一番。

17世纪清朝兴起以前，蒙古人很少有写在纸上的书，一切以口传为主。*sa-skya* (*vi*) *legs-bshad* 是广泛流传至民间的格言，应更是口传的了。口传变化大而且多样，这使得查找其原本很困难。虑及这个情况，兹用成对要素 {敌人，朋友/亲朋；信心，自信} 作引导，查考皇太极那句话在 *sa-skya* (*vi*) *legs-bshad* 中可能的来处。

拉萨铅印出版的本子，遍寻之下，第211首可能跟皇太极引述的 *sa-skya* (*vi*) *legs-bshad* 有关，全文如下：

---

① 日译本已经正确地这样翻译了。参见東洋文庫清代史研究室《舊滿洲檔（天聰九年）》，47頁。

phan byed dgra-bo① yin yang bsten/
有益　做　敌人　是　也 依止, 信赖

gnyen yang gnod na spang-bar bya/
亲戚　但　为害呢　抛弃地 要做

rgya-mtshovi nor-bu rin gyis nyo/
大海的　宝贝　金子 以　买

khong-pavi zug-rngu sman gyis vbyin/②
内里的　疾病　药 用　拔除

行有益的，即使是敌人也要信赖，
行有害的，即使是亲戚也要抛弃。
（就像）海中的珍宝用金子买进来，
内里的病症用药除出去。③

至于《嘉言宝藏》蒙古文译本，13、14世纪以降已有多种，④ 理想的情况是都找来比较，求其近似，但现时做不到。笔者手头有两种完译本：一种是13世纪译的，目前所见最早完整译本（其版本则是16世纪

---

① 按藏文：dgra，敌人；dgra-ba，兵器。

② *Legs-par bshad-pa rin-po-chevi gter dang vgrel-pa bzhugs-so* (Lha-sa: Bod ljongs mi-dmangs dpe-skrun khang, 1982), shog grangs 41—42. 在另一个本子则列为第210首，即 Sa Pan Kun-dgav Rgyal-mtshan sogs, *Sa-skyavi legs-bshad-kyi rtsa-vgrel* (Zi-ling: Mtsho-sngon mi-rigs dpe-skrun khang, 1996), shog grangs 57. 有一个差异就是末行的 khong-pa，后一本作 khong-ba，而意思一样。

③ 拉萨汉译本作：
若有好处是敌人也要依靠，
若有危害是亲友也要抛弃；
是宝贝就得用高价购买，
身上的病痛就得用药物消除。
参见次旦多吉等译《萨迦格言》，西藏人民出版社1985年版，第45页，译文不确，有漏译、误译。

④ Sečenčoɣtu, "Sayin ügetü erdeni yin sang neretü častir un tuqai" (ürgüljilel), *Öbör mongγol neyigem-ün šinjilekü uqaγan*, 43 (1989), niɣur 107—123; Darniči Toyin Sonomkar-a orčiɣulba, Jaɣunasutu, Sečenčoɣtu qarɣuɣulun dayilburilaba, *Sayin ügetü erdeni yin sang neretü šastir*, "Uduridqal", niɣur 59—61. 尚有藏蒙满三体合璧写本存世，见藏丹麦哥本哈根皇家图书馆，其中蒙古文本系察哈尔格西的刻本，见前书"Uduridqal", niɣur 76—77. 最近有报道说在敦煌卷子中又找到蒙古语《萨迦格言》的断片。

的，即在 1587 年以前的写本）；一种是较晚的，是清朝学问高深、十分有名的察哈尔出身的有"格西"学位的洛桑楚臣 (Cha-har Dge-bshes Blobzangs Tshul-khrims, > Čaqar Gebši Lobsangčültum, 1740—1810。通称察哈尔格西)① 的，晚于乾隆朝修订《太宗实录》，更晚于清太宗时代。

13 世纪"密咒大师索南戈拉"（Darniči Toyin Sonomkar-a）译本第 210 首是上述格言的翻译，录其译文如下：

> tus-a tu ele bögesü dayisun luγ-a nököčegdeküi,
> 利益 有如果 的话 敌人 与 被交往，被依附了
> qoor tu ele bögesü sadun i ber tebčigdeküi,
> 害处 有如果 的话 亲戚 把以 被舍弃了
> dalai daqi [daki] erdeni i üneber abtaju,
> 大海 在 宝贝 把价钱以 被拿出，取出
> dotoraki eber i em iyer γarγaju,②
> 内里的 疾病把 药 用 把……除掉
> 如果有好处，敌人也可以结交，
> 如果有害处，是亲戚也要撇弃；
> 大海中的宝贝用钱买回来，
> 自身内里的病症用药除掉。

察哈尔格西译本，其第 212 首是上述格言的译文，录写如下：

> üneger tusalaqu bolbasu dayisun i ču bolba šitu,
> 真正地 有助益 的话 敌人把也 可以 亲近，信赖

---

① 关于这位察哈尔厢白旗出身的蒙古喇嘛的行事及著述，见民族图书馆《藏文典籍目录·文集类子目》第 2 册，民族出版社 1989 年版，第 1—22 页；Öljei, *Mongγolčuud un töbed iyer toγurbiγsan uran jokiyal un sudulul* (Begejing: ündüsüden ün keblel ün qoriy-a, 1996), niγur 87—140; Oči, "Mongγol soyol un jidkülten—čaqar gebši lobsangčültüm", Bulaγ nayiraγulba, *Mongγol burqan u šasin u uran jokiyal un sudulul* (Qayilar: Öbör mongγol un soyol un keblel ün qoriy-a, 1998), niγur 75—94；荣苏赫等主编：《蒙古族文学史》，卷 2，内蒙古人民出版社 2000 年版，第 574—597 页。

② Darniči Toyin Sonomkar-a orčiγulba, Jaγunasutu, Sečenčoγtu qarγuγulun dayilburilaba, *Sayin ügetü erdeni yin sang neretü šastir*, niγur 61（影印件），236（蒙古文厘写），350（拉丁字转写）。Darniči Toyin，"念诵陀罗尼的修行者"。

üd-ügei qoorlaqu bolbasu *inaɣ* i čü bolba tebči,
无益地　伤害　　的话　密友　把也　可以　摒弃
üligerlebesü ɣadaɣadu dalai yin erdeni yi qudalduju-abqu ba,
　比方的话　　外在的　　大海　的　宝贝　把　　购买了来　　和
öber ün beye deki ebedčin i taɣulɣaju ɣarɣaqu metü,①
自己　的　本身　的　疾病　把　使泻　　把除掉　犹如

若属真正的助益，是敌人也要信任，
若是无益的损害，是密友也要离弃。
就像在外界，大海的宝贝要买进来，
而自己本身的疾病则要除掉。

因为学问高深，他的翻译较能准确体现原意。

翻检 *sa-skya*（*vi*）*legs-bshad*，也就这一首四行诗前两行最有可能是皇太极称引的那句 *Subasida* 的原本，但意旨变化大，两者之间的渊源关系几乎不可辨认了。

流传中发生各种不可逆料的事情，在民间文学屡见不鲜。恰巧，*sa-skya*（*vi*）*legs-bshad* 第 211 首这两行也被蒙古人所写《蒙古源流》（*Erdeni yin Tobči*, 1662）引用，② 我们抄录、翻译出来，正好看看它在多种语文转换下的情况。

库伦本《蒙古源流》引用这两句时，把 *sa-skya*（*vi*）*legs-bshad* 以 *Sayin üge tü erdeni yin sang kemekü šastir-a* 称之。这第 211 首的头两句话，在其卷 4 被引证：

öber ün　　nököd　dayisun bolbasu ber tusatu,
自己　的　友伴,那可儿　敌人　　的话　以　有益
eteged　　dayisun　　nökör bolbasu ber qoor-tu,③
方面, 部分　敌人　　　友伴　　的话　以　有害

---

① Küngɣajaltsan, *Erdeni yin sang subašiti*, niɣur 54—55.
② 符拉基米尔佐夫已指出这一点。见该氏《蒙古社会制度史》（1934），刘荣焌译，中国社会科学出版社 1980 年版，第 228 页，注③。
③ Saɣang sečen, *Erdeni yin tobči*, niɣur 262—263；乌兰：《〈蒙古源流〉研究》，第 615 页。乌兰的汉译文作"自己的友伴变为敌人，尚属有益；仇怨的敌人变为友伴，则属有害"，参见其《〈蒙古源流〉研究》第 239 页，eteged 译成"仇怨"似属误译。

天聪九年皇太极谈话中的"元坛宝藏" 265

自己的伴当变成敌人，仍属有益，
外来的敌人变为伴当，则为有害。

《钦定蒙古源流》（乾隆四十二年，1777）蒙古文本卷4，所引文句如下：

öber ün nököd ün dayisun bolbasu tusatu,
自己的 友伴 的 敌人 的话 有益
eteged dayisun nökör bolbasu qoor-tu,①
方面,部分 敌人 友伴 的话 有害

自己的伴当变成敌人，仍属有益，
外来的敌人变为伴当，则为有害。

《钦定蒙古源流》满文文本，这一段的译文如下：

beyei gucu be bata obucibe tusa ombi,
自己的 僚友 把 敌人虽将变为 好处 足以
weri bata be gucu obucibe horon ombi,②
他人 敌人把 僚友 虽将变为 剧毒 足以

虽将自己的僚友当成敌人，仍有益处；
若把外来的敌人当成僚友，则极为有害。

《钦定蒙古源流》汉译本卷4，相应的译文则是：

虽将己友为仇，尚属有益；
若将他仇为友，殊为可畏。③

---

① *Enedkeg töbed mongyol qad un čayan teüke neretü turuji*, dörbedüger debter, γuč in γurbaduγar dooradu. 较前一个蒙古文本子少了两个 ber 字，乌兰的校勘本没有出校记指出这一点。参见其《〈蒙古源流〉研究》，第615页。
② *Enetkek tubet mongo han sei da sekiyen i bithe*, duici debtelin, gūsin sunjaci b ~ gūsin ningguci a.
③《钦定蒙古源流》卷4，第21b页。

四　场合与意旨变迁

前述《萨迦格言》那两行格言在不同语文中的译文，其意旨（字面意思）也不同，这导因于它所在的场景，特别是它的"口传"的性质。《萨迦格言》主要讲论"世间"事情的原则与知识，原书分九部分（九品），即九类内容构成，分别列举在下边：

表18　　　　　　　　　　《萨迦格言》内容构成

品次	每品标题	每品标题的意思
一	mkhas-pa brtag-pa	观察智者
二	ya-rabs brtag-pa	观察贤者
三	blon-po brtag-pa	观察愚者
四	spel-ma brtag-pa	观察人品
五	ngan-spyod brtag-pa	观察恶行
六	rang-bzhin-gyi brtag-pa	观察本性的情况
七	mi-rigs-pavi tshul dpyad-pa	观察失当的情况
八	bya-ba brtag-pa	观察行事
九	chos brtag-pa	观察佛法

本首格言列在第六品，"rang-bzhin gyi thsul brtag-pa"，"观察本性品"。照这类来自天竺的西藏四行教训诗的一般体例，每首格言有四行，前两行是本意，即要说明的事理，后两行是比喻，为解说前两行的。[①] 这一首的旨趣是讲利与害、敌人与亲戚间辩证的关系，而以外与内，即外界的大海与自己的体内，作比喻。意谓：即使是敌人，如果他行有益的事，也要亲近；即使是亲戚，如果他行危害之事，也要离开他；就像人们把从外部大海深处找到的宝贝买回家来，却把自身体内的疾病摒除至身外一样，因为虽在外部，但珍宝是好的，虽属自己，但疾病是坏的。*Sa-skyavi legs-bshad kyi rtsa-vgrel* 所收注释意思跟原格言一致，全文如下：

---

① 贺文宣译：《藏族格言故事选》，西藏人民出版社1987年版，第239页，译者后记。

phan-par byed-pa dgra-bo yin navang bsten la/bnod-par byed-pa gnyen yin navang
利益于　做　敌人　是　呢 要亲近而 损害于　做　亲戚　是　呢
spangs-par bya dgos te/rgya-mtshor gnas-pavi nor-bu rin gyis nyo/khong-pavi nang
抛弃于 从事要 而　大海于　栖止的　宝贝 金子用 买　内里的　内部
zug-rngu sman gyis vbyin-par byed-pa bzhin no//①
病症　药　以 拔除于　做　如同　哟

作有益的事，即使是敌人，也要亲近；而行危害之事的，即使是亲戚，也要抛弃。就像［人们所做的］，用金钱把海中出产的珍宝买回家来，而用药物将自己身体里的疾病除出去那样。

这首格言是关于日常生活行为的训诫：如何在亲戚与敌人之间做利害取舍，"gnyen"（亲戚）这个字提示了这一场景。

再看库伦本《蒙古源流》，其上下文：

tende basa nigen sönide qaγan ein jegüdüler ün, nigen čel buγurul ebügen kümün
那里又，亦 一个　夜里 合罕这样的 梦　的 一个纯的　白发　老人　人
irejü či öber ün qotači noqai ban tebčilügei, edüge γadaγadu dobtoluγči činu-a
进来你自己的 看家的　狗　把　让抛弃　如今　外边的　进犯者　狼
iren amui, tegün-e arγ-a yaγun sedkimüi či kemen, yekede kilikelejü dongγoddun
来 在　那个 手段 甚么 思考 你 云云　大大地　愤怒　斥责
ügüleged qoromqan-a ügei boluγsan i jegüdülejü amui, manaγar anu qaγan tere
说话　忽然间　不　存在 把　做梦　有　明天　的 合罕 那个
jegüdün ečegen emiyejü, öber ün noqai kemegsen anu toγtaγ-a tayiši yi alaγsan
梦 从 畏惧 自己的 狗 所谓的 的 Toγtaγ-a 太师 把 宰杀
minü bolbau, γadaγadu činu-a kemegsen anu jüge yin udaγsan bolbau, kemen
我的 是 外边的 狼 所谓的 呢 jüge 的 久留 是 云云
sedkiged, ananda madi lam-a dur iyan ayiladqabasu, lam-a qoromqan daγun
思索 Ananda Madi 喇嘛 于 以　禀报 喇嘛 刹那 声音
ügei aγad, eyin jarliγ bolur-un, erte man u oroi yin čimeg② degedü lam-a,
没有了 既然 这样 诏旨 下了　早先 我们的 顶端的 装饰物　上　上师

---

① Sa Pan Kun-dgav Rgyal-mtshan sogs, *Sa-skyavi legs-bshad kyi rtsa-vgrel*, shog grangs 323.

② oroi yin čimeg, 西藏语 gtsug rgyan 的翻译，"顶饰"，头顶的装饰。最尊贵之物、精华之物。

uqaɣdaqui orod un ečüs tür kürügsen, boɣda saskiy-a bandida yin nomlaɣsan,
有知识　位置们的　终了　于　到达的　　圣人　萨思迦 Bandida 的　　训诫

sayin üge tü erdeni yin sang kemekü šastir-a, öber ün　　　nököd　dayisun bolbasu
好的　话语有　宝贝　的　仓房　叫做　Šaštar-a 自己的　　友伴　敌人　有的话

ber tusatu, eteged dayisun nökör bolbasu ber qoor-tu kemen nomlaɣsan metü,
以　有益　方面　敌人　友伴　的话　以　有害　云云　训诫　犹如

qotači　noqai metü toɣtaɣ-a tayiši yi tebčin, dobtolugči činu[-a] metü
看守 qota 的狗　犹如 Toɣtaɣ-a　太师 把　舍弃　进犯者　狼　犹如

jüge yi itegegsen eče gem bolqu yin uridu odusq-a yin jegüdün anu ene buyu ①
Jüge 把　相信的　从　是　成为的　前面　迹兆　的　　梦　呢　这　矣

kemebe,
这样说了

　　又，在一个夜里，[Toɣan Temür Uqaɣatu Qaɣan] 合罕②做了这样的梦：一个全白头发的老人进来，"你把自己的看家狗抛弃了，如今外来的侵入者——狼就要来了，看你有什么办法可想！"十分愤怒地训斥，说话间忽然消失。第二天，合罕因那个梦而畏惧，"所说自己的狗，是指我把 Toɣtaɣ-a 太师③杀了吧，所说外边的狼，是指 Jüge 的久留不归吧"，思索着，禀报给 Ananda Madi 喇嘛。④

---

　　① Saɣang Sečen, *Erdeni yin tobči*, niɣur 261—263. 乌兰的录文，在《〈蒙古源流〉研究》第 614—615 页，但她遗漏了其中这个语片："toɣtaɣ-a tayiši yi tebčin, dobtolugči činu[-a] metü."

　　② 元顺帝妥欢贴睦尔，1333—1370 年在位。

　　③ 元代汉文写作脱脱（1314—1355），事迹在宋濂《元史》，中华书局 1976 年版，卷 138，第 3341—3349 页。可以复按。但可指出，《源流》此处所写与史实完全无关，乃至相悖，例如《元史》本传（第 3342 页）说脱脱"其心专佑汉人"。何以如此？难道是当初元末蒙古人群里的传闻议论？

　　④ 此处皇帝"禀报"的喇嘛即指帝师、他的上师。元朝皇帝称其帝师为剌马（bla-ma），见杨瑀（1285—1361，字元诚，号山居，钱塘人）《山居新话》，知不足斋丛书本，第 1a 页；陶宗仪（1316—1403—？，字九成，号南村，黄岩人，元季居华亭，著书授徒）《南村辍耕录》，中华书局 1980 年版，卷 2，第 20 页。再者，试将 Ananda Madi 两个梵字还原：Ananda，= ānanda，即藏文 kun-dgav，"一切喜；庆喜"。Madi，= 藏文 blo-gros，"智慧"。Ananda Madi 写成藏文就是 Kun-dgav Blo-gros，传统汉文译语是"庆喜慧"。考顺帝在位期间（1333—1370）大致有两位萨迦僧人先后任其帝师，即 *Kun-dgav* Rgyal-mtshan Dpal Bzang-po（1310—1358）与 Bla-chen Bsod-nams *Blo-gros*（1332—1362），他们名字上各有一个字跟 Ananda Madi 帝师名字同。似可推想：《源流》承继草原口头演义，两个人被捏合为一，而出现在这段逸事里。关于元朝那两位帝师，参见王森《西藏佛教发展史略》，中国社会科学出版社 1987 年版，第 92—93 页。

喇嘛刹那间沉默了，然后就下了这样的诏旨："就像早先我们的顶上花、至上喇嘛、了悟一切知识的圣人萨思迦 Bandida 在训诫《嘉言宝藏》Šaśitar-a 里头说的，'自己的伴当变成敌人，仍属有益；外部的敌人变为伴当，则为有害'。抛弃犹如看家狗的 Toɣtaɣ-a 太师，而相信犹如侵入者的狼的 Jüge，① 这样就出现了先兆，梦就是说这个的。"

在这段文字中三次提到 Toɣtaɣ-a 和 Jüge 两位大臣，而将三对鲜明的比喻安到他们身上：

表19　　　　　　　　　　　三对比喻

被比喻者	Toɣtaɣ-a 太师		Jüge	
比喻	比喻原文	意思	比喻原文	意思
第1次/对	qotači noqai	看家狗	ɣadaɣadu dobtoluɣči činu-a	外来进犯者的狼
第2次/对	öber-ün noqai	自己的狗	ɣadaɣadu činu-a	外来的狼
第3次/对	qotači noqai	看家狗	dobtoluɣči činu[-a]	进犯者的狼

这是说 Toɣtaɣ-a 太师是自己人、家人，而 Jüge（朱元璋）是外人、外来者并且是敌人。按，依据研究，蒙古氏族时代和封建时代，有所谓的 nökör ~ nököd，元朝常音译作"那可儿"，意译"伴当"，他是主人（Tus）的友伴并亲兵、家臣，也被看作家人。②《元朝秘史》第137节记几位

---

① 别的蒙古文书里记作 jüü，曰 jürčid ebügen ü jüü nere tü köbegün…"女真老汉的名字叫 jüü 的儿子"。留金锁认为 jüü 是明太祖的姓，jüge 是汉语"朱家"一词。Liu Jin Süwe tulɣan qaričaɣulju tayilburilaba, *Qad un ündüsün qariyangɣui altan tobči* (Kökeqota: Öbör mongɣol un arad un keblel ün qoriy-a, 1980), qaɣudasu 56, tailburi 1. 参见 Lobsangdanjin jokiyaba, Čoyiji tulɣan qaričaɣulju tayilborilaba, *Altan tobči* (Kökeqota: Öbör mongɣol un arad un keblel ün qoriy-a, 1983), qaɣudasu 543, tayilburi 4. 但字形 *jüge* 也可读作长元音的 *jüü*，即汉语"朱"。

② [苏] 符拉基米尔佐夫：《蒙古社会制度史》，刘荣焌译，第140—154、228页。札奇斯钦：《蒙古文化与社会》，台湾商务印书馆1992年版，第268—271页参照。

nököd，兹用札奇斯钦汉文译本：①

[成吉思汗] 处置了的薛扯·[别乞]、泰出两人以后，回来移动主儿乞百姓的时候，札剌亦儿 [氏] 帖列格秃·伯颜的儿子古温·兀阿、赤剌温·孩亦赤、者卜客三个人正在主儿乞族那里。古温·兀阿教他的两个儿子木合黎、不合拜见 [可汗] 说：
"我教 [他们] 做你门限里的奴隶；
若 [敢] 绕过你的门限啊，
就挑断他们脚筋！
我教 [他们] 做你梯己的奴隶；
若 [敢] 离开你的 [大] 门啊，
就剜出他们的心肝！"
说着，就献给了 [可汗]。
赤剌温·孩亦赤也教他的两个儿子秃格、合失谒见成吉思可汗，说：
"我把 [他们] 献给你，看守你的黄金门限；
若敢离开你的黄金门限，
到别处去啊，
就断他们的性命，撒弃 [他们]！
我把 [他们] 献给你，
抬起你的宽阔大门；
若敢越出你宽阔大门，到别处去啊，
就踏他们的心窝，撒弃 [他们]！"
[古温·兀阿] 把者卜客给了合撒尔。

这里"看守你的黄金门限"，非常近似前引《源流》"看家狗"的比喻，而这几位是成吉思汗创业时节最出色的 nököd。所以，Toγtaγ-a 太师

---

① 札奇斯钦：《蒙古秘史新译并注释》，联经出版事业公司1992年版，卷4，§137，第169—170页。《元朝秘史》相应的总译原文是："太祖既杀了撒察别乞泰出。回至主儿勤营。将主儿勤百姓起了。时札剌亦勤种的人。帖列格秃伯颜有二子。教长子古温兀阿将他二子模合里不合拜见太祖与了。说教永远做奴婢者。若离了你门户呵。便将脚筋挑了。心肝割了。又教第二子赤剌温孩亦赤也将自己二子统格合失拜见。说教与你看守金门。若离了时。便将他性命断了者。又将第三子者卜客。与了太祖弟合撒尔"（下略）。参见额尔登泰、乌云达赉《蒙古秘史》校勘本，内蒙古人民出版社1981年版，第968页。

显然被看作 Toγan Temür Uqaγatu 合罕的 nököd 了。整段文章展现的是蒙古社会有伴当时代的气氛，因而萨迦班智达那句格言的意旨也就变了，成为蒙古社会关于伴当的训诫，"自己的伴当变成敌人，仍属有益"，正是基于伴当忠顺的道德而言的。

至于皇太极对那句格言的使用，看最早的记录《旧满洲档（天聪九年）》，其正月二十八日条：

kan bithe be tuwafi hendume tuttu waka,, liodong ni   bai nikan jing ukame
Han 书 把 已看 说道 那样 不是 辽东 的 地方的汉人 经常 逃亡而
geneci,, Yowansuwai,, geren hafasa mederi be doome goro baci dahame jihengge
去的话   元帅   许多 官儿们 大海 把 渡过而 远的地方从 归降   来的
güng inu ajigen akū,, bi emgeri tucike gisun be aifurakū,, subasitai bithe de
功劳 也 微小的 不   我 已经 出来了 话语 把 不食言 Subasita的 书 在
henduhengge beye aqdun oci dain i niyalma seme dahambi,, beye aqdun akū oci
 说的   自身 有信用的话 战争的   人   所谓 归顺   自身 信实 没有的话
gücu garhan seme ubasambi sehebi,, jai küng fuse i henduhengge,, beye aqdun oci
朋友 伙伴   所谓 反叛   说了 又 孔 夫子的   说的   自己 信实的话
niyalma de kenehünjere kenehünjerakū,, beye kenehünjeci niyalma aqdarakū
 人 于   不疑惑   自身 疑惑的话 人   不信任
sehebi,, tere angala boo ceng hiyan i jergi hafasa dain de buceme afafi anabufi
说了 那个 与其 鲍 承 先 之 等 众官 战争在 死 已交战 失败
jafabuha hafas be hono güngge ambasai jergi de ejehe bufi gosime ujimbikai,, tese
被抓住的 众官 把 尚且 有功的 大官等的 等 于 敕书 给予 仁爱地 养育矣 他们
minde jifi ai (ai) güng baha ni,, tuttala goro baci dahame jihe hafasa be güng akū
对我 来了 甚么 功 取得   那些 远的从地方投降而来的官们 把 功 没有
de arame waliyame gūnici ombio,, mini ere gisun boo ceng hiyan be wakalarangge
于 置于 抛弃而 如果想可行哟   我的 这个 话 鲍 承 先 把   责备
waka,, tere inu gūniha babe① mimbe donjikini seme wesimbuhe dahame bi inu
不是 他 也 想到的 把地方   对我 愿其听闻 云云 启奏了   因而 我 亦
gūniha babe hendumbi,, mini anggaci emgeri tucike gisun be aifurakū oci yaya
想到的 把地方 说   我的 从口   业已 出来 话语 把 不食言 是则 一切

---

① "gūniha ba"，"见地"。

gemu aqdun seme gūnimbikai,,"①
都　　有信用　云云　　想呀

汗把奏疏看了，说，"不是这样！辽东地方的汉人经常逃亡，而元帅及众官们渡过大海，由远的地方来降，功劳也不算小。我已经说出来的话，就不食言。名叫 *Subasita* 的书里说道，'自己有信用的话，为敌的人也要归顺；自己无信用的话，就是朋友伙伴也会反叛'云云，又孔夫子说过：'自己有信用的话，别人不疑惑；自己疑惑的话，别人不信任'云云。鲍承先等多位官员，是在战争中死战失败而被抓住，尚且当作有功的大官给予敕书、仁爱抚养；他们到我这儿来，立了甚么功呢？如果把那些从远处来降的官员，置于无功之地，而加抛弃，那怎么行？我的这话，也不是责备鲍承先，他呢把他的见解向我启奏，愿我听闻，因而我也把我的见解说出来。我想：我口中说出的话，就不食言，因而所有的人都会有信用"。

这里皇太极强调的是不食言，也就是"言出而有信"。当时后金的情势是：招降纳叛，以扩充生存能力，这尤其包括人手的增加，而当时辽东汉人相率逃亡，所以必须厚待远处来降之人。在这个情境下，皇太极谈话的宗旨是讲究"诚信"，那句格言就变成了个人信用方面的教训。

总的来看，女真人、蒙古人都是把那两句话作为格言、训诫来引证，承认其经典的性质。但运用的场景不同，又是口传，其意旨也就每每迥异。

五 结论

《元坛宝藏》是什么书？据以上考究可知，那就是西藏的《萨迦格言》，所以在印—藏文学、藏—蒙文学、满—蒙文学以外，还有一个"藏—满文学"的领域，有待阐明。本文虽简短，算是做初次的试探。

这也提醒注意清朝兴起过程（入关以前）中的文化问题，那就是在汉文化、女真文化的同时，还有蒙古文化的势力；而起于西藏的《萨迦格言》及其语句，则是由蒙古人传来、作为"蒙古的"事物呈现出来的。实际上，清初期对西藏的往来，就是通过蒙古人、蒙古地区和蒙古文来进

---

① 東洋文庫清代史研究室譯：《舊滿洲檔（天聰九年）》，46—47頁。画杠的字是档案原来涂掉的。

行的，而且其起因，正是为了要应对蒙古势力。如入关以后的顺治皇帝，现存致班禅喇嘛、达赖喇嘛的两件敕谕的原物也都是用蒙古文书写的。① 这样看来，当时西藏及其宗教很大程度上被理解成"蒙古事务"。乾隆皇帝在建立于雍和宫的《喇嘛说》石碑上总结说，"我朝""兴黄教即所以安众蒙古"云云，可谓允恰。

另外当初皇太极引用的时候，Subhāsita 是在前面，孔夫子的话则在后面；至迟在乾隆朝重修《太宗实录》的时候，彼此的位置被调换了。大约在这时，以为次序表示重要性：孔夫子挪于前，表示汉化程度的增强与制约；显示清朝明显地向汉文化、向"中华帝国"国家意识形态推移的进程。② 至《清史稿》则只存《虞书》的话。

喀喇沁蒙古出身的蒙古史家札奇斯钦曾说过这样的话：

> 满洲民族政治天才的优越，是研究亚洲历史的学者们，就公正立场来说，是无法否认的。他们统治中原二百六十余年的结果，虽然造成了中国近代史上重大的挫折；但是把满洲本土、蒙古、回疆、西藏和汉族的中原统合在一个政

---

① 《顺治皇帝颁给班禅活佛的圣旨》（1651），《顺治皇帝给达赖喇嘛的敕谕》（1657），俱影印原件，载西藏自治区档案馆《西藏历史档案荟萃》，文物出版社1995年版，第34、35件（各件档案名乃编者所加）。参见中国第一历史档案馆、中国藏学研究中心《清初五世达赖喇嘛档案史料选编》，中国藏学出版社2000年版，第1、2、8、9、21、23、24、27、29等件。而同书第82件《国民政府追封达赖喇嘛的册文》（1932），三体文字，由右往左依次是蒙古文、汉文（直写）、藏文册文，如果这种读法正确，则蒙古文最前，难道彼时也是把西藏—喇嘛之事主要了解成蒙古事务？待考。

② 和中华帝国元、明两朝对比的话，清朝大致具有儒教大同文化的"中华帝国"与满族的"民族帝国"这两种倾向，而胸怀更加恢宏。但说帝国是"民族"的，自相矛盾，因为"中国"是天下国家。从清朝地理空间与国家兴衰的全过程来看，或许可这样理解：文化始终是借贷状态的满族征服者将自己（满族统治者和八旗，尤其满洲八旗）作为超越的统治者、寄生者和军人（以求自保），安置在汉地、西藏、蒙古、西域等地域之上，并利用各文化区的旧有体制（科举制、喇嘛、蒙古王公等）分别操纵之，使这个帝国运转。这个帝国的文化的多样性、地理景观的差异，给人深刻的正面印象，但其文化学术的保守、政治气氛的紧张、外藩社会的停滞、建筑装饰的繁复空洞无生气，这些征象及其重大的含意，被研究者忽略。近代中国的灾难性处境与满族人的统治有关。关于满族人文化的状态与性质，看管东贵《满族入关前的文化发展对他们后来汉化的影响》，《中央研究院历史语言研究所集刊》1968年第40本上册，第255—279页。

权之下，造成了现代中国的雏形，使这些不同的区域与民族，在互相矛盾与合作的基础上，达到了平衡与统治的效果，使他们都供满洲皇室的驱使，使每一被统治的民族都能够在不满意中，得到满意，在想反抗的情绪中，心悦诚服。这实在不能不说是满洲人在政治上的一大成就，满洲的统治者们对于他们统属下的每一民族都有一个成套的计划，使他们处于牢笼之中，还都能感到满洲皇帝的恩德，甚至思有以报之。①

温习史事，我们不得不服膺札奇氏睿智的洞见。但是，要问满族人为何具有这样优秀的政治能力，"使每一被统治的民族都能够在不满意中，得到满意，在想反抗的情绪中，心悦诚服"？那可说是一个困难的，但又是有魅力和迫切的问题。如果由本文的讨论来看，这或许要理解为是一个"文化"问题：在对官员的日常训话中，满族领袖对蒙古人、汉人意识中的训诫非常熟悉，衷心尊重并引为常谈，化为个人意识与情感的一部分。因此或可指出：在面临外族、另外的生活情景的时候，满族人不妄自尊大，在心理上、文化生活方式上具有宽广的包容性，切实体察与领会不同族类、不同人群的心情感受、生活愿望并进而调御之，这或许是彼时满族人卓越的地方？至于这个情况入关以后怎样演变，② 又怎样影响到清朝的存亡，并且使它跟以"驱除鞑虏、恢复中华"为号召而建国的大明帝国相区别，这是另外要考究的课题，而于当下与未来的中国（Dumdadu Ulus）亦意义重大。

补记

后金另有两次作为经典之道引用《玄（元）谈宝藏》。

据称写于1620年（万历四十八年，天命五年）的《后金檄明万历皇帝文》，以"天"的名义控诉明朝，是广为散发的宣传品，结尾部分有如下的文字：

---

① 札奇斯钦：《满清对蒙古宗教政策的商榷》（1974），载氏著《蒙古史论丛》，学海出版社1980年版，下册，第983页。

② 热河避暑山庄及外八庙的施设，西域实行伯克制（bek）统治形式，金瓶掣签制度的创立，还有《四库全书》的设阅览处于江南，诸如这般，都是值得吟味的显例。

> 玄谈宝藏云:"拙智口伏冤,遥观施恶语,至敌惶跪途,到家说大言",正尔之谓也。①

"尔"当然指大明皇帝。

另一次是《太宗实录》记天聪十年(1636)正月癸亥(十七日),皇太极"以管礼部事贝勒萨哈廉病久,甚忧之,遣文馆希福、刚林、罗硕谕之,曰:朕欲尔病速起,念之甚切。尔不可强图速愈,急思来见朕也。若存此念,则病反日增矣。且尔勿以前事为忧,朕于前事毫无介意,群子弟中,启我所不及,助我所遗忘,整理治道,惟尔是赖。昔尔父与尔弟获罪时,朕念尔才德可用,欲令尔效忠竭力,辅理国政,故以衷曲尽行告尔,勿以此故,过怀忧虑,但当勤于调治,以冀病痊"。②

在上引段落之"昔尔父与尔弟"之前,有一段 subasitai bithe 的名言,被删除了,见《旧满洲档》天聪十年正月十七日条:

> julgei　subasitai bithe de henduhengge ehe niyalmai emgi hajilara anggala,, saisa
> 古昔之　Subasita 之 书　于　说的　　恶　人之　一同　亲近　　与其　　好人们
> baru becunu sehebi,,③
> 向　口角,斗殴　说了
>
> 就像古昔 Subasita 书说的,"与其和恶人亲近,不若跟善人相争"。

日译本《满文老档》的注释说,subasitai bithe "是西藏名僧 Sa-skya pandita Kun-dga'-rgyal-mthsan (1182—1251 A. D.)撰的寓话集 legs par bshad pa'i rin po che'i gter 的梵语名 subhāsitaratnanidhi 的略称"。④

李学智注意到北京藏《满文老档》乾隆重抄本此处有签条,誊录并翻译出来:

---

① 《后金檄明万历皇帝文》,收录于《清入关前史料选辑》第 1 辑,中国人民大学出版社 1985 年版,第 296 页。原系刻本,无标题,这是近人拟题。另有满文本存世。
② 《清太宗实录》卷 27,台湾华文书局 1969 年版,第 488 页。这位萨哈廉(Sahaliyan beile,? —1636)是代善第三子,《清史稿》第 30 册,卷 216,第 8987—8989 页。传内援引太宗劝其安心养病的话中,也没有 Subasitai bithe 的格言。
③ 《旧满洲档》,台北"故宫博物院"1969 年影印,第 10 册,第 4619 页,行 7—8。满文老檔研究會譯註《满文老檔》太宗,東洋文庫 1955—1963 年出版,898 頁参照。
④ 满文老檔研究會譯註:《满文老檔》太宗,第 1523 頁。

太宗崇德卷一第四十二页：subasitai bithe

gingguleme baicaci, subasitai bithe serengge, uthai subasida i bithe inu, ere emu
　谨　　　　查　　　书　　说的　　　就是　　　的书　是　此　一
gisun be yargiyan kooli de 元坛宝藏 seme nikarame arahabi,,
　语　把　实　录　中　　　说　汉字　写了

译文：谨查此处说的 subasitai bithe，就是 subasida i bithe，此语在实录里写作汉文"元坛宝藏"。①

奴儿哈赤与皇太极曾把历史上女真人建立的金（Altan Ulus, 1115—1234）视为自己的国家，非常在意。喜征引嘉言懿行的作风，让人想起金史上某几位皇帝（尤其是号称"小尧舜"的世宗皇帝）崇古先贤的情形。《金史》本纪，皇统八年（宋绍兴十八年，1148）十一月熙宗（1119—1149）有这样的话：

乙未，左丞相宗贤、左丞禀等言，州郡长吏当并用本国人。上曰："四海之内，皆朕臣子，若分别待之，岂能致一。谚不云乎，'疑人勿使，使人勿疑'。自今本国及诸色人，量才通用之。"②

其中"谚不云乎，'疑人勿使，使人勿疑'"，皇太极时代开始翻译的《金史》蒙古文本这样写：

erden ü bičig dür itegel ügei kümün i büü yaru,, kerbe itegejü yarubasu büü
古昔之　书　在　相信　不　人　把莫　使用　如果　相信而　使用的话　莫
sesigle kemegüjüküi,,③
疑　　这样说了
古书里说：不相信的人莫使用，如果相信而使用，就不要怀疑他。

---

① 李学智：《乾隆重钞本满文老档签注正误》，台北自刊本，1982 年 5 月初版，第 180 页。此册共 204 页，非常宝贵，未见学者引用。前面的自序，就当代中国史而言是一篇重要的见证。谓原拟 1970 年出版，以纪念其先慈逝世四十年。张骏逸先生（台湾政治大学民族学系）2006 年远道邮赠，张先生也是李学智先生当年的学生。

② 脱脱：《金史》卷 4，中华书局 1975 年版，第 85 页。

③ Düdeng, Üljeitü ner orčiɣulba, *Altan ulus un teüke* (Begejing: ündüsüden ü keblel ün qoriy-a, 1988), niɣur 106.